权威·前沿·原创

皮书系列为
"十二五""十三五""十四五"时期国家重点出版物出版专项规划项目

B

BLUE BOOK

智库成果出版与传播平台

中三角蓝皮书

BLUE BOOK OF CHANGJIANG MIDDLE
REACHES MEGALOPOLIS

长江中游城市群发展报告（2023）

THE DEVELOPMENT REPORT ON CHANGJIANG MIDDLE
REACHES MEGALOPOLIS (2023)

加快推进中国式现代化

主　编／张忠家　秦尊文
副主编／张　静　汤鹏飞

社会科学文献出版社
SOCIAL SCIENCES ACADEMIC PRESS (CHINA)

图书在版编目（CIP）数据

长江中游城市群发展报告 . 2023：加快推进中国式
现代化 / 张忠家，秦尊文主编；张静，汤鹏飞副主编
. --北京：社会科学文献出版社，2023.12
（中三角蓝皮书）
ISBN 978-7-5228-2673-8

Ⅰ. ①长…　Ⅱ. ①张…　②秦…　③张…　④汤…　Ⅲ.
①长江中下游–城市群–发展–研究报告–2023　Ⅳ.
①F299. 275

中国国家版本馆 CIP 数据核字（2023）第 200588 号

中三角蓝皮书
长江中游城市群发展报告（2023）
　　——加快推进中国式现代化

主　　编 / 张忠家　秦尊文
副 主 编 / 张　静　汤鹏飞

出 版 人 / 冀祥德
组稿编辑 / 邓泳红
责任编辑 / 张　超
责任印制 / 王京美

出　　版 / 社会科学文献出版社·皮书出版分社 （010）59367127
　　　　　　地址：北京市北三环中路甲 29 号院华龙大厦　邮编：100029
　　　　　　网址：www.ssap.com.cn
发　　行 / 社会科学文献出版社 （010）59367028
印　　装 / 天津千鹤文化传播有限公司

规　　格 / 开本：787mm×1092mm　1/16
　　　　　　印 张：19.5　字 数：290 千字
版　　次 / 2023 年 12 月第 1 版　2023 年 12 月第 1 次印刷
书　　号 / ISBN 978-7-5228-2673-8
定　　价 / 158.00 元

读者服务电话：4008918866

主要编撰者简介

　　张忠家　管理学博士、教授（二级）、博士生导师，享受国务院政府特殊津贴专家，湖北省社会科学院党组书记。长期从事思想政治教育、科技与教育管理、高等教育管理的理论研究，曾荣获国家优秀教学成果二等奖、湖北省社会科学优秀成果奖及湖北省高等学校教学成果一等奖等奖项共 7 项；主持国家社科基金教育学重点课题和教育部哲学社会科学研究重点项目 5 项、主持湖北省社科基金项目 10 余项；主编、参编著作 10 多部，公开发表学术论文 50 余篇。

　　秦尊文　博士，历任湖北省社会科学院长江流域经济研究所副所长、所长，院党组成员、副院长。现任湖北省人民政府咨询委员会委员，湖北省社会科学院研究员，长江经济带智库联盟秘书长。系"中国区域经济 50 人论坛"成员，中国社会科学院生态文明研究智库研究员，科技部特聘专家，中国城市经济学会副会长，中国区域经济学会副会长，长江技术经济学会专家委员会副主任委员，湖北省政协参政议政人才库特聘专家，湖北省区域经济学会会长，中南财经政法大学"文澜学者"讲座教授、博士生导师，武汉大学、湖北经济学院、湖北文理学院、长江大学、江汉大学、武汉商学院、南阳师范学院、长江师范学院等高校兼职教授（研究员）或特聘教授，河南省副中心城市研究院首席专家，《长江中游城市群发展规划》《长江中游城市群发展"十四五"实施方案》《长江中游区域市场发展规划》《汉江生态经济带发展规划》编制专家组组长。科研成果获湖北省委、省政府颁发的一等奖 2 项、二等奖 6 项，其中长江中游城市群研究系列论文获湖北省社会科学优秀成果奖一等奖，长江中游城市群研究专著获湖北省社会科学优秀成果奖二等奖。

张 静 经济学博士，湖北省社会科学院长江流域经济研究所所长，研究员，硕士生导师，兼任湖北省区域经济学会副会长、长江技术经济学会流域经济发展专委会秘书长。主要研究方向为区域经济与产业经济。近年来，先后主持完成国家社科基金青年项目 1 项、主持国家社科基金重大项目子课题 1 项，参与完成国家社科基金项目 3 项，承担省社科基金重点项目、省委重大调研课题、省政府智力成果采购重点项目、省软科学重点项目等省部级课题 30 余项。独著 2 部（人民出版社、中国社会科学出版社），合著 10 余部，撰写决策咨询报告 60 余篇，获省领导肯定性批示。作为主要执笔人参与国家和省级规划编制。相关成果获湖北省社会科学优秀成果奖一等奖及武汉市社会科学优秀成果奖二等奖、三等奖。入选湖北省宣传文化人才培养工程"七个一百"项目，获 2021 年湖北省有突出贡献中青年专家称号。

汤鹏飞 理学博士，湖北省社会科学院长江流域经济研究所副所长，副研究员，硕士生导师，湖北省社会科学院第三届青年学术骨干。主要研究方向为区域经济与区域规划。近年来，参与编制国家级规划《长江中游城市群发展规划》《汉江生态经济带发展规划》《长江中游城市群发展"十四五"实施方案》和 4 项省级发展规划，出版专著 5 部，主持湖北省社科基金重点项目和一般项目 4 项，执笔撰写的咨询建议被省领导批示或省委、省政府内刊转载 20 余篇，相关成果先后获湖北省社会科学优秀成果奖一等奖 1 项、湖北省发展研究奖三等奖 3 项、湖北省优秀调研成果奖三等奖 1 项、武汉市社会科学优秀成果奖三等奖 1 项。

摘　要

　　党的二十大报告提出"以中国式现代化全面推进中华民族伟大复兴"，"实现高质量发展"是中国式现代化的本质要求之一。长江中游城市群作为长江经济带发展和中部地区崛起的重要支撑、全国高质量发展的重要增长极、具有国际影响力的重要城市群，肩负着建设重要先进制造业基地、打造具有核心竞争力的科技创新高地、构筑内陆地区改革开放高地、创建绿色发展先行区、培育高品质生活宜居地等重点任务，要在迈向基本现代化和全面建成社会主义现代化强国的伟大进程中，坚定不移走中国式现代化新道路，全面推进长江中游城市群高质量发展。

　　当前，长江中游城市群深刻理解和把握中国式现代化的本质要求，围绕创新、协调、绿色、开放、共享等重点领域加快高质量发展步伐。创新与经济发展方面，长江中游城市群经济综合实力不断提升，以制造强国为统领的先进制造业发展态势良好，科技创新能力显著增强。协调与新型城镇化方面，长江中游城市群城镇化率不断提升，武汉都市圈、长株潭都市圈和南昌都市圈建设步伐加快，省会和省域副中心城市的支撑作用显著增强，县域经济发展迅速。绿色与低碳发展方面，长江中游湘鄂赣三省深入贯彻落实习近平生态文明思想，加强长江大保护与流域综合治理，厚植城市群生态绿色基底，探索绿色低碳发展的有效路径。开放与市场建设方面，长江中游城市群内陆枢纽功能显著，内需潜力优势明显，开放型经济水平稳步提升，积极融入全国"双循环"新发展格局。共享与共同富裕方面，长江中游城市群的文化资源丰富，城乡居民收入水平和公共服务水平实现了逐年提升。基于长江中游城市群发展基础，本书提出以中国式现代化推动长江中游城市群高质量发展建议。一是以长江大保护为统领，共筑生态优先绿色发展高地；二是以创新和产业为动力，共建协同创新产业体系；三是以省会城市和三大都市圈为重点，共促区域协同协调发展；四是以统一大市场为关键，共创"双循环"重要空间枢纽；五是以文化高地为突破，共享公共服务普惠便利。

专题报告基于中国式现代化的本质内涵，围绕长江中游城市群人与自然和谐共生现代化、科技创新高地、生态低碳农业发展、人口高质量发展进行了专题研究。人与自然和谐共生研究方面，长江中游城市群的城镇化与生态环境系统耦合性不断增强、协调关系趋好，反映出人与自然和谐共生水平的不断提高，建议破除要素壁垒实现生态环境共建共治共享。科创高地建设研究方面，长江中游城市群科教资源丰富、创新要素聚集、产业体系完备，在创新型国家和科技强国建设大局中具有重要地位，建议建立完善跨区域协同创新合作机制，加快创新平台共建、创新资源共享、优势产业合作、高端人才共用、创新政策链接。生态低碳农业研究方面，长江中游地区具备发展生态低碳农业的巨大潜力，但也面临农业面源污染等系列问题挑战，建议继续探索合理开发和保护农业资源的工作机制，实现农业生产领域降碳减污扩绿增长协同推进，完善农业生态价值转化机制，探索符合可复制可推广的生态低碳农业发展路径。人口高质量发展研究方面，长江中游地区人口质量、人口城乡结构等方面的高质量发展取得重要进展，但依然存在人口中度老龄化、人口素质整体水平不高、人口城镇化水平和质量待提升等问题，建议大力提高人口整体素质，以多方联动为手段，积极应对人口老龄化，畅通区域人才流动渠道，加强区域间人才共享合作。

区域篇共有 10 篇研究报告，分别从省级、都市圈和城市三个层面开展具体问题的研究。省级层面，围绕湖北、湖南、江西的流域安全底线、工业碳生产率、产业集群、产业园区、乡村生态振兴、会展业发展等重点问题进行了专题研究；都市圈层面，开展了武汉城市圈"两型社会"评价和襄阳

都市圈科技创新驱动力等专题研究；城市层面，重点研究了武汉国家科技创
新中心和宜昌长江大保护典范城市实践等现实问题。

关键词： 中国式现代化　长江中游城市群　高质量发展

目 录 ↖

Ⅰ 总报告

Ⅱ 专题篇

Ⅲ　区域篇

皮书数据库阅读**使用指南**

总 报 告

General Report

B.1

以中国式现代化推动长江中游
城市群高质量发展

张忠家 张 静 汤鹏飞*

摘 要： 进入全面建设社会主义现代化国家新阶段，中国式现代化对长江
中游城市群提出新要求，要求城市群以高质量发展为核心任务，
发挥其新型城镇化的核心载体作用、提高城市群协同共享水平、
统筹城市群经济发展与长江文化传承、加快城市群绿色低碳发
展、畅通国内国际双循环。本文从创新、协调、绿色、开放、共
享五个方面梳理长江中游城市群高质量发展基础，并提出建议：
以长江大保护为统领，共筑生态优先绿色发展高地；以产业和创
新为动力，共建协同创新产业体系；以三大区域为重点，共促城
市群协调发展；以统一市场为关键，共创"双循环"重要空间
枢纽；以文化高地为突破，共享公共服务普惠便利。

---

* 张忠家，湖北省社会科学院党组书记、教授；张静，湖北省社会科学院长江流域经济研究所
所长、研究员；汤鹏飞，湖北省社会科学院长江流域经济研究所副所长、副研究员。

关键词： 中国式现代化　长江中游城市群　高质量发展

党的二十大报告提出"以中国式现代化全面推进中华民族伟大复兴"，并深刻阐述了中国式现代化的科学内涵、本质要求、宏伟蓝图与实现路径。在我国推进中国式现代化和构建新发展格局的历史征程上，高质量发展不仅是全面建设社会主义现代化国家的首要任务，也是实现中国式现代化的本质要求之一。① 本报告以中国式现代化为目标导向梳理其高质量发展的历史使命、发展基础，提出优化对策，助推长江中游城市群打造全国高质量发展的重要增长极。

一　中国式现代化对长江中游城市群
高质量发展提出新要求

（一）人口规模巨大的现代化需要发挥城市群作为新型城镇化的核心载体作用

党的十八大以来，我国不仅明确提出走以人为本、四化同步、优化布局、生态文明、文化传承的中国特色新型城镇化道路，而且也明确了以城市群为主体形态推进新型城镇化建设。2012 年 12 月召开的中央城镇化工作会议首次提出把城市群作为推进新型城镇化的主体；2017 年 10 月党的十九大报告提出"以城市群为主体构建大中小城市和小城镇协调发展的城镇格局，加快农业转移人口市民化"；2022 年 10 月党的二十大报告指出"推进以人为核心的新型城镇化，加快农业转移人口市民化。以城市群、都市圈为依托构建大中小城市协调发展格局，推进以县城为重要载体的城镇化建设"。总体而言，推动城市群和都市圈建设是顺应我国新型城镇化进入新阶段的客观

---

① 习近平：《高举中国特色社会主义伟大旗帜　为全面建设社会主义现代化国家而团结奋斗——在中国共产党第二十次全国代表大会上的报告》，人民出版社，2022。

趋势和空间演进规律的必然要求。

党的二十大报告提出以中国式现代化全面推进中华民族伟大复兴，人口规模巨大的现代化是中国式现代化的显著特征，而城镇化进程中的人口规模巨大也是城市群高质量发展的"必答题"。2022年，我国常住人口城镇化率为65.22%，未来还将持续有农村转移人口进入城镇，城市群作为我国新型城镇化的主要空间载体，必然在人口规模巨大的现代化进程中发挥重要的作用。

2022年长江中游城市群年末常住人口达到1.274亿人①，占全国比重达到9.02%，不仅是中西部地区的人口密集地区，也是国家实施新型城镇化战略的主阵地之一。长江中游城市群要坚持以人为核心，加快推进核心城市与周边城市的一体化发展，聚焦中心城市引领的武汉都市圈、长株潭都市圈和南昌都市圈的建设和培育，实现更大区域内的辐射带动作用，促进大中小城市和小城镇协调发展，探索中西部地区人口规模巨大的现代化路径。

（二）全体人民共同富裕的现代化需要提高城市群协同共享水平

"十三五"期间，我国全面建成小康社会取得决定性成就、脱贫攻坚战取得伟大胜利后，新时代新的奋斗目标转变到解决发展不平衡不充分问题、缩小城乡区域发展差距、实现人的全面发展和全体人民共同富裕上来。党的十九大报告中明确提出，到2035年"全体人民共同富裕迈出坚实步伐"，党的十九届五中全会强调"扎实推动共同富裕"，党的十九届六中全会审议通过的《中共中央关于党的百年奋斗重大成就和历史经验的决议》把"逐步实现全体人民共同富裕"作为中国特色社会主义新时代的重要特征之一，党的二十大报告将"实现全体人民共同富裕"列为中国式现代化的本质要求之一，更加凸显了实现共同富裕的重大意义。

在中国式现代化进程中，区域差距、城乡差距加剧了区域发展的不平

---

① 该数据为长江中游城市群范围28个地级市和3个县级市的人口数，数据来源于各城市"2022年国民经济和社会发展统计公报"或政府官方网站。

衡，不利于社会和谐稳定，阻碍了共同富裕目标的实现，而城市群则是缩小区域、城乡差距的空间载体和重要抓手。长江中游城市群面积大，涉及三个省级单元和 31 个地级城市（省直管县），发展水平参差不齐，协调主体多，难度大，其不平衡、不充分问题仍然突出。长江中游城市群要以都市圈为重点增长极，强化发达地区的辐射带动作用，促进跨区域合作，推进协同发展制度创新，在协同发展中主动解决地区、城乡和收入差距，进一步丰富共同富裕的思想内涵，为高质量的协同发展和共同富裕提供示范。

（三）物质文明和精神文明相协调的现代化需要统筹城市群经济发展与长江文化传承

党的二十大报告指出："中国式现代化是物质文明和精神文明相协调的现代化。物质富足、精神富有是社会主义现代化的根本要求。物质贫困不是社会主义，精神贫乏也不是社会主义。"对于城市群而言，也需要统筹好物质文明与精神文明相协调。一方面，城市群是培育经济发展新动能的必然选择，其作为一种高效的空间组织形式，充分发挥城市之间的集聚效应、规模效应和辐射效应，打造引领和带动区域发展的经济增长极，形成优势互补、高质量发展的区域经济格局的空间载体。另一方面，城市群建设并不单纯是城市聚集过程中的经济要素在地域空间的优化组合，也是涉及社会、文化、治理等多领域的系统工程，尤其是文化领域也占据重要的位置，不仅关系到区域优秀文化的传承、地域文化认同，也关系到文化与城市群建设的融合发展。

长江中游城市群推动物质文明与精神文明协调发展需要统筹经济发展与长江文化传承。一方面，坚持把发展经济的着力点放在实体经济上，加快转变经济发展方式，建设重要先进制造业基地和具有核心竞争力的科技创新高地，全面提升城市群综合实力和竞争力，打造全国高质量发展的重要增长极。另一方面，要保护、传承和弘扬长江文化，推动荆楚文化、湖湘文化、赣文化等优秀传统文化与城乡发展融合，绘就山水人城和谐相融新画卷。

（四）人与自然和谐共生的现代化需要加快城市群绿色低碳发展

人与自然和谐共生是面对资源约束、环境压力和可持续发展目标的必然选择，推动城市群人与自然和谐共生的现代化要全面贯彻落实习近平生态文明思想，从生态系统整体性出发，以推进山水林田湖草沙一体化保护修复为基础，以践行"绿水青山就是金山银山"理念为关键路径，以加快发展方式绿色低碳转型和绿色产业体系为重要举措，以构建跨区生态共保共治和生态产品价值实现机制为保障，探索实现经济效益、社会效益、生态效益相统一新路径。

对于长江经济带城市群而言，率先推动人与自然和谐共生更是其历史使命。2016 年 1 月，习近平总书记在重庆主持召开推动长江经济带发展座谈会，提出长江经济带"共抓大保护、不搞大开发"的战略导向，随后在武汉、南京和南昌的三次讲话中均将"生态优先、绿色发展"的战略方向一以贯之。同时，2020 年 12 月出台的《中华人民共和国长江保护法》，推动长江大保护进入依法保护的新阶段，对于贯彻落实习近平生态文明思想、加强长江流域生态环境保护和修复、实现人与自然和谐共生具有重大意义。

长江中游城市群地处长江之"腰"，坐拥最长岸线，在长江经济带生态大保护中具有重要地位，需要承担起长江流域生态环境保护和绿色发展的使命，积极响应国家碳达峰、碳中和战略，打造"两型社会引领区"和"碳中和示范区"，在推动生态优先绿色发展上体现更大的责任担当，探索人与自然和谐共生新样板。

（五）走和平发展道路的现代化需要畅通国内国际双循环

中国式现代化是走和平发展道路的现代化，复杂多变的外部环境对和平发展提出了更高的要求，城市群作为参与国际竞争合作、支撑全国经济增长和促进区域协调发展的载体，要积极畅通国内国际双循环。一方面，发挥其支持与带动作用加强要素市场化配置改革，提高资源配置效率，破除城市间行政壁垒，带动区域一体化发展，充分释放城市群内需潜力，促进国民经济大循环畅通。另一方面，要扩大城市群在全球贸易、技术进步、区域治理、对外交流等领域的影响力，全面提升对外开放水平。

长江中游城市群是长江经济带、推动中部地区高质量发展和"一带一路"等国家战略的重要承载地和交汇点，要发挥其承东启西、连南接北的交通区位条件，人口资源要素丰富、市场潜力巨大等比较优势，打造畅通国内大循环的核心枢纽。同时，要进一步补齐开放短板，推动湖北自贸区、湖南自贸区、江西内陆型经济实验区的合作交流，形成世界一流的开放型经济规则，强化与共建"一带一路"国家的产业链供应链合作，培育外向型经济发展窗口，全面畅通"双循环"主动脉。

二　中国式现代化背景下长江中游城市群高质量发展基础

（一）创新与经济发展基础

1.经济增长极效应逐年显现

长江中游城市群经济综合实力不断提升，地区生产总值由 2015 年的 6.7 万亿元提高到 2022 年的 11.4 万亿元。[①] 受新冠疫情的影响，长江中游城市群 GDP 占全国的比重由 2015 年的 9.7%下降到 2021 年的 9.0%，但在 2022 年占比回升到 9.5%，总体趋势向好。从人均地区生产总值来看，长江中游城市群 31 个城市的人均 GDP 均值由 2015 年的 50239 元上升到 2022 年的 85130 元，呈逐年上升态势（见图 1 和图 2）。

比较来看，2022 年长江中游湘鄂赣三省地区生产总值达到 134480 亿元，占全国比重达到 11.1%，低于长三角地区，高于京津冀地区和成渝地区。但从人均地区生产总值来看，湘鄂赣三省人均 GDP 均值仅为 78860 元，与长三角和京津冀还存在一定差距，也略低于成渝地区（见表 1）。

---

①　长江中游城市群 GDP 测算是基于城市群涉及的 28 个地级市和 3 个县级市统计，2022 年数据来源于各城市统计公报，2021 年数据来源于湖北、湖南、江西三省统计年鉴，2020 年和 2015 年数据来源于《中国城市统计年鉴》。

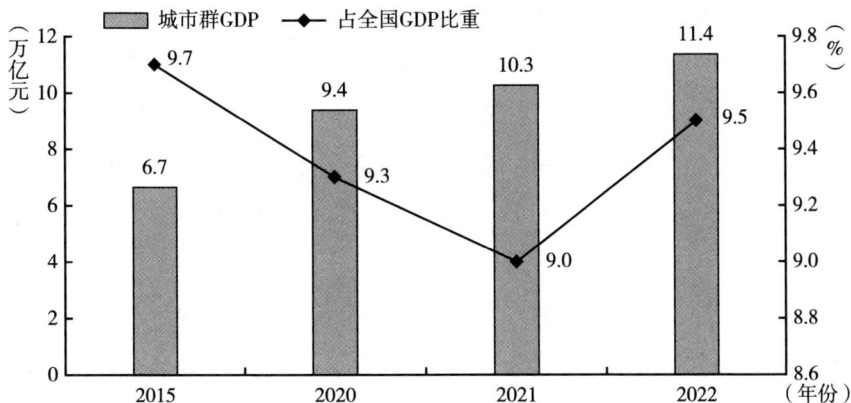

图 1　2015~2022 年长江中游城市群地区生产总值及占全国比重

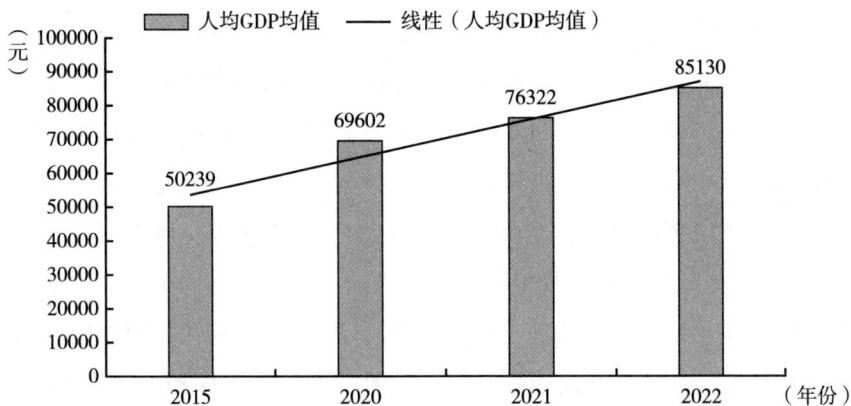

图 2　2015~2022 年长江中游城市群 31 个城市人均 GDP 均值

表 1　2022 年长江中游湘鄂赣三省经济规模与其他地区比较

地区	GDP（亿元）	人均 GDP 均值（元）	GDP 占全国比重（%）
京津冀地区 （北京、天津、河北）	100292.6	122181	8.3
长三角地区 （上海、江苏、浙江、安徽）	290288.8	129099	24.0
成渝地区 （四川、重庆）	85878.8	79220	7.1
长江中游地区 （湖北、湖南、江西）	134480.0	78860	11.1

资料来源：国家统计局国家数据网站。

2.科技创新能力显著增强

人才资源方面，长江中游城市群高等院校、科研院所聚集，技术人才众多，具有较为突出的人才优势。2021年，长江中游湘鄂赣三省拥有普通高等学校数364所、普通高等学校本科在校学生数244.98万人、普通高等学校专任教师数23.77万人，分别占全国的13.2%、12.9%和12.7%。

创新平台建设方面，长江中游城市群充分发挥武汉东湖、长株潭、鄱阳湖3家国家自主创新示范区的示范引领作用，加快建设光谷科创大走廊、湘江西岸科创走廊和赣江两岸科创大走廊，积极打造科技创新高地。同时，湖北加快建设光谷、珞珈、江夏、洪山、江城、东湖、九峰山、隆中、三峡等9个实验室，获批建设国家智能设计与数控、国家数字建造等2家国家技术创新中心，已建设覆盖化学、光学、地球科学、生物学等学科的4家基础科研中心，聚焦智能制造、新材料等优势和重点的产业领域，布局建设15家省级技术创新中心。湖南积极推动"4+4科创工程"，重点建设岳麓山实验室、岳麓山工业创新中心（实验室）、湘江实验室、芙蓉实验室"四大实验室"，以及国家超级计算长沙中心、大飞机地面动力学试验平台、力能实验装置、航空发动机冰风洞装置"四个重大科学装置"，加快搭建高能级科技创新平台体系。江西在推进南昌航空、中国（南昌）中医药、南昌VR、赣州稀金、鹰潭智慧、上饶大数据六大科创城建设的基础上，谋划推进吉安光电、九江—抚州数字经济、景德镇—萍乡陶瓷新材料、新余—宜春锂电新能源四大科创城。

科技创新产出方面，长江中游湘鄂赣三省2022年签订技术合同132754项，技术合同成交金额达到6320.66亿元，专利授权量达到33万件，分别占全国的17.2%、13.2%和7.6%，专利授权量相对较低。企业创新产出领域，长江中游湘鄂赣三省规模以上工业企业新产品销售收入、R&D经费和R&D项目数分别为35439.8亿元、1887.5亿元和82446项，分别占全国的12%、10.8%和10%（见表2）。

表2 长江中游湘鄂赣三省主要创新指标

指标	湖北	湖南	江西	合计
2022年中国区域创新能力排名	10	8	15	——
普通高等学校数（所）	130	128	106	364
普通高等学校本科在校学生数（万人）	97.55	81.82	65.61	244.98
普通高等学校专任教师数（万人）	9.1	7.92	6.75	23.77
签订技术合同（项）*	76719	45780	10255	132754
技术合同成交金额（亿元）*	3017.86	2544.6	758.2	6320.66
专利授权量（万件）*	16.1	9.3	7.6	33.0
省工程（技术）研究中心数量（个）*	331	523	351	1205
国家级高新区数量（个）	12	9	9	30
规模以上工业企业新产品销售收入（亿元）	13695.6	12169.2	9575.0	35439.8
规模以上工业企业R&D经费（亿元）	723.6	766.1	397.8	1887.5
规模以上工业企业R&D项目数（项）	22613	35517	24316	82446

注：* 为2022年数据，其他为2021年数据。
资料来源：《中国区域创新能力评价报告2022》，国家统计局国家数据网站，湖北、湖南、江西"2022年国民经济和社会发展统计公报"。

创新评价方面，中国科技发展战略研究小组、中国科学院大学中国创新创业管理研究中心联合发布的《中国区域创新能力评价报告2022》显示：湖南创新能力位列全国第8位，比2021年前进3位；湖北创新能力位列全国第10位，比2021年下降3位；江西创新能力位列全国第15位，比2021年前进1位。由科技部和中国科学技术信息研究所分别发布的《国家创新型城市创新能力监测报告2022》和《国家创新型城市创新能力评价报告2022》显示的全国城市创新能力百强榜单中，长江中游城市群的11个城市入榜，分别为武汉（第7位）、长沙（第10位）、南昌（第25位）、株洲（第32位）、宜昌（第63位）、湘潭（第65位）、景德镇（第67位）、襄阳（第75位）、新余（第80位）、黄石（第95位）、衡阳（第99位）。

3. 制造业发展态势良好

一是着力实施制造强国战略。湘鄂赣三省以实施制造强国战略为统领，以建设重要先进制造业基地为目标，推进产业基础高级化、产业链现代化，构建以先进制造业为支撑的现代产业体系。比如，湖北积极构建"51020"现代产业体系，湖南着力打造形成"3+3+2"的集群发展体系，江西大力实施"2+6+N"产业高质量跨越式发展行动。2022年，长江中游湘鄂赣三省工业增加值达到4.43万亿元（见图3），规模以上工业企业实现营业收入14.97万亿元。

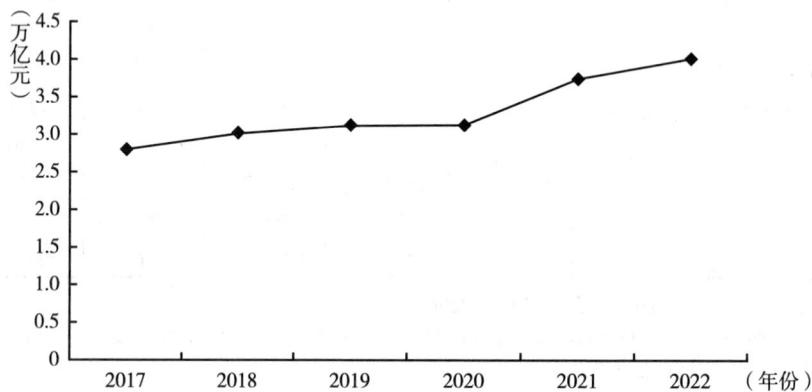

图3　2017~2022年长江中游湘鄂赣三省工业增加值变化

二是先进制造业集群建设步伐加快。一方面，《长江中游城市群"十四五"实施方案》中明确围绕电子信息、工程机械、轨道交通装备、汽车、航空航天、生物医药、新材料打造先进制造业集群工程。另一方面，长江中游城市群先进制造业集群建设也取得积极成效，武汉市光电子信息集群、长沙市新一代自主安全计算系统、株洲市轨道交通装备、长沙市工程机械、湖北（武汉、襄阳、十堰、随州）汽车集群5个产业集群入选国家先进制造业集群名单。同时，武汉国家信息光电子创新中心、武汉国家数字化设计与制造创新中心、株洲国家先进轨道交通装备创新中心、南昌国家虚拟现实创新中心先后入选国家级制造业创新中心。2022年，湖北、湖南、江西三省制造业分别增长6.6%、7.5%和7.4%。

三是加快承接产业转移。湖北、湖南和江西分别拥有荆州国家级承接产业转移示范区、湘南湘西国家级承接产业转移示范区、赣南国家级承接产业转移示范区，三个示范区发展优势特色产业，着力提升配套服务、完善政策举措，积极有序承接发达地区产业转移。此外，根据《长江经济带产业转移指南》，围绕打造电子信息、高端装备、汽车、家电、纺织服装五大制造业集群，进一步明确了长江中游城市群承接四类产业转移的重点载体（见表3）。

表3 《长江经济带产业转移指南》中关于长江中游城市群重点承接载体

产业	长江中游城市群重点承接载体
电子信息	武汉光谷光电子信息产业园、武汉花山软件新城、南昌经济技术开发区、衡南工业集中区、益阳长春经济开发区
高端装备	洪湖石化装备制造产业园、荆州区九阳电子机械工业园、武汉新港古龙产业园、襄阳高端装备制造产业园、襄阳航空航天产业园、芦溪工业园区、南昌高新技术产业开发区、瑞昌经济开发区、新余高新技术产业开发区、宝庆工业集中区、衡阳高新技术产业开发区、湘潭国家高新技术产业开发区、益阳高新技术产业开发区、长沙高新技术产业开发区、长沙雨花经济开发区、株洲国家高新技术产业开发区、株洲渌口经济开发区
汽车	武汉经济技术开发区、襄阳汽车产业园、小蓝经济技术开发区、长沙经济技术开发区
纺织服装	荆州经济技术开发区、荆州市沙市区岑河针纺织服装工业园、襄阳纺织服装产业园、孝感汉川马庙纺织工业园、孝感汉正服装工业城、分宜工业园区、奉新工业园区、南昌昌东工业区、华容工业集中区、蓝山经济开发区

（二）协调与新型城镇化发展基础

1. 城镇化率稳步提升

长江中游城市群作为长江经济带的中间腹地和引领中部地区崛起的增长极，是国家推进新型城镇化发展的核心地区之一。2022年，长江中游城市群31个城市常住人口城镇化率达到64.9%[①]，比2014年的55.5%提高9.4个百分点，但略低于全国平均水平（65.22%）。其中，湖北范围13个城市的城镇化率为66.3%，湖南范围8个城市的城镇化率为64.9%，江西范围10个城市的城镇化率为63.3%，城市群湖北范围的城镇化率相对较高。

---

① 根据长江中游城市群所涉及的28个地级市和3个县级市常住人口与城镇人口测算，数据来源于各城市2022年统计公报。

从城市来看，省会城市依然是三省城镇化率最高的城市，城镇化率较高的城市依次为武汉（84.7%）、长沙（83.3%）、南昌（78.9%）。城镇化率在70%~80%区间的城市分别为新余和株洲。城镇化率在60%~70%的依次为萍乡、鄂州、黄石、景德镇、鹰潭、湘潭、宜昌、襄阳、九江、岳阳、孝感、仙桃、荆门（见图4）。城镇化率低于50%的城市依次为黄冈、娄底和天门。此外，城市间的城镇化率差距相对较大，城镇化率最高的城市武汉与最低的城市天门之间相差达到39.4个百分点。

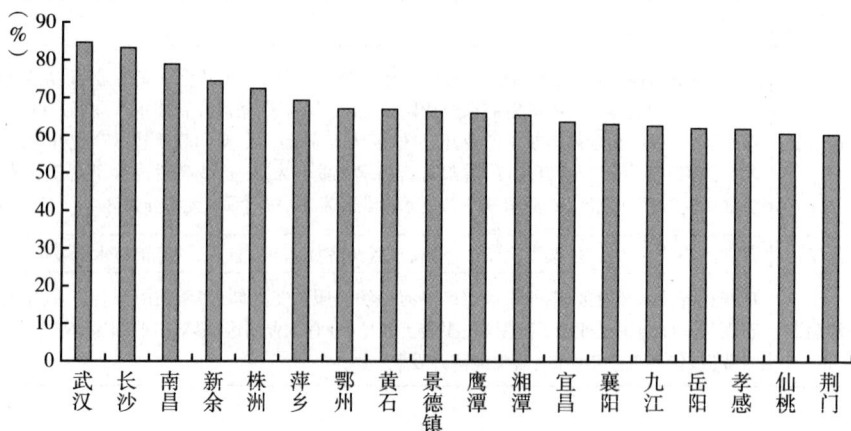

图4 长江中游城市群城镇化率达到60%以上的城市

2. 省会和省域副中心城市支撑作用增强

武汉、长沙、南昌三个省会城市是引领城市群发展的核心引擎。武汉市锚定国家中心城市、长江经济带核心城市和国际化大都市总体定位，加快建设全国经济中心、国家科技创新中心、国家商贸物流中心、国际交往中心和区域金融中心"五个中心"，2022年地区生产总值达到18866.43亿元，居长江中游城市群之首和全国第8位。长沙市实施强省会战略，积极创建国家中心城市，打造长江经济带核心增长极、现代化新湖南示范区和具有国际影响力的现代化城市，2022年地区生产总值达到13966.11亿元，居长江中游城市群第2位和全国第15位。南昌市围绕"富有创新活力和文化魅力，令人向往的中国智造新城、山水名城"城市愿景，加快打造"一枢纽四中心"，2022年实现地区生产总值7203.5亿元，居长江中游城市群第3位和全国第36位。

省域副中心城市成为城市群发展的重要支撑。2020年4月10日，习近平总书记在中央财经委员会第七次会议上发表讲话："中西部有条件的省区，要有意识地培育多个中心城市，避免'一市独大'的弊端。"2021年9月23日，国务院批复的《"十四五"特殊类型地区振兴发展规划》提出"支持徐州、洛阳、襄阳、长治等城市建设省域副中心城市"。省域副中心城市是湖北等省为缓解省会"一市独大"矛盾而探索出的具有中国特色的区域协调发展新举措，湖北早在2003年8月的《湖北省城镇体系规划》中就明确了宜昌和襄阳两个省域副中心城市地位，并持续推动建设，在2022年6月湖北省第十二次党代会明确"支持襄阳打造引领汉江流域发展、辐射南襄盆地的省域副中心城市；支持宜昌打造联结长江中上游、辐射江汉平原的省域副中心城市"。湖南在2021年8月出台了《支持岳阳市加快建设省域副中心城市的意见》和《支持衡阳市加快建设省域副中心城市的意见》，明确了岳阳和衡阳的省域副中心城市地位。江西省在"十四五"规划中明确提出支持赣州省域副中心城市建设，暂不在长江中游城市群范围。从经济发展规模来看，城市群范围的4个省域副中心城市2022年的GDP在4000亿~6000亿元区间，仅次于3个省会城市，成为城市群经济发展的重要支撑（见图5）。

3. 都市圈建设步伐加快

2022年2月，国务院批复的《长江中游城市群发展"十四五"实施方案》中不仅明确了"以培育发展现代化都市圈为引领"，而且提出"促进都市圈同城化发展；着力打造武汉都市圈，加快建设长株潭都市圈，有序培育南昌都市圈"。2022年，国家发改委先后批复了《长株潭都市圈发展规划》《武汉都市圈发展规划》，先后成为第4个和第7个国家级都市圈发展规划。与此同时，2022年6月湖北省第十二次党代会提出了建设武汉都市圈、宜荆荆都市圈和襄阳都市圈。

长株潭都市圈包括长沙市全域、株洲市中心城区及醴陵市、湘潭市中心

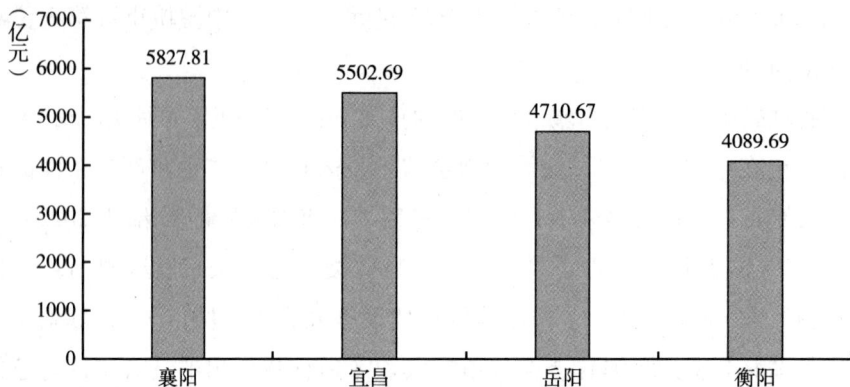

图5　2022 年长江中游城市群范围省域副中心城市 GDP

城区及韶山市和湘潭县，着力推动规划、设施、市场、产业、生态、创新、开放、平台、服务等领域的同城化发展，2022 年长株潭三市的 GDP 达到 20280.45 亿元，常住人口 1699.44 万人；武汉都市圈以武汉、鄂州、黄石、黄冈为核心区，加快产业、创新、基础设施、开放、公共服务、智慧、安全、生态、要素市场等 9 个领域的合作发展，武鄂黄黄四市 2022 年的 GDP 达到 24920.39 亿元，常住人口 2304.44 万人；大南昌都市圈包括南昌市，九江市，抚州市临川区、东乡区，宜春市的丰城市、樟树市、高安市和靖安县、奉新县，上饶市的鄱阳县、余干县、万年县，着力推动基础设施、产业发展、要素市场、公共服务和生态环境一体化发展。

4. 县域经济发展迅速

近年来，长江中游城市群县域经济发展迅速，根据赛迪顾问县域经济研究中心发布的"县域经济百强"名单，湘鄂赣县域经济百强数量由 2017 年的 9 个提高到 2022 年的 13 个（见表4），这是长江经济带深入推进和新时代中部地区高质量发展所取得的积极成效。具体来看，湖北县域经济百强县的数量最多，由 2017 年的 4 个增加到 2022 年的 8 个，入围数量居中部六省第 1 位；湖南省 4 个入选县域经济百强的县排名在三省中相对靠前；江西省虽然入选县域经济百强的仅南昌县 1 个，但其排名速度上升较快，由 2017 年的第 70 位上升到 2022 年的第 38 位。

表4　2022年湘鄂赣三省入选全国县域经济百强名单及排名

单位：个

年份	湖北	湖南	江西	数量
2017	宜都市（80） 大冶市（82） 仙桃市（86） 枣阳市（99）	长沙县（7） 浏阳市（17） 宁乡市（26） 醴陵市（96）	南昌县（70）	9
2022	仙桃市（65） 大冶市（67） 宜都市（68） 潜江市（83） 枣阳市（84） 枝江市（89） 汉川市（91） 天门市（96）	长沙县（10） 浏阳市（18） 宁乡市（25） 醴陵市（64）	南昌县（38）	13

注：县域经济百强名单来源于赛迪顾问县域经济研究中心；括号内为排名。

（三）绿色与低碳发展基础

1. 全面加强长江大保护与流域综合治理

近年来，长江中游湘鄂赣三省深入贯彻落实习近平生态文明思想，牢固树立长江经济带"共抓大保护、不搞大开发"的战略导向，坚持生态优先、绿色发展，落实《中华人民共和国长江保护法》，切实扛起共抓长江大保护的重大政治责任。

湖北省深入实施长江高水平保护十大攻坚提升行动，促进污染防治攻坚提速加力，制定《2022年度长江高水平保护攻坚提升行动重点任务清单》，累计整治长江入河排污口9067个，实现了长江干流出境水质连续4年保持Ⅱ类。湖南省以"一江一湖四水"为主战场，坚决推进长江保护修复攻坚战，组织开展洞庭湖总磷污染控制与削减攻坚行动，长江干流湖南段和四水干流131个断面全部达到或优于Ⅱ类，洞庭湖总磷平均浓度下降17.8%。江西省率先出台了《江西省深入打好长江保护修复攻坚战工作方案》，联合建立起九江市域长江大保护多元共治协作机制，开展鄱阳湖总磷污染治理，实现长江干流江西段连续 5 年稳定保持在 Ⅱ 类水质，2022 年环鄱阳湖区河流的水质优良比达到 100%。

同时，湘鄂赣三省积极推进流域综合治理。湖北省第十二次党代会报告明确提出"坚决守住流域安全底线"，出台了《湖北省流域综合治理和统筹发展规划纲要》，划分了 3 个一级流域（长江、汉江、清江）和 16 个二级流域片区的治理"底图单元"，通过市、县进一步细分到三、四级流域单元，并围绕水安全、水环境安全、粮食安全、生态安全制定了底线清单。湖南持续推动"一江一湖四水"系统保护和整治，统筹"三水共治"，强化水环境治理、水资源保障、水生态修复。江西省全面开展"五河两岸一湖一江"全流域整治，在 2020 年出台了《江西省流域综合管理暂行办法》，探索建立起覆盖面广、体系完备的五级河长制、湖长制、林长制，实施全流域生态补偿。此外，湖南和江西两省在渌水（萍水）流域，围绕流域产业布局、流域生态执法和流域横向生态补偿等方面探索省际河流保护治理机制。

2. 加快推动城市群绿色发展

一是厚植生态绿色基底。2021 年，湘鄂赣三省拥有 61 个国家级自然保护区，面积达到 141.3 万公顷，分别占长江经济带的 39.1% 和 19.7%；高于长江下游 4 省市，但低于长江上游 4 省市。同时，湘鄂赣三省的森林覆盖率均值和建成区绿化覆盖率均值分别为 50.15% 和 43.97%，均高于长江经济带上游 4 省市和下游 4 省市，尤其是江西省的森林覆盖率和建成区绿化覆盖率在长江经济带 11 省市处于领先地位（见表 5）。

表 5　长江经济带 11 省市自然保护区、森林覆盖及绿化覆盖情况

省　市	国家级自然保护区数量（个）	国家级自然保护区面积（万公顷）	森林覆盖率（%）	建成区绿化覆盖率（%）
上　海	2	6.5	14.04	37.7
江　苏	3	30.2	15.2	43.7
浙　江	11	14.8	59.43	41.5
安　徽	8	14.4	28.65	44.1

续表

省　市	国家级自然保护区数量（个）	国家级自然保护区面积（万公顷）	森林覆盖率（%）	建成区绿化覆盖率（%）
江　西	16	26.1	61.16	46.9
湖　北	22	54.6	39.61	42.8
湖　南	23	60.6	49.69	42.2
重　庆	7	25.5	43.11	42.6
四　川	32	304.9	38.03	43.1
贵　州	11	29	43.77	41.8
云　南	21	152.2	55.04	42.5

二是加强绿色示范引领。为贯彻落实习近平生态文明思想、践行"绿水青山就是金山银山"理念，湖北、湖南、江西三省围绕生态文明创建，着力打造了一批国家级生态文明建设示范区（市县）和"两山"实践创新基地（见表6）。其中，国家生态文明示范区（市县）累计达到71个，"两山"实践创新基地达到22个，这些示范地区对长江中游城市群绿色发展起到了典型引领作用。

表6　湘鄂赣历届国家生态文明建设示范区（市县）和"两山"实践创新基地名单

单位：个

名称	湖北	湖南	江西	数量
第一批国家生态文明建设示范市县	京山县	江华县	靖安县、资溪县、婺源县	5
第二批国家生态文明建设示范市县	保康县、鹤峰县	张家界市武陵源区	井冈山市、崇义县、浮梁县	6
第三批国家生态文明建设示范市县	十堰市、恩施土家族苗族自治州、五峰土家族自治县、赤壁市、恩施市、咸丰县	长沙市望城区、永州市零陵区、桃源县、石门县	景德镇市、南昌市湾里区、奉新县、宜丰县、莲花县	15

续表

名称	湖北	湖南	江西	数量
第四批国家生态文明建设示范市县	十堰市竹溪县、咸宁市崇阳县、恩施土家族苗族自治州巴东县	长沙市宁乡市、邵阳市新宁县、岳阳市湘阴县、永州市东安县、怀化市通道侗族自治县	九江市武宁县、赣州市寻乌县、吉安市安福县、宜春市铜鼓县、抚州市宜黄县	13
第五批国家生态文明建设示范区	十堰市郧阳区、鄂州市梁子湖区、宜昌市远安县、宜昌市秭归县、黄冈市罗田县、恩施土家族苗族自治州宣恩县、神农架林区	怀化市鹤城区、长沙市长沙县、湘潭市韶山市、岳阳市平江县、郴州市汝城县、永州市祁阳市	九江市共青城市、赣州市石城县、吉安市吉安县、抚州市广昌县	17
第五批国家生态文明建设示范区	宜昌市、武汉市新洲区、十堰市郧西县、襄阳市谷城县、荆门市钟祥市、咸宁市通城县、恩施土家族苗族自治州建始县	邵阳市绥宁县、张家界市桑植县、益阳市安化县、怀化市新晃侗族自治县	南昌市安义县、九江市庐山市、赣州市上犹县、吉安市遂川县	15
第一批"两山"实践创新基地	—	—	靖安县	1
第二批"两山"实践创新基地	十堰市	—	婺源县	2
第三批"两山"实践创新基地	保康县尧治河村	资兴市	井冈山市、崇义县	4
第四批"两山"实践创新基地	十堰市丹江口市	张家界市永定区	景德镇市浮梁县	3
第五批"两山"实践创新基地	恩施土家族苗族自治州、宜昌市五峰土家族自治县	长沙市浏阳市、常德市桃花源旅游管理区	抚州市资溪县	5
第六批"两山"实践创新基地	十堰市武当山旅游经济特区、宜昌市环百里荒乡村振兴试验区	长沙市长沙县、怀化市靖州苗族侗族自治县、永州市金洞管理区	九江市武宁县、宜春市铜鼓县	7

资料来源：中华人民共和国生态环境部网站。

　　三是积极探索生态产品价值实现。建立健全生态产品价值实现机制，既是贯彻落实习近平生态文明思想、践行"绿水青山就是金山银山"理念的重要举措，也是坚持生态优先、推动绿色发展、建设生态文明的必然要求。《长江中游城市群"十四五"实施方案》中也明确提出了"探索生态产品价值实现多元路径"的任务要求，湘鄂赣三省加快探索生态产品价值实现，赣州市寻乌县山水林田湖草综合治理、鄂州市生态价值核算和生态补偿、常德市穿紫河生态治理与综合开发等三个案例先后入选自然资源部生态产品价值实现典型案例。

3. 积极提高低碳发展水平

为全面贯彻党中央、国务院关于碳达峰、碳中和的重大战略决策，湘鄂赣三省有序推进"双碳"工作，结合实际探索绿色低碳发展的有效路径。

一是湘鄂赣三省围绕碳达峰、减污降碳协同增效、绿色低碳转型等方面出台系列方案和政策文件（见表7），引导地区绿色低碳发展。二是加快碳市场建设，湖北作为全国首批七个碳交易试点之一，在全国率先推出了碳资产质押贷款、碳资产托管、碳保险等多元化碳金融业务，积极探索碳配额有偿拍卖、双20%缺口封顶等制度设计，截至2022年底，湖北碳市场配额累计成交3.61亿吨86.87亿元[①]；江西出台《江西省碳排放权交易中心林业碳汇交易规则（试行）》。三是积极开展碳达峰有关行动，如湖南部署"碳达峰十大行动"，构建"1+1+N"政策体系，推动生态环境导向开发（EOD）模式试点项目开展；江西组织开展工业园区和重点企业减污降碳协同增效试点、省际低碳社区试点建设。四是加强科技、金融对碳达峰、碳中和的支持，如江西出台《金融支持江西绿色低碳转型发展的若干措施》，建设省级碳减排项目库，引导金融机构主动对接绿色低碳项目；三省均出台了"碳达峰碳中和科技创新行动方案"。五是倡导绿色低碳生活方式，如江西组织开展以"落实双碳行动 共建美丽家园"为主题的"全国低碳日"活动；湖南开展"绿色卫士下三湘"等主题活动，提升公民生态文明意识。

---

① 数据来源：《湖北省生态环境状况公报2022》。

表 7　湖北、湖南、江西近年关于"双碳"出台的部分系列文件

省份	文件
湖北	《关于完整准确全面贯彻新发展理念认真做好碳达峰碳中和工作的实施意见》 《湖北省碳达峰实施方案》 《关于加快建立健全绿色低碳循环发展经济体系的实施意见》 《湖北省应对气候变化 "十四五"规划》 《湖北省减污降碳协同增效实施方案》 《湖北省碳达峰碳中和科技创新行动方案》 《湖北省深化碳市场建设工作要点》 《湖北省碳排放权管理和交易暂行办法》 《湖北长江经济带降碳减污扩绿增长十大行动方案》
湖南	《中共湖南省委湖南省人民政府关于完整准确全面贯彻新发展理念做好碳达峰碳中和工作的实施意见》 《湖南省碳达峰实施方案》 《湖南省减污降碳协同增效实施方案》 《湖南省科技支撑碳达峰碳中和实施方案(2022~2030年)》 《湖南省贯彻落实〈"美丽中国,我是行动者"提升公民生态文明意识行动计划(2021~2025年)〉的若干措施》 《湖南省推动能源绿色低碳转型做好碳达峰工作的实施方案》 《湖南省工业领域碳达峰实施方案》 《湖南省制造业绿色低碳转型行动方案(2022~2025年)》 《湖南省财政支持做好碳达峰碳中和工作的实施意见》
江西	《中共江西省委江西省人民政府关于完整准确全面贯彻新发展理念做好碳达峰碳中和工作的实施意见》 《江西省减污降碳协同增效实施方案》 《江西省"十四五"应对气候变化规划》 《江西省城乡建设领域碳达峰实施方案》 《江西省工业领域碳达峰实施方案》 《江西省科技支撑碳达峰碳中和实施方案(2022~2030年)》 《金融支持江西绿色低碳转型发展的若干措施》 《"减污降碳"金融服务合作备忘录》 《江西省碳排放权交易中心林业碳汇交易规则(试行)》

（四）开放与市场建设基础

1.内陆枢纽功能显著

交通枢纽方面,武汉纳入全国 20 个国际性综合交通枢纽城市,重点拓展海陆空多元交通网络,增强国际门户功能。长江中游城市群拥有南昌—九

江、长沙—株洲—湘潭、上饶、襄阳、宜昌、黄冈—鄂州—黄石、岳阳、衡阳等全国性综合交通枢纽城市。同时，鄂州花湖机场作为4个国际航空货运枢纽之一和亚洲最大专业货运机场，自投运以来已开通14条国内客运航线和5条国际货运航线。2022年，湘鄂赣三省年末公路总里程达到75.75万公里，高速公路里程达到21659公里，铁路营业里程达到16159万公里，高速铁路里程达到6566公里，占全国比重均超过10%，尤其是高速铁路里程占全国比重达到15.6%。

信息枢纽方面，武汉是我国8个国家大数据节点之一，处于国家骨干通信网中的一级通信干线中心位置，是中国电信建设的三大高速光缆环网的交汇中心。长沙是8个国家超级计算中心之一，为我国中部地区仅有的两个国家超级计算中心之一。

2. 内需市场具备优势

消费是畅通国内大循环的关键环节和重要引擎，长江中游城市群是全国重要的消费市场，内需潜力优势明显。2022年，长江中游湘鄂赣三省社会消费品零售总额为54069亿元，城镇消费品零售总额46303.32亿元，乡村消费品零售额为7765.68亿元，分别占全国的12.3%、12.2%和13.1%。从变化过程来看，湘鄂赣三省社会消费品零售总额由2015年的32509.1亿元提高到2022年的54069亿元，占全国的比重由2015年的11.3%提高到12.3%（见图6）。此外，湘鄂赣三省2022年的实物商品网上零售额达到7644.5亿元，占全国的6.4%。

国内生产要素有序高效流动，2022年，长江中游湘鄂赣三省货物周转量达到15615亿吨公里，旅游周转量达到12921亿人公里；港口完成货物吞吐量达到10.58亿吨，港口集装箱吞吐量达到525.2万标准箱。同时，三省邮政行业业务总量达到999.4亿元，快递业务量达到73.49亿件，快递业务收入达到607.8亿元。

3. 对外开放水平稳步提升

对外开放平台方面，中国（湖北）自由贸易试验区、中国（湖南）自由贸易试验区、江西内陆开放型经济试验区着力推动贸易和投资自由化便利

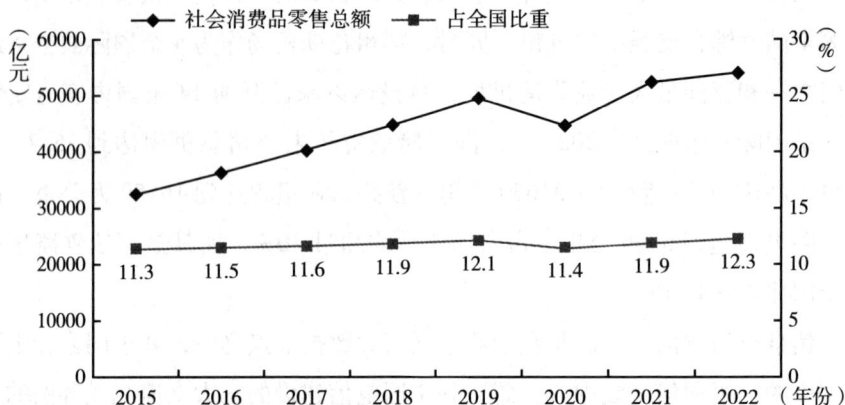

图6 2015~2020年长江中游湘鄂赣三省社会消费品零售总额及占全国比重

化，提升发展能级，引领城市群开放型经济发展。同时，长江中游湘鄂赣三省拥有15个综合保税区和17个国家跨境电子商务综合试验区。此外，中欧班列运输能力持续加强，2022年中欧班列（武汉）共开行539列；中欧班列（长沙）进出口累计共发运1012列，其开行量列全国第3位。

开放型经济水平方面，2022年长江中游湘鄂赣三省实现进出口总额1.99万亿元，其中，一般贸易出口1.34万亿元，加工贸易出口0.18万亿元，高新技术产品出口2516.2亿元，出口共建"一带一路"国家6293.2亿元，出口RCEP其他成员国约4675亿元。同时，长江中游湘鄂赣三省通过持续优化营商环境，全力打造吸引外资"强磁场"，2022年实际使用外商直接投资83.45亿美元。

（五）共享与共同富裕基础

1. 文化资源丰富

一是长江中游城市群是楚文化的构成地区，湘鄂赣三省山水相依、地缘相近、人文相亲，荆楚文化、湖湘文化和赣文化是长江文化的重要组成部分。在地域文化上，荆楚文化和湖湘文化共为2000多年来古代楚文化的两个重要分支自不待言，而元明之际江西大规模地向湖南移民也将当时处于中国历史文化高峰时期的赣文化带到了湘江两岸，从而成为湖湘文化近现代名人辈出的一条重要文脉。[1] 二是长江中游城市群红色文化资源占有重要地位，湘鄂赣三省是中国近现代革命的重要发源地和发生地，尤其是湘鄂赣边区是中共红色政权、革命军队的重要策源地和发祥地；根据国家已公布的两批革命文物保护利用片区分县名单，湘鄂赣三省共有 13 个片区的 403 个县（市、区）列入，分别占全国革命文物保护利用片区数和县数的 35% 和 25%（见表 8）。三是三省山水资源丰富，有以长江、汉江、湘江、赣江、鄱阳湖、洞庭湖、洪湖为代表的水域景观，以庐山、三清山、大别山为代表的山岳景观，以武当山、龙虎山、衡山为代表的宗教景观，以黄鹤楼、滕王阁、岳阳楼为代表的江南名楼景观。

表 8 国家革命文物保护利用片区湘鄂赣三省分县名单（第一批、第二批）

单位：个

	分区	省名	分区	省名
第一批 （全国共 15 个 片区，涉及 20 个 省、645 个县）	井冈山片区 （8）	江西（6） 湖南（2）	闽浙赣片区 （66）	江西（26）
	原中央苏区片区 （101）	江西（49）	湘鄂赣片区 （40）	湖南（8） 湖北（14） 江西（18）
	湘鄂西片区 （90）	湖南（27） 湖北（63）	湘赣片区 （47）	湖南（17） 江西（30）
	鄂豫皖片区 （41）	湖北（19）	湘鄂川黔片区 （46）	湖南（16） 湖北（8）
第二批 （全国共 22 个 片区，涉及 31 个 省、988 个县）	长征片区 （红一方面军） （123）	江西（10） 湖南（11）	湘鄂赣片区 （17）	湖南（2） 湖北（9） 江西（6）
	长征片区 （红二方面军） （92）	湖南（22）	鄂豫皖片区 （57）	湖北（35） 湖南（2） 江西（1）
	长征片区 （红二十五方面军） （36）	湖北（2）	—	—

---

[1] 秦尊文、张静：《构建长江中游城市群的深厚历史渊源》，《学习月刊》2012 年第 7 期。

2. 城乡居民收入逐步提升

一方面，居民的收入逐年上升。长江中游湘鄂赣三省居民人均可支配收入均值由 2015 年的 19260 元提高到 2022 年的 33123 元，其中城镇居民人均可支配收入均值由 2015 年的 27463 元提高到 2022 年的 44541 元，农村居民人均可支配收入均值由 2015 年的 11325 元提高到 2022 年的 19730 元，农村居民的收入增长速度高于城镇居民收入，但城镇和农村居民的收入仍低于全国平均水平。另一方面，城乡居民收入的差距逐步缩小，长江中游湘鄂赣三省城乡居民人均可支配收入比由 2015 年的 2.42 缩小到 2022 年的 2.26，且城乡居民收入差距小于全国平均水平（见图 7、图 8）。

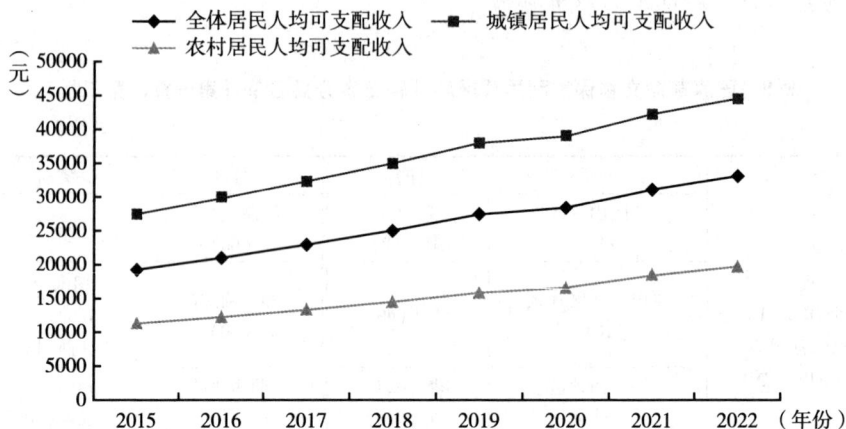

图 7　2015~2022 年长江中游湘鄂赣三省居民收入变化

3. 公共服务水平不断提高

公共文化服务方面，长江中游湘鄂赣三省 2022 年拥有文化馆 389 个、公共图书馆 375 个、博物馆 593 个，文化馆和公共图书馆数量占全国比重超过 11%。同时，三省规模以上文化及相关产业企业营业收入达到 1.25 万亿元，占全国比重达到 10.3%。公共医疗方面，长江中游湘鄂赣三省 2022 年拥有医疗卫生机构 12.78 万家、卫生技术人员 140.62 万人、医疗卫生机构床位 125.1 万张，占全国比重均超过 12%。养老方面，三省拥有养老机构床

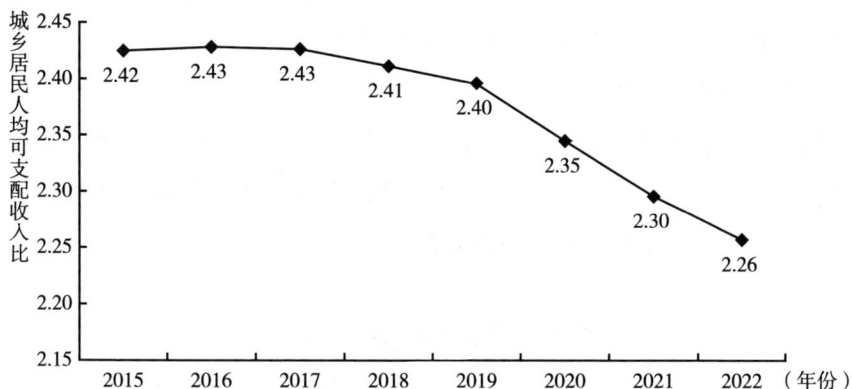

图 8　2015~2022 年长江中游湘鄂赣三省城乡居民人均可支配收入比变化

位数 72.8 万张，占全国比重达到 8.9%。社会保障方面，三省参加城乡居民基本养老保险和城乡居民基本医疗保险的人数分别为 7923.07 万人和 13825.31 万人，占全国比重均超过 14%。

三　以中国式现代化推动长江中游城市群
高质量发展建议

（一）以长江大保护为统领，共筑生态优先绿色发展高地

1. 全力抓好长江大保护

严格执行《长江保护法》，坚决落实长江禁渔，持之以恒推动长江流域生态环境保护和修复。围绕长江经济带"四江三湖"（长江、汉江、湘江、赣江和洞庭湖、鄱阳湖、洪湖）的生态水网，开展流域综合治理，建成层次分明、功能完善、廊道畅通、板块稳定的区域网络化生态安全保障体系。实行四级河湖警长制，搭建长江大保护环保效能 110 联动工作平台，建立常态化联勤联动、智能化信息互通、多元化执法互助的"长江大保护"警务协作机制，推进跨区域、跨部门、跨层级联合执法，形成"共同发现、共

同治理、共同查处"的格局。开展滨江生态修复,建设沿江生态旅游观光公路,共同打造"一江两岸、两岸一体"最美岸线。

2.共建绿色城市群

绿色城市群建设的重点任务建议从以下三个方面展开:一是推动污染物的联防联控;二是围绕"两型"社会建设,联合推动城市绿色发展;三是围绕"碳达峰、碳中和"推进节能降耗工作(见表9)。

表9　绿色城市群重点任务建议

内容	任务建议
污染物的联防联控	• 共同实施细颗粒物(PM2.5)和臭氧浓度"双控双减",建立固定源、移动源、面源精细化排放清单管理制度,联合制定区域重点污染物控制目标 • 长江中游城市群交界处建设大气污染监测边界站,建立污染传输通道城市应急联动机制 • 确定跨行政区交界的水质控制断面和标准,制定跨省级行政区河流突发性水污染事故应急预案
"两型"社会城市绿色发展	• 建设城市群绿心,加强幕阜山地区生态林和公益林的建设与保护,设立生物多样性保护与土壤保持生态功能区,推进石漠化治理,做好生态移民搬迁工程 • 优化城市绿色空间,推进城市生态园林建设,完善城镇生态景观廊道、绿道网系统和公园体系 • 推进城市水环境治理,大力实施雨污分流、截污纳管,城市建成区生活污水全收集、全处理,基本消除黑臭水体 • 优化出行方式,打造便捷高效、安全可靠、低碳环保的绿色立体综合交通体系 • 大力发展循环经济,深化园区循环化改造 • 全面建立资源高效利用制度,实行能源和水资源消耗、建设用地总量与强度双控
碳排放碳中和节能降耗	• 落实国家各项碳达峰、碳中和各项工作,强化能源消费总量和强度"双控",提高区域清洁能源在终端能源消费中的比例 • 支持开展低碳城市试点和武汉全国碳排放权注册登记系统建设 • 积极推进近零碳排放示范工程 • 建立健全林业碳汇实现机制,支持抚州开展远期林业碳汇资产市场化运作试点 • 发展绿色建筑,倡导简约适度、绿色低碳的生活方式

3.共同探索跨区域生态补偿和生态产品价值实现机制

生态补偿方面，围绕流域、生态功能区等重点领域，探索完善市场化、多元化生态补偿机制，鼓励受益地区与保护生态地区、流域下游与上游通过资金补偿、对口协作、产业转移、人才培训、共建园区等方式建立横向补偿关系，完善森林和湿地生态效益补偿机制。

生态产品价值实现方面，一是推广江西"两山银行""湿地银行"等建设模式，推进自然资源资产统一确权登记和产权制度改革，建立生态产品价值核算体系，健全生态资产与生态产品市场交易机制，开展排污权、用能权、用水权、碳排放权市场化交易。推广资溪生态价值评估中心、武宁生态产品储蓄平台等运营生态资源模式，培育区域性生态产品价值第三方评估机构，推行自然资源平台代运营模式。二是支持湖北省保康县尧治河村、江西省靖安县建设"两山"理论实践创新基地，积极探索打通"绿水青山"向"金山银山"双向转化的经验和做法，向城市群和全国输出典型经验与模式。

（二）以创新和产业为动力，共建协同创新产业体系

1.联合打造创新共同体

一是协同布局建设若干重大科技基础设施，共同推进东湖、长株潭、鄱阳湖国家自主创新示范区和光谷科创大走廊、湘江西岸科创走廊、赣江两岸科创大走廊的合作对接，联合创建综合性国家科学中心，共建国家中部科技城。

二是支持湖南、湖北共同组建的杂交水稻国家重点实验室，湖南、江西共同组建的南方粮油作物协同创新中心，推动中国科学院在长江中游城市群布局更多科研平台，推进国家超级计算长沙中心建设，加快建设株洲国家先进轨道交通装备创新中心。支持建设中医药国家大科学装置、国家产业创新中心，三省共建更多创新大平台、协同创新中心和国家重点实验室，争取共创1~2个国家实验室。

三是围绕电子信息、高端装备制造、新能源和智能网联汽车、生物医

药、航空航天、新材料等战略性新兴产业，支持组建产业创新联盟联合开展产业重大共性关键技术科研攻关，并推动地区间科技成果转化和产业化；同时，推进大型科研仪器设备和重大科技基础设施向湘鄂赣三省的创新创业者开放共享。

四是布局建设一批双创示范基地支撑服务平台，推动湖北组建中部双创示范基地联盟。

2.统筹引导产业集群（基地）布局

按照长江经济带打造世界级产业集群的要求，以联手打造国际竞争力产业集群和全国先进制造业基地为目标，重点通过引导产业布局来推动产业错位协调发展。建议依托"两横三纵"的重点交通轴线推动沿线城市产业特色化发展和产业联动，在促进产业基础高级化的基础上，逐步实现产业链的现代化和合理分工（见表10、图9）。

表10　长江中游城市群特色产业布局引导

轴线	沿线特色产业布局
长江	武汉光电子信息、宜昌精细化工、黄石特钢等产业集群
京广	长沙工程机械、岳阳石油化工、衡阳交通装备等产业集群
京九	南昌电子信息、九江石化和机械电子、黄冈生物医药等产业集群
二广	襄阳汽车、荆门新材料、荆州海洋工程装备、常德机电等产业集群
沪昆	株洲轨道交通装备、湘潭汽车和专用设备制造、萍乡冶金建材、新余新材料、鹰潭有色金属、上饶机械电子等产业集群

3.促进先进制造业"三向"融合

一是促进制造业与互联网的融合，统筹推进建设跨区域、跨行业、跨领域的工业互联网建设，在避免工业互联网平台重复建设的基础上，促进制造业资源与互联网平台深度对接，同时联合建立工业互联网安全的保障体系。二是促进制造业与服务业的融合，以创建国家"两业融合"试点为抓手，积极发展服务型制造业，培育数字经济新优势。三是促进制造业与创新的融合，瞄准电子信息、高端装备制造、新能源和智能网联汽车、生物医药、航

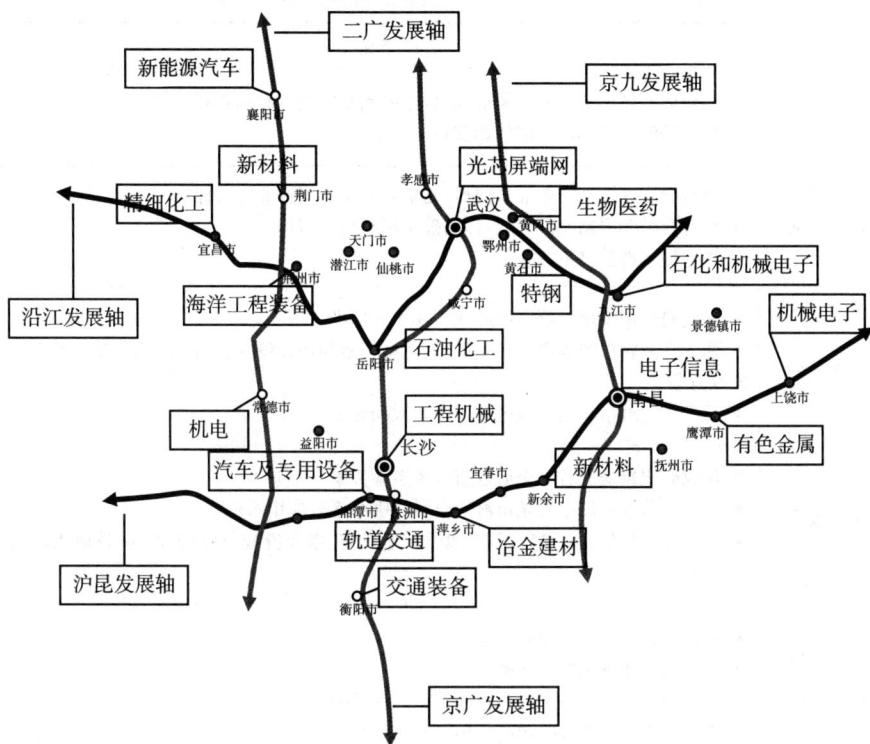

图9 长江中游城市群特色产业布局

空航天、新材料等产业链的关键领域与环节，联合开展共性技术研发和平台建设，打造关键核心技术的专题数据库，实现资源共享和科技成果跨区域转化，全面实现产业和创新的融合驱动。

4. 协调对接产业创新政策

建议以三省经信和科技部门为主，联合相关部门和机构组建长江中游城市群产业创新协同发展工作小组，围绕产业规划、产业准入、产业转移、创新激励、人才互认、知识产权等关键领域，加强政策的沟通衔接，促进生产创新要素合理流动、产业有序转移和区域间生产力合理布局（见表11）。

表11 长江中游城市群产业创新政策协调对接策略

领域	策略
产业规划	• 联合编制城市群产业发展规划,分年度制定实施方案和重点项目 • 联合编制城市群产业结构调整指导目录
产业准入	• 联合确定区域性产业准入门槛,制定并实施共同行业准入标准 • 修订鼓励和限制发展产业目录,确定调整行业清单 • 建立城市群黑名单制度
产业转移	• 共同研究制定城市群承接产业转移准入标准 • 建立产业转移统筹协调机制,梳理对接土地利用政策、税收政策,避免重复投资和恶性竞争 • 推动中心城市与周边地区开展产业双向转移
创新激励	• 研究制定覆盖三省的全面创新改革实验方案 • 标准化服务长江中游城市群综合科技服务平台应用示范 • 探索建立创新收益共享机制,设立产业投资、创业投资、科技创新、科技成果转化引导基金
人才互认	• 建议一体化人才保障服务标准 • 实现人才评价标准互认制度
知识产权	• 推进建立知识产权代理机构信息共享机制 • 加强知识产权代理机构联合监管 • 推进信用监管经验成果互鉴互享 • 引导成立城市群知识产权代理行业组织

（三）以三大城市和都市圈为重点，共促区域协同协调发展

1. 提升三大中心城市发展能级

武汉、长沙和南昌作为城市群的中心城市，其辐射能力和引领作用有待进一步提升，需要进一步凸显在长江中游城市群的战略支点和辐射引力作用，打造长江中游城市群协同发展的动力引擎，巩固和输出省会城市"3+X"开放合作模式，进一步深化合作领域、完善合作机制、创新合作方法，推动城市群构建多中心、网络化的空间发展格局（见表12）。

表 12 长江中游城市群三个中心城市发展重点及方向

城市	发展方向
武汉	加快武汉国家中心城市建设,高标准规划建设武汉东湖高新区、武汉长江新区,提升改造"两江四岸",提高城市国际化水平,打造全国经济中心、国家科技创新中心、国家商贸物流中心、国际交往中心和区域金融中心
长沙	加快湘江新区高质量发展,推动湘阴、九华新片区规划建设,高水平建设自贸试验区长沙片区、临空经济示范区等开放平台,增强城市活力和吸引力,打造国家重要先进制造业中心、国际文化创意中心、区域性国际消费中心、国家综合交通物流枢纽,积极创建国家科技创新中心
南昌	加快推动高端创新资源、战略性新兴产业向赣江新区聚集,推进南昌现代空港新城、向塘国际陆港新城、南昌东站高铁新城、九望新城、中国(南昌)现代职教城等重点功能片区建设,打造全国内陆双向开放试验区建设先导区、国际先进制造业基地建设核心区,建设产城融合发展示范区

2. 推动三大都市圈同城化发展

从长江中游城市群范围的三大都市圈来看,目前其仍处于成长时期和培育时期,要按照打造现代化都市圈的要求,率先推动武汉都市圈、长株潭都市圈和南昌都市圈同城化建设,推动形成城市功能互补、要素优化配置、产业分工协作、交通便捷顺畅、公共服务均衡、环境和谐宜居的现代化都市圈。同时,在推动都市圈同城化的基础上,加快三大都市圈相互融合发展步伐。

3. 推动"四大"毗邻地区开展合作探索

针对毗邻地区合作定位不清晰、合作内容不聚焦、合作重点不突出的问题,建议每个毗邻地区围绕一个核心领域开展合作机制探索,在成熟的基础上逐步推广。一是加快湘赣边区域合作示范区建设,打造"湘赣红"区域特色农业品牌,建成红色文旅融合发展创新区。二是推动咸宁、岳阳、九江进一步深化合作,重点鼓励"通(城)平(江)修(水)"围绕山区生态共治、生态产品价值实现、林下经济开展次区域合作示范。三是深入推进洞庭湖生态经济区建设,巩固提升其在保障国家粮食安全中的重要地位,支持围绕水生态修复和绿色农业开展合作探索。四是推动九江、黄石、黄冈开展合作，以基础设施互联互通为突破，促进跨区域融合和公共服务共建共享，探索跨江、跨省合作新模式。

（四）以统一大市场为关键，共创"双循环"重要空间枢纽

1. 积极融入全国统一大市场

推动长江中游城市群建设"双循环"重要空间枢纽的关键任务是推动城市群统一大市场的建立。从空间时序上，率先推动武汉都市圈、长株潭都市圈和南昌都市圈内部的市场一体化，同时推动"四大"跨省边界地区探索统一市场的经验和做法，最后逐步拓展全域建立统一市场。从重点内容来看，可围绕市场准入、市场消费维权、市场监管和市场信用四个关键领域突破，推动长江中游城市群统一市场的建立。

2. 促进资源要素顺畅流动

加快推进武汉国际综合交通枢纽城市和国家综合交通枢纽建设，打造长江中游枢纽集群。大力发展江海联运、水铁联运、水水直达、沿江捎带等现代物流，创建国家级物流示范园区，构建"通道+枢纽+网络"的现代物流体系。加强各类资本市场分工协作，完善区域性股权市场，共建金融风险监测防控机制。建立市场主体协同联动机制，加强国资运营平台跨区域合作，支持搭建楚商、湘商、赣商综合服务平台，引导商（协）会、行业组织和重点民营企业开展项目合作、推介和银企对接。

3. 建设长江中游协同开放示范区

围绕开放平台、电子商务试验区、境外投资和会展平台等四个方面联合打造长江中游协同开放示范区。开放平台方面，推动湖北、湖南自由贸易试验区和江西内陆开放型经济试验区协同开放，在推动政策领域首创性和差异化改革的基础上，推动"三区"开展制度成果交流与合作。同时，以湖南湘江新区、江西赣江新区、湖北武鄂黄黄为核心，统筹规划布局综合保税区和保税物流中心（B型），加快武汉、长沙、南昌临空经济区建设，打造内陆高水平开放平台。电子商务试验区方面，推进武汉、长沙、南昌、黄石、宜昌、湘潭、岳阳、九江等跨境电子商务综合试验区建设，积极推动符合条

件的设区市申报跨境电子商务综合试验区，打造全国电子商务枢纽和数字贸易高地。境外投资方面，抱团"走出去"，共同建设国家级境外经贸合作区。支持组建长江中游城市群对外投资合作发展联盟，携手打造面向全球的综合服务平台和境外安全保障平台。共同推进建设长江中游城市群产业安全维护和贸易摩擦应对合作联动机制。会展平台方面，做大做强"中部投资贸易博览会""中非经贸博览会""世界 VR 大会"等会展品牌，支持创办"中国中部国际产能合作论坛"、中欧中小企业合作交流平台。

4. 形成高品质消费目的地

支持武汉国际消费中心城市、长沙区域性国际消费中心城市和南昌中部地区消费中心城市建设，推动襄阳、宜昌、九江、上饶、宜春、株洲、湘潭等一批区域性消费中心城市建设，打造一批消费示范试点城市，建设一批人文气息浓厚的特色商业名镇，支持做强"首店经济""首发经济"。推动消费供给升级，联合开展假日经济互动行动、数字新消费行动、夜经济点亮行动，构建多元融合消费业态。完善消费促进政策，畅通消费维权渠道，完善消费维权联席会议制度，营造安全友好的消费环境。

（五）以文化高地为突破，共享公共服务普惠便利

1. 建设弘扬长江文化样板区

湘鄂赣三省共筑长江中游城市群文化发展高地，打造弘扬长江文化样板区，需要重点把握好文化品牌、文化产业、文化事业及文化旅游"四文"的合作、共建与共享（见表13）。

表 13　共筑文化高地的"四文"合作路径

合作重点	合作路径
联合打造区域文化品牌	• 统筹荆楚文化、湖湘文化和赣文化资源,联合上游和下游地区打好长江文化品牌; • 加强红色资源统筹规划,加强革命文物保护利用,共同打造湘鄂赣红色文化等区域特色文化品牌; • 加强重点文物、古建筑、非物质文化遗产保护合作交流,联合开展考古研究和文化遗产保护

合作重点	合作路径
联合开展文化事业合作	• 共建国家长江文化公园； • 推动公共文化服务设施的区域联动共享，逐步推行一卡通、一网通、一站通； • 加强广播电视产业跨区域合作发展； • 联合开展"长江学"的研究
共同发展壮大文化产业	• 依托武汉光谷动漫文化产业基地、湖南文化创意产业基地、南昌国际动漫产业基地、景德镇国际陶瓷文化创意产业基地等支持壮大广播影视、新闻出版、设计服务、广告会展、教育软件、网络游戏、动漫制作、手机游戏、陶瓷创作等产业集群； • 建立长江中游城市群会展联盟
共建世界知名旅游目的地	• 联合策划和发展沿江旅游线路； • 实施湘鄂赣边红色文化旅游品牌建设工程，联合举办中国红色旅游文化节，联合开通大别山—井冈山—韶山红色旅游铁路专线； • 共建全国红色文化旅游融合发展创新区

2. 加强公共服务合作与共享

教育合作共享领域，基础教育领域以协同资源供给为核心，共同研究基础教育、课程改革走向，建立中小学课程资源、幼稚教师培训资源共享机制，共建"互联网+教育"。职业教育领域以统筹协调为关键，推动职业教育开展对口交流和多边合作，共建共享产教融合实训基地。高等教育领域以资源共享为重点，围绕学科建设、科学研究、教师队伍建设开展全面对口支持合作，探索联合办学、课程互选、学分互认、教师互聘、学位互授等新方法和新模式，探索打造教育资源公共平台和共享体系。

医疗合作共享方面，瞄准医疗和养老两个关键，以搭建互联互通的卫生信息平台为突破，加快推动医疗卫生机构和养老服务的合作共享、协同发展，建立基本医疗保障政策对接机制和公共卫生事件应对机制，持续提升长江中游城市群人民健康水平。

瞄准就业和社会保障两大主体，就业领域，以一体化的人才和劳动市场为目标，推动高校毕业生就业、创业服务、公共就业培训、人力资源服务等领域协作共享；社会保障领域，重点瞄准城乡居民养老保险、区域工伤和失业保险、社会保险经办服务等领域开展服务，实现社会保险跨区域自由流动。

3. 协同公共服务政策

一是推动湖北、湖南和江西加强与国家基本公共服务标准和制度衔接，实施基本公共服务标准化管理。二是建立基本公共服务标准动态调整机制，稳妥提高保障标准。三是研究编制城市群基本公共服务项目清单，创新政府公共服务投入机制，建立部分基本公共服务项目财政支出跨区域结转机制。四是建立区内公共服务便捷共享制度。五是建立互认互通的档案专题数据标准体系，探索构建基本公共服务平台，促进居民医保、公积金、社保、养老保险等领域异地享受便捷结算。

参考文献

习近平：《高举中国特色社会主义伟大旗帜　为全面建设社会主义现代化国家而团结奋斗——在中国共产党第二十次全国代表大会上的报告》，人民出版社，2022。

刘秉镰、汪旭：《中国式现代化与京津冀协同发展再认识》，《南开学报》（哲学社会科学版）2023 年第 2 期。

陈雯、刘伟、袁丰、吴加伟：《面向中国式现代化的长三角一体化发展使命与研究焦点》，《经济地理》2023 年第 5 期。

秦尊文、张静：《构建长江中游城市群的深厚历史渊源》，《学习月刊》2012 年第 7 期。

孙久文、王邹、蒋治：《中国式现代化视域下的区域协调发展》，《北京行政学院学报》2023 年第 3 期。

专题篇
Special Reports

B.2
长江中游城市群人与自然
和谐共生现代化研究
——基于城镇化质量的角度

秦尊文　聂夏清*

摘　要： 城市群作为我国城镇化高质量发展的主要载体和平台，平衡好城市群快速的城镇化进程和粗放式发展所产生的资源环境负效应，成为当前区域协调发展研究的重要命题之一，对推动我国新型城镇化发展和实现人与自然和谐共生的中国式现代化具有重要意义。本文以长江中游城市群为研究区域，通过对城镇化质量指数和生态环境指数的测度分析，以及城镇化和生态环境两大系统的耦合关系及协调发展度进行区域差异、时空演变规律探究，研究发现，第一，长江中游城市群城镇化质量总体呈稳步上升趋势，2011~2020年年均增长率为2.79%；就城镇化发展的不同维度来

---

* 秦尊文，湖北省社会科学院研究员，博士生导师；聂夏清，湖北省社会科学院长江流域经济研究所硕士研究生。

看，人口城镇化、经济城镇化、社会城镇化、空间城镇化发展在研究期内均呈现稳步增长态势，城乡一体化在个别年份出现下降趋势，整体呈波动小幅上升状态。第二，2011~2020年长江中游城市群生态环境指数呈波动上升趋势；从生态环境子系统的角度分析，生态环境压力、生态环境状态、生态环境响应系统均在研究期内以波动趋势上升，总体发展态势良好。第三，长江中游城市群城镇化与生态环境系统耦合性不断增强，整体处于较高耦合状态，耦合特性表现为协同耦合；协调关系由轻度失调衰退类转变为初级协调发展类。

关键词： 生态环境　中国式现代化　城镇化质量　长江中游城市群

一　引言

党的二十大提出中国式现代化是人与自然和谐共生的现代化，城市群作为人地关系作用强度最突出的区域，厘清城镇化高质量发展与生态环境之间的影响与制约关系，找到城镇化发展与生态环境之间的最佳平衡点，对实现人与自然和谐共生的中国式现代化具有重要意义。我国新型城镇化建设要求以城市群为主体推动区域城镇化均衡发展，城市群作为国家工业化和城镇化转型发展到高级阶段的产物，是我国新型城镇化的空间主体，是未来经济发展格局中最具发展潜力和发展活力的核心区域，也是国家参与全球竞争和世界经济重心转移的重要载体。与此同时，城镇化作为驱动多尺度环境发生变化的重要因素，城镇化的规模、速度和形式加强了城镇化与生态环境的密切联系，城镇化与生态环境系统逐渐耦合为一个非线性的开发复杂巨系统，从根本上改变了生态环境和地域景观形态，快速的城镇化进程和粗放式发展所产生的资源环境负效应日益显著，已成为当前区域协调发展研究的重要命题之一。长江中游城市群是我国经济发展的战略核心区域之一，也是国家新型城镇化的主体区域,在维护长江上游生态脆弱区生态安全和保障下游经济发达区资源环境支撑方面占有举足轻重的地位,但同时长江中游城市群也面临城镇化发展质量不高、日益严重的资源和生态环境约束瓶颈问题,需要立足于自身经济发展基础,考虑区域资源要素禀赋,提高城镇化发展质量与生态环境协同治理水平,探索高效的经济社会环境可持续发展道路。

如何协调人类发展与生态系统的关系一直是世界关注的重要战略问题与难题,近年来,由国际科学理事会和国际社会科学理事会发起的"未来地球计划"、IPCC 项目、人与自然耦合系统动力学项目(CHANS)等重大科学研究计划,都致力于应对全球环境变化给各区域、国家和社会可持续发展带来的风险和挑战。在国内,城镇化进程对资源环境的剥夺效应尤为显著,大多数城市面临资源短缺、生态环境恶化、人居环境质量较低等严峻挑战,学者开始关注城镇化与生态环境系统之间的相互作用与影响。在理论方面,基于耗散结构理论和生态需要定律理论,分析了城镇化与生态环境交互过程中必须遵循的六大基本定律,对系统揭示城镇化与生态环境演变过程之间的交互胁迫和动态耦合关系具有重要的理论指导意义;此外,还借鉴人地关系地域系统、远程耦合和星球城镇化等理论,从复杂性科学视角出发提出了一个解释城镇化与生态环境耦合机理的分析框架——"耦合魔方(CHNC)",为揭示城镇化与生态环境耦合系统演化和机理提供了一个更加全面系统的跨学科研究范式,拓展了人地关系耦合研究的分析维度。在实证分析方面,运用耦合度模型对 1985~2002 年中国城镇化和生态环境交互耦合时空分布进行分析,结论表明,中国省区城镇化与生态环境的耦合度和耦合协调度都存在明显地域差异,且耦合协调度表现出东部高于中西部的规律;以河西走廊为例对干旱区城镇化与生态环境交互耦合规律进行了验证;利用夜光遥感数据和Landsat 遥感数据分别构建表征城镇化进程的夜间灯光指数和表征生态质量的遥感生态指数对成都市 2000~2018 年城镇化进程和生态环境质量二者协调性进行评价;不同学者还针对长江经济带、长三角、黄河流域等不同区域的城镇化发展和生态环境耦合关系进行了测度与分析。

综合已有研究可以发现,目前在城镇化质量测度、城镇化与生态环境系统耦合理论与实证研究等方面已取得一定进展，但仍有需要完善之处。首先，在研究尺度上，多以全国或单一省区或多个省区为主，较少涉及长江中游城市群这一重要城镇化发展区域；其次，在研究主题上，长江中游城市群城镇化与生态环境的时空演化过程，两系统之间的耦合性强弱变化与协调关系变化尚不明确，及时监测与评价城镇化与生态环境系统的耦合协调关系变化和时空演进规律将为长江中游城市群进一步优化区域人与自然和谐共生关系、促进长江中游城市群可持续发展提供新的思路和方法。

二　指标说明和研究方法

（一）指标说明

1. 城镇化质量指数指标体系构建

在参考借鉴以往研究的基础上，考虑到指标选取的系统性、科学性以及可获得性，本文从人口城镇化、经济城镇化、社会城镇化、空间城镇化和城乡一体化五个方面共选取 16 个指标构建城镇化质量指数（Urbanization Quality Index，UQI）评价指标体系（见表 1）。其中，人口城镇化（UQIP）是城镇化发展的基础和核心；经济城镇化（UQIE）是城镇化发展的主要内容；社会城镇化（UQIS）体现人均生活水平和城镇服务能力的提高；空间城镇化（UQISP）直观反映地表的开发利用强度和人居环境质量；城乡一体化（UQII）是城镇化发展的重要内容，反映城乡居民生活差距的变化。

表 1　城镇化质量指数指标体系

目标层	准则层	指标层	单位	属性	权重
人口城镇化	人口结构	常住人口城镇化率	%	正向	0.0473
		非农产业从业人员比重	%	正向	0.0041
经济城镇化	经济规模 经济结构 经济效益	人均 GDP	万元/人	正向	0.0812
		二三产业产值占 GDP 比重	%	正向	0.0199
		地区生产总值增长率	%	正向	0.0136
		人均地方一般公共预算收入	万元/人	正向	0.0858

续表

目标层	准则层	指标层	单位	属性	权重
社会城镇化	生活质量	城镇居民年人均可支配收入	万元/人	正向	0.0554
		人均社会消费品零售总额	万元/人	正向	0.0535
	公共服务	每万人医院床位数	张/万人	正向	0.0294
		每百人公共图书馆藏书量	册/百人	正向	0.1237
空间城镇化	土地结构	建成区面积占辖区面积比重	%	正向	0.1578
		人口密度	人/平方公里	正向	0.1019
	道路面积	人均道路面积	平方米/人	正向	0.0550
城乡一体化	人口一体化	城乡人口比	/	正向	0.1103
	生活水平一体化	城乡居民人均可支配收入比	/	负向	0.0330
		城乡居民人均消费支出比	/	负向	0.0281

2. 生态环境指数指标体系构建

本文将生态环境指数（Ecological Environment Index，EEI）定义为生态环境压力、生态环境状态和生态环境响应三大子系统的复合型评价。生态环境压力（EEIP）表示人类经济社会活动对生态系统造成的负荷，即生态胁迫程度；生态环境状态（EEIS）表示区域内生态环境现有状态，如自然资源、环境质量等的现状；生态环境响应（EEIR）指人类在开发利用生态环境并对其造成影响后，所采取的应对措施以提高生态环境系统可持续发展的能力。根据研究区域的实际特征以及指标数据的系统性、实用性以及可获取性，确定生态环境指数指标体系，共3个子系统12个评价指标（见表2）。

表2　生态环境指数指标体系

系统	子系统	具体指标	单位	属性	权重
生态环境指数	生态环境压力	人均综合用水量	立方米/（人·年）	逆向	0.0583
		城镇常住人口增长率	%	逆向	0.0662
		人均工业二氧化硫排放量	吨/万人	逆向	0.0563
		人均工业废水排放量	吨/人	逆向	0.0798
		人均工业烟粉尘排放量	吨/万人	逆向	0.0522

系统	子系统	具体指标	单位	属性	权重
生态环境指数	生态环境状态	人均水资源量	立方米/人	正向	0.2047
		建成区绿化覆盖率	%	正向	0.0206
		绿地面积占辖区面积比重	%	正向	0.2817
	生态环境响应	生活垃圾无害化处理率	%	正向	0.0371
		污水处理厂集中处理率	%	正向	0.0319
		工业固体废物综合利用率	%	正向	0.0189
		科学技术和教育支出比重	%	正向	0.0923

3. 数据来源与处理方法

研究时期为 2011~2020 年，相关指标数据来源于 2012~2021 年《中国城市统计年鉴》、长江中游城市群各省市统计年鉴及 2011~2020 年《中国城市建设统计年鉴》、长江中游城市群各省市水资源公报、国民经济和社会发展统计公报。基于数据自身特点，部分地区个别时期缺失数据由线性插值法插值补齐。

（二）研究方法

1. 熵权-TOPSIS 法

采用面板熵权法计算出城镇化质量指数与生态环境指数两大系统各个指标的权重，再通过 TOPSIS 法进行组内综合评价，可以充分利用原始数据的信息精确地反映各评价方案之间的优劣差距，对数据分布及样本含量没有严格限制，数据计算结果较为客观。基本过程为基于归一化后的原始数据矩阵，采用余弦法找出有限方案中的最优方案和最劣方案，然后分别计算各评价对象与最优方案和最劣方案间的距离，获得各评价对象与最优方案的相对接近程度，以此作为评价的依据。

2. 探索性空间数据分析方法（ESDA）

探索性空间数据分析方法可用于评价区域整体及内部区域空间关联性，并对经济社会活动现象的空间分布格局及聚类趋势进行描述和可视化分析，可充分揭示事物之间的空间自相关性。本文选用 Global Moran's I、Local Moran's I 指数进一步测度研究长江中游城市群各地市城镇化质量指数与生态环境指数的空间相关性。

全局莫兰指数（Global Moran's I）能够对区域内空间总体分布特点、变化状况进行测度衡量。计算公式为：

$$I = \frac{\sum_{i=1}^{n} \sum_{j \neq i}^{n} w_{ij}(Y_i - \bar{Y})(Y_j - \bar{Y})}{S^2 \sum_{i=1}^{n} \sum_{j \neq i}^{n} w_{ij}}$$

式中：Y_i、Y_j 为第 i 个和第 j 个不同空间单元的属性观测值；w_{ij} 为空间权重矩阵，是进行空间相关性分析的基础和核心所在，此处基于长江中游城市群地理环境与实际情况，选取基于地理邻近性的 $0 \sim 1$ 空间权重矩阵；$S^2 = \sum_{i=1}^{n}(Y_i - \bar{Y})^2/n$；$\bar{Y} = \frac{1}{n} \sum_{i=1}^{n} Y_i$；$n$ 为空间单元的个数。

该指数值在 0 到 ±1 之间变化，在一定显著性水平条件下，若 $I = 0$，此时空间分布具有随机性；若 I 的值大于 0，体现正向关联性，即区域经济与周边地区差异较小，较高或较低水平在空间上显著聚集；若 I 的值小于 0，体现负向相关性，即区域经济与周边地区差异较大（或负相关），此时总体空间差异较大。

局部莫兰指数（Local Moran's I）是对全局莫兰指数的分解，用以度量不同区域空间单元与其周边相邻地区之间的相关性与差异性，可以识别属性在局域空间范围内的聚类与异常值。其公式为：

$$I_i = Z_i \sum_{j \neq i}^{n} w_{ij} Z_j$$

式中：Z_i、Z_j 分别为区域 i 和区域 j 上观测值的标准化；w_{ij} 为空间权重矩阵。Z 值检验公式和全局莫兰指数一致。

3. 耦合协调度模型

耦合度是对系统间关联程度的度量，耦合度越大，说明系统间的联系程度和依赖作用越密切，其耦合性越强。协调度用以体现系统相互作用关系中良性耦合程度的大小，可以反映出协调发展水平的高低。目前研究中出现了对该模型的大量误用，包括书写错误、丢失系数、错用权重和模型不成立等误区，导致研究因模型本身使用错误而产生错误结论。本文采用修正后的耦合协调度模型测度城镇化和生态环境的协调发展程度。修正的耦合协调度模型如下：

$$C = \sqrt{\left[1 - \frac{\sum\limits_{i>j,j=1}^{n} \sqrt{(U_i - U_j)^2}}{\sum\limits_{m=1}^{n-1} m}\right] \times \left(\prod\limits_{i=1}^{n} \frac{U_i}{\max U_i}\right)^{\frac{1}{n-1}}}$$

$$T = \sum\limits_{i=1}^{n} \alpha_i \times U_i, \sum\limits_{i=1}^{n} \alpha_i = 1$$

$$D = \sqrt{C \times T}$$

式中，$U_i \in [0, 1]$，$C \in [0, 1]$，当各子系统越离散，C 值越低；反之，C 值越高。

当 $n = 2$ 时，假定 $\max U_i$ 为 U_2，则，

$$C = \sqrt{\left[1 - \sqrt{(U_2 - U_1)^2}\right] \times \frac{U_1}{U_2}} = \sqrt{\left[1 - (U_2 - U_1)\right] \times \frac{U_1}{U_2}}$$

$$T = \alpha_1 U_1 + \alpha_2 U_2, \alpha_1 + \alpha_2 = 1$$

此修正后的模型优势将耦合度 C 值尽可能分散分布于 $[0, 1]$，从而加大 C 值的区分度，使 C 值具有更高的效度。基于这一修正后的耦合度模型，进一步计算出来的协调发展度 D 可以更加合理地反映城镇化系统与生态环境系统之间协调发展程度的高低。

4. 城镇化与生态环境协调发展关系指数

为进一步刻画城镇化进程中的人地关系演变，借鉴农村人口与农村居民点用地变化类型划分方法及人口与土地城镇化类型划分方法，采用城镇化质量指数、生态环境指数变化弹性系数，划分城镇化质量与生态环境协调发展的主要类型。

$$\alpha = UR/ER$$

式中，α 为城镇化质量指数与生态环境指数的关系变化指数；UR 为城镇

化质量的年平均变化率；ER 为生态环境指数的年平均变化率。根据 UR 和 ER 的增减变化及数值比较，将城镇化质量指数和生态环境指数的关系划分为 Ⅰ～Ⅵ 6 种类型，分别为：Ⅰ"城生同增失调型"、Ⅱ"城生同增协调型"、Ⅲ"城减生增协调型"、Ⅳ"城减生增失调型"、Ⅴ"城生同减失调型"、Ⅵ"城增生减失调型"（见图 1）。如 α 为 Ⅰ 型，则 UR 和 ER 同时为正，表明城镇化质量指数与生态环境指数同时增长，且城镇化质量指数增长快于生态环境指数增长，城镇化发展较快，若城镇化继续增长扩张，则有可能导致生态环境水平相对降低，城镇化与生态环境关系失衡。

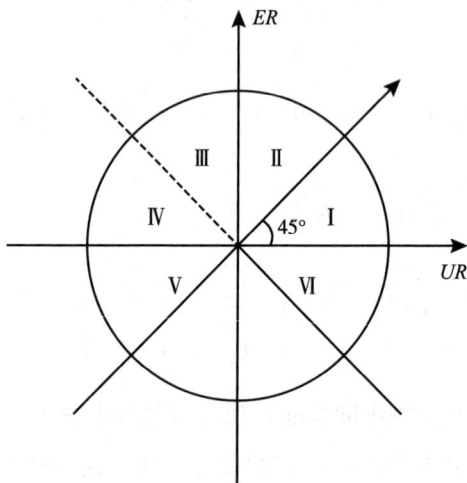

图1 城镇化质量指数与生态环境指数协调发展类型

三 测度结果与分析

（一）城镇化质量测度与分析

1. 长江中游城市群城镇化质量时序变化分析

长江中游城市群城镇化质量总体呈稳步上升趋势，2011 年城镇化质量

指数为 0.2759，2020 年城镇化质量指数为 0.3535，年均增长率为 2.79%
（见表 3）。其中，就内部三省来看，湖北省（10 市）城镇化质量（0.3293）
总体优于湖南省（8 市）（0.3245）和江西省（10 市）（0.2956），长江中
游城市群中湖北与湖南城镇化质量较为接近，江西城镇化质量与其他两省差
距较大。

表 3　2011~2020 年长江中游城市群城镇化质量综合测度结果

项目	城镇化质量	人口城镇化	经济城镇化	社会城镇化	空间城镇化	城乡一体化
2011 年	0.2759	0.3681	0.2786	0.1565	0.2294	0.3774
2012 年	0.2824	0.3908	0.2780	0.1890	0.2337	0.3756
2013 年	0.2889	0.4166	0.2982	0.2101	0.2506	0.3375
2014 年	0.3024	0.4360	0.3003	0.2410	0.2583	0.3589
2015 年	0.3112	0.4586	0.3127	0.2697	0.2498	0.3670
2016 年	0.3162	0.4818	0.3219	0.2891	0.2470	0.3633
2017 年	0.3265	0.5059	0.3425	0.3097	0.2447	0.3814
2018 年	0.3532	0.5269	0.3496	0.3384	0.2641	0.4442
2019 年	0.3490	0.5475	0.3655	0.3731	0.2557	0.3774
2020 年	0.3535	0.5638	0.3563	0.3870	0.2573	0.3795
多年均值	0.3159	0.4696	0.3204	0.2764	0.2491	0.3762
湖北	0.3293	0.4868	0.3188	0.2904	0.2587	0.4050
湖南	0.3245	0.4497	0.3216	0.2850	0.2543	0.4041
江西	0.2956	0.4683	0.3210	0.2554	0.2353	0.3251

就城镇化发展的不同维度来看，人口城镇化、社会城镇化发展在研究期
2011~2020 年均呈现稳步增长态势，经济城镇化、空间城镇化、城乡一体化
在个别年份出现下降趋势，整体呈波动小幅上升状态。年均增长率为社会城
镇化（10.58%）>人口城镇化（4.85%）>经济城镇化（2.77%）>空间城
镇化（1.28%）>城乡一体化（0.06%）。

（1）人口城镇化发展综合测度。人口城镇化以常住人口城镇化率和非
农产业从业人员比重衡量，用以体现城镇化进程中以农村人口向城镇迁移和
由第一产业向第二、三产业转移为首要体现的城镇化现象。研究期内，长江

中游城市群人口城镇化发展年均增长率为 4.85%，发展速度仅次于社会城镇化，人口城镇化进程取得良好进展，其中湖北（0.4868）>江西（0.4683）>湖南（0.4497）。

（2）经济城镇化发展综合测度。经济城镇化以人均 GDP、二三产业产值占 GDP 比重、地区生产总值增长率、人均地方一般公共预算收入表示，用以体现城镇化发展带来的经济效益的增加和产业结构的转变，表征城镇化的经济推动作用。长江中游城市群整体经济城镇化发展年均增长率为2.77%，增长速度在子系统中位列第三，内部三省经济城镇化发展湖南（0.3216）>江西（0.3210）>湖北（0.3188），总体来看，三省经济城镇化发展差距较小。

（3）社会城镇化发展综合测度。社会城镇化发展包含人民生活水平的提高、消费能力和消费丰富度的提升、公共服务和基础设施的扩建等，分别以城镇居民年人均可支配收入、人均社会消费品零售总额、每万人医院床位数和每百人公共图书馆藏书量度量，用以反映城镇化建设对社会发展的促进作用。研究期 2011~2020 年，长江中游城市群社会城镇化子系统的年均增长率最快，为 10.58%，其中湖北社会城镇化发展质量最高（0.2904），其余依次为湖南（0.2850）、江西（0.2554）。城镇化的迅速发展带来了城镇居民收入的增加以及社会消费品的支出增加，同时在公共服务等方面也有较大提高，总体来看，长江中游城市群城镇化发展的社会效益呈现良好发展趋势。

（4）空间城镇化发展综合测度。空间城镇化发展维度中建成区面积占辖区面积比重、人口密度和人均道路面积分别反映城镇化发展的空间扩张合理程度、人口分布紧凑度和交通便捷性。2011~2020 年长江中游城市群空间城镇化发展质量波动增长，年均增长率为 1.28%，湖北（0.2587）>湖南（0.2543）>江西（0.2353）。长江中游城市群总体及三省内部城镇化发展在空间格局上逐渐向集约节约化方向发展，城镇化发展空间布局无序扩张的程度逐渐得到改善。

（5）城乡一体化发展综合测度。城市与乡村作为新型城镇化地域系统的两大组成部分，一直以来是不可分割的矛盾体和有机统一的融合体，我国城乡融合发展仍然面临城乡差异仍未消除、城乡居民收入差距过大等问题。新型城镇化要求以城乡融合发展推动实施新型城镇化战略和乡村振兴战略，推动城乡发展一体化，推进要素平等交换和公共资源均衡配置，让广大农民平等参与现代化进程、共同分享现代化建设成果。总体来看，2011~2020年长江中游城市群城乡一体化发展出现先差距拉大然后逐步缩小的趋势，城乡一体化发展水平年均增长率仅为0.06%，远低于人口城镇化、经济城镇化、社会城镇化和空间城镇化的发展速度。就三省来看，江西城乡一体化发展水平最低，仅为0.3251，与湖北（0.4050）和湖南（0.4041）差距较大。

2011~2020年长江中游城市群城镇化质量均值综合排序如表4所示。

表4 2011~2020年长江中游城市群城镇化质量均值综合排序

城市	人口城镇化	经济城镇化	社会城镇化	空间城镇化	城乡一体化	城镇化质量
武汉市	1	1	1	2	1	1
黄石市	8	13	6	1	17	4
宜昌市	11	5	4	19	12	11
襄阳市	12	10	13	24	6	14
鄂州市	5	7	11	14	3	9
荆门市	14	16	12	25	8	16
孝感市	16	25	25	13	22	18
荆州市	19	27	21	22	13	22
黄冈市	28	28	22	8	25	19
咸宁市	18	18	19	20	18	20
长沙市	2	2	2	4	2	2
株洲市	7	9	5	10	11	8
湘潭市	10	8	8	9	5	6
衡阳市	20	20	17	5	14	12
岳阳市	15	15	20	18	15	17
常德市	21	17	18	27	19	21
益阳市	25	26	27	28	10	23
娄底市	27	22	23	12	26	24
南昌市	3	3	3	3	7	3
景德镇市	9	12	7	7	20	10
萍乡市	6	11	10	17	9	13

续表

城市	人口城镇化	经济城镇化	社会城镇化	空间城镇化	城乡一体化	城镇化质量
九江市	17	14	14	11	24	15
新余市	4	4	9	16	4	5
鹰潭市	13	6	15	6	16	7
吉安市	26	23	16	23	27	28
宜春市	23	19	28	26	21	25
抚州市	22	24	26	21	23	27
上饶市	24	21	24	15	28	26

2. 长江中游城市群城镇化质量空间相关性分析

长江中游城市群城镇化质量总体来看有较高的全局空间自相关性，且呈现波动上升的趋势（见表5）。2011～2020年长江中游城市群城镇化质量 Moran's I 指数显著为正，且所有年份均通过5%的显著性检验，表明长江中游城市群城镇化质量整体上呈现正向空间自相关性，城镇化质量在全局上的高值与高值、低值与低值聚集趋向明显。从变化趋势上看，研究期内长江中游城市群城镇化质量全局相关性表现为波动上升趋势，正向空间自相关的趋势逐渐增强。

表5　长江中游城市群城镇化质量全局 Moran's I 计算结果

年份	Moran's I	Z 值	P 值
2011	0.3118	3.5884	0.003
2012	0.3227	3.7259	0.003
2013	0.3020	3.5187	0.003
2014	0.3164	3.6736	0.002
2015	0.3289	3.7988	0.001
2016	0.3005	3.4826	0.004
2017	0.3331	3.7899	0.002
2018	0.3423	3.8822	0.001
2019	0.3335	3.8188	0.001
2020	0.3472	3.9526	0.001

为进一步分析长江中游城市群城镇化质量是否存在局部区域空间相关性及异常值区域，对长江中游城市群城镇化质量的局域空间相关性做进一步测算分析。研究期内长江中游城市群城镇化质量局域空间相关性特征没有明显的波动和变化，主要为高高聚集区域和高低聚集区域。2011年通过显著性的高高聚类区域为湖北鄂州，其周围武汉与黄石均为城镇化质量高值区域，高低异常值区域为江西南昌和新余，两市相邻地市均为城镇化低值区域，高低异常值明显；2015年与2011年相比，局部地区空间聚类现象没有发生较大改变；2020年，长江中游城市群城镇化质量主要表现为高低聚类区域，集中在江西南昌、新余、鹰潭和景德镇，江西省的城镇化质量多年来表现为高低异常区域，且呈现分散分布格局，注重高值区域对周边低值区的辐射带动作用应该成为下一步提升整体城镇化质量的关键方向。

（二）生态环境指数测度与分析

1. 长江中游城市群生态环境指数时序变化分析

由表6可知，2011~2020年长江中游城市群生态环境指数呈波动上升趋势，由2011年的0.4475上升至2020年的0.4990，年均增长率为1.22%；就城市群内部三省来看，江西（0.4901）＞湖南（0.4786）＞湖北（0.4449），江西和湖南生态环境指数多年均值大于长江中游城市群整体均值，湖北生态环境指数多年均值小于长江中游城市群整体均值。从生态环境子系统的角度分析，生态环境压力、生态环境状态、生态环境响应子系统均在研究期内以波动趋势上升，总体发展态势良好。

从生态环境各子系统来看，①生态环境压力子系统，反映城镇化发展过程中对资源环境的开发利用程度和对生态系统的胁迫程度，长江中游城市群以每年0.74%的速度减缓因人口增长、用水量增加以及生产生活造成的生态环境污染等影响，生态环境压力指数为正向得分，得分越高表示生态环境压力越小，其中，湖南的生态环境压力小于湖北和江西；②生态环境状态子系统，生态环境状态用以反映城市水资源量的丰富度和绿化覆盖程度，可以体现出支撑城市发展的基础性自然资源和生态环境状况的好坏，对维持城市可持续发展和城市人居环境的改善具有重要作用，2011~2020 年长江中游城市群生态环境状态的年均增长率为 2.97%，在三大子系统中年均增长率最高，生态环境状态指数江西（0.3511）>湖南（0.2811）>湖北（0.2116）；③生态环境响应子系统，生态环境响应指数综合反映生态环境遭到胁迫与破坏后，人为的为维持生态系统稳定与恢复采取措施强度的大小，反映各城市对生态环境的改善与修复能力，研究期内长江中游城市群整体生态环境响应以每年1.53%的速度增长，其中江西（0.5549）>湖南（0.5182）>湖北（0.5001）。

2011~2020 年长江中游城市群生态环境指数均值综合排序如表 7 所示。

表6　2011~2020 年长江中游城市群生态环境指数综合测度

项目	生态环境指数	生态环境压力	生态环境状态	生态环境响应
2011 年	0.4475	0.6812	0.2468	0.4964
2012 年	0.4906	0.7162	0.3038	0.5562
2013 年	0.4481	0.6371	0.2623	0.5179
2014 年	0.4737	0.7103	0.2917	0.5183
2015 年	0.4743	0.6958	0.2970	0.5021
2016 年	0.4786	0.7086	0.3081	0.5138
2017 年	0.4683	0.6966	0.2873	0.5202
2018 年	0.4571	0.7112	0.2507	0.5105
2019 年	0.4697	0.7156	0.2697	0.5445
2020 年	0.4990	0.7281	0.3212	0.5689
多年均值	0.4707	0.7001	0.2839	0.5249
湖北	0.4449	0.6997	0.2116	0.5001
湖南	0.4786	0.7443	0.2811	0.5182
江西	0.4901	0.6650	0.3511	0.5549

表7　2011~2020 年长江中游城市群生态环境指数均值综合排序

城市	生态环境压力	生态环境状态	生态环境响应	生态环境指数
武汉市	20	11	5	13
黄石市	26	1	17	2
宜昌市	24	20	28	25
襄阳市	10	26	18	23

续表

城市	生态环境压力	生态环境状态	生态环境响应	生态环境指数
鄂州市	27	28	10	27
荆门市	16	25	26	26
孝感市	7	27	13	22
荆州市	6	24	27	21
黄冈市	1	19	7	12
咸宁市	9	14	25	14
长沙市	14	12	6	11
株洲市	13	7	9	8
湘潭市	23	13	20	20
衡阳市	2	5	23	4
岳阳市	15	17	22	19
常德市	8	23	21	18
益阳市	4	21	14	17
娄底市	12	15	12	15
南昌市	17	6	4	7
景德镇市	25	2	24	3
萍乡市	21	22	16	24
九江市	22	4	11	6
新余市	28	18	19	28
鹰潭市	19	3	8	1
吉安市	11	10	2	9
宜春市	18	16	1	16
抚州市	5	9	3	10
上饶市	3	8	15	5

2. 长江中游城市群生态环境指数空间相关性分析

长江中游城市群生态环境指数全局空间自相关性呈轻微波动下降趋势，且全部通过1%的显著性检验（见表8），整体来看，长江中游城市群生态环境指数正向空间集聚效应明显，空间相关性虽有下降趋势，但整体仍维持在较高水平。

表 8　长江中游城市群生态环境指数全局 Moran's I 计算结果

年份	Moran's I	Z 值	P 值
2011	0. 3975	4. 3785	0. 001
2012	0. 4404	4. 8070	0. 001
2013	0. 4102	4. 5104	0. 001
2014	0. 4109	4. 5925	0. 001
2015	0. 4283	4. 6804	0. 001
2016	0. 3859	4. 2154	0. 001
2017	0. 3531	3. 8703	0. 001
2018	0. 3498	3. 8430	0. 001
2019	0. 3886	4. 2363	0. 001
2020	0. 3725	4. 0734	0. 001

从局部地区的聚类现象分布格局来看，长江中游城市群整体生态环境表现为高高聚类、低低聚类和低高聚类。其中高高聚类主要集中在江西省北部和东部；低低聚类为湖北省西部地区；低高聚类区域较为分散，主要为湖南湘潭、株洲和江西南昌、抚州等地市。2011 年，长江中游城市群生态环境指数高高聚类区域主要为江西南昌、上饶、九江，低高聚类区域为江西抚州和湖南湘潭；2015 年，高高聚类区域仍集聚在江西省内部，低低聚类区域为湖北襄阳、宜昌、荆门；2020 年生态环境指数高高聚类区域不显著，低低聚类区域为湖北宜昌、低高聚类区域为湖南株洲。总体来看，长江中游城市群生态环境高高聚类和低低聚类区域有所减少，低高异常值地区在湖南及江西个别市域内波动。

（三）城镇化与生态环境耦合性分析

参考城镇化与生态环境耦合性强弱的分类标准，根据城镇化与生态环境耦合度与耦合特征的不同将耦合性强弱类型分为低度耦合、较低耦合、中等耦合、较高耦合、高度耦合和完全耦合 6 种类型，划分及耦合特征描述见表 9。

表9　耦合性强弱类型与耦合特征

耦合度	耦合性强弱类型	耦合特性	耦合特征
0~10%	低度耦合	随性耦合	相互独立,但不影响正常功能发挥
10%~30%	较低耦合	间接耦合	没有直接关系,通过间接关系发挥作用
30%~50%	中等耦合	松散耦合	具有一般关联关系,通过数据参数调节
50%~70%	较高耦合	协同耦合	具有较密切关联关系,需要系统间合作才能发挥正常作用
70%~90%	高度耦合	紧密耦合	具有高度密切关联关系,高度依赖系统间配合发挥正常作用
90%~100%	完全耦合	控制耦合	具有完全密切关联关系,牵一发而动全身

由表10测度结果可知,长江中游城市群整体与湖北、湖南、江西三省城镇化与生态环境系统耦合性不断增强,长江中游城市群整体的耦合度由2011年的0.5487上升至2020年的0.6369,整体处于较高耦合状态,耦合特性表现为协同耦合,在此状态下,城镇化系统与生态环境系统之间的独立性较低,具有较为密切的关联关系,城镇化系统与生态环境系统其中任一系统的运行需要另一系统协同合作才能正常发挥作用,处于耦合性的中段偏上位置。

就湖北、湖南、江西三省来看,城镇化系统与生态环境系统的紧密关联程度依次为湖北>湖南>江西,其中湖北与湖南两省均高于长江中游城市群整体关联程度,江西在研究期所有年份内均低于长江中游城市群整体关联程度。具体来看,湖北省城镇化与生态环境系统的耦合度由2011年的0.6488上升至2020年的0.6709,与长江中游城市群整体耦合类型一致,处于较高耦合状态,城镇化系统与生态环境系统需要协同合作才能发挥正常作用;湖南省城镇化与生态环境系统耦合度由2011年的0.5662上升至2020年的0.6425,与长江中游城市群和湖北省两系统联系程度类型保持一致,均为拥有较高耦合度的协同耦合类型;江西省在研究期内所有年份均低于长江中游城市群整体两系统耦合度均值,且均低于湖北和湖南两省整体均值,2011年两系统耦合性为0.4346,耦合程度为中等耦合,此时城镇化系统与生态环境系统联系松散，两系统之间独立性一般，至 2020 年系统耦合程度增强为 0.5985，与湖北、湖南两省系统关联程度的差距有所缩小，同处于较高耦合状态，此时人类活动与生态系统形成紧密联系，互相反馈调控以保持最佳的动态有序状态。

从三省内部都市圈、城市群来看，通过计算研究期内两系统耦合性均值可以发现，湖北 10 市中以武汉、鄂州、黄石、黄冈为核心的武汉都市圈，耦合程度分别为较高耦合、较高耦合、高度耦合、中等耦合，武汉都市圈内部城镇化与生态环境耦合度相差较大；其余 6 市宜昌、襄阳、荆门耦合度较高，耦合性为紧密耦合，孝感、荆州为较高耦合，咸宁为中等耦合。湖南省内部长株潭城市群均为高度耦合，衡阳、岳阳、常德为较高耦合，益阳、娄底为中等耦合。江西省内环鄱阳湖城市群，仅南昌市为高度耦合，景德镇、九江、鹰潭为较高耦合，抚州、上饶为中等耦合。

表 10　城镇化质量与生态环境指数耦合性强弱时序变化

项目	整体	湖北	湖南	江西
2011 年	0.5487	0.6488	0.5662	0.4346
2012 年	0.5230	0.6312	0.5264	0.4122
2013 年	0.5696	0.6448	0.6443	0.4347
2014 年	0.5752	0.6281	0.6361	0.4736
2015 年	0.6141	0.6701	0.6746	0.5095
2016 年	0.6018	0.6681	0.6552	0.4926
2017 年	0.6122	0.6724	0.6332	0.5351
2018 年	0.6993	0.7209	0.7102	0.6690
2019 年	0.6581	0.7097	0.6883	0.5824
2020 年	0.6369	0.6709	0.6425	0.5985
均值	0.6039	0.6665	0.6377	0.5142

（四）城镇化与生态环境协调发展格局演变

将城镇化与生态环境协调发展度等级分为 8 个类别（见表 11），进一步分析长江中游城市群整体及区域内部城镇化与生态环境系统的协调发展等级变化。长江中游城市群整体城镇化与生态环境的协调关系由轻度失调衰退类提升至初级协调发展类，协调发展趋势向好。湖北省由濒临失调衰退类转变为初级协调发展类，湖南省由濒临失调衰退类转变为初级协调发展类，江西省由轻度失调衰退类转变为初级协调发展类，三省总体协调发展状况良好，发展较为同步。

表 11 协调发展度等级划分标准

阈值	协调发展度等级	协调发展度类型	内涵
(0.0~0.2]	1	严重失调衰退类	系统间协调发展存在严重差异
(0.2~0.3]	2	中度失调衰退类	系统间协调发展存在较大差异
(0.3~0.4]	3	轻度失调衰退类	系统间协调发展出现一定差异
(0.4~0.5]	4	濒临失调衰退类	系统间协调发展出现轻微差异
(0.5~0.6]	5	初级协调发展类	系统间协调发展基本无差异
(0.6~0.7]	6	中级协调发展类	系统间协调发展状态较好
(0.7~0.8]	7	良好协调发展类	系统间协调发展状态良好
(0.8~1.0]	8	优质协调发展类	系统间协调发展状态极佳

就三省内部城镇化与生态环境协调发展度多年均值来看（见表12），湖北省内武汉都市圈中黄石为良好协调发展类，武汉为中级协调发展类，鄂州、黄冈为轻度失调衰退类，武汉都市圈内部城镇化与生态环境协调发展程度差异较大；其余各市宜昌为初级协调发展类，襄阳、荆门、孝感为濒临失调衰退类，荆州、咸宁为轻度失调衰退类。湖南省内部长株潭城市群长沙为中级协调发展类，株洲和湘潭为初级协调发展类，在长江中游城市群内部城市群和都市圈中发展差异最小；其余城市衡阳为初级协调发展类，岳阳为濒临失调衰退类，常德、益阳、娄底为轻度失调衰退类。江西省内部环鄱阳湖城市群南昌为中级协调发展类，景德镇、鹰潭为初级协调发展类，九江为濒临失调衰退类，抚州、上饶为轻度失调衰退类；其余地级市萍乡为初级协调发展类，新余、宜春为轻度失调衰退类，吉安为中度失调衰退类。总体来看，长江中游城市群三省内部江西省各市间城镇化与生态环境协调发展差异最大，湖南省各市间差异最小。

表 12　长江中游城市群各地级市协调发展度变化

城市	2011 年	2015 年	2020 年	多年均值	协调发展度等级
南昌市	0.6877	0.6333	0.6930	0.6691	6
景德镇市	0.4291	0.5344	0.6046	0.5421	5
萍乡市	0.4558	0.5291	0.5758	0.5228	5
九江市	0.3997	0.4404	0.5306	0.4563	4
新余市	0.0269	0.4017	0.4715	0.3040	3
鹰潭市	0.5075	0.5514	0.6012	0.5608	5
吉安市	0.2095	0.2354	0.3840	0.2554	2
宜春市	0.2823	0.3229	0.4596	0.3404	3
抚州市	0.2650	0.2702	0.4259	0.3129	3
上饶市	0.2916	0.3747	0.3880	0.3257	3
武汉市	0.5639	0.7808	0.5055	0.6242	6
黄石市	0.6282	0.7106	0.7295	0.7037	7
宜昌市	0.4363	0.4613	0.5947	0.5061	5
襄阳市	0.4341	0.4935	0.5390	0.4912	4
鄂州市	0.3040	0.4187	0.4234	0.3627	3
荆门市	0.4117	0.4378	0.5102	0.4494	4
孝感市	0.3734	0.3868	0.4684	0.4136	4
荆州市	0.3483	0.3847	0.4148	0.3837	3
黄冈市	0.2768	0.3780	0.4635	0.3911	3
咸宁市	0.3489	0.3688	0.4628	0.3911	3
长沙市	0.6834	0.6772	0.7395	0.6874	6
株洲市	0.5306	0.5845	0.6447	0.5771	5
湘潭市	0.5181	0.5977	0.6375	0.5833	5
衡阳市	0.5134	0.5357	0.5346	0.5215	5
岳阳市	0.3563	0.4475	0.5345	0.4470	4
常德市	0.3014	0.3658	0.4711	0.3876	3
益阳市	0.2711	0.3906	0.4481	0.3790	3
娄底市	0.2554	0.3427	0.4273	0.3675	3

　　基于城镇化与生态环境的变化关系指数分析城镇化与生态环境的协调发展类型，由于 2011~2020 年长江中游城市群所有地级市城镇化质量均为上升趋势，因此 2011~2020 年长江中游城市群城镇化与生态环境协调发展的

类型主要有三种，即城生同增协调型、城生同增失调型、城增生减失调型。通过不同类型城市数量占比排序可以看出，长江中游城市群中协调类型总占比39.29%，失调类型占比60.71%；其中42.86%的城市属于"城生同增失调型"，其余依次为"城生同增协调型"（39.29%）、"城增生减失调型"（17.85%）（见表13）。

表13　城镇化与生态环境协调关系分类统计

单位：%

城镇化与生态环境协调关系		地级市	整体占比	湖北	湖南	江西
协调类型	城生同增协调型	黄石、荆门、荆州、咸宁、湘潭、衡阳、景德镇、萍乡、新余、吉安、抚州	39.29	40.0	25.0	50.0
失调类型	城生同增失调型	宜昌、襄阳、鄂州、孝感、黄冈、长沙、岳阳、常德、益阳、娄底、九江、宜春	42.86	50.0	62.5	20.0
	城增生减失调型	武汉、株洲、南昌、鹰潭、上饶	17.85	10.0	12.5	30.0

长江中游城市群城镇化质量提升的同时，生态环境指数同时出现上升或下降的情况。当生态环境指数上升时，根据与城镇化质量提升速度的比较可分为生态环境指数增长快于或慢于城镇化质量提升速度。当生态环境指数快于城镇化质量提升速度时，此时城镇化质量与生态环境指数表现为城生同增协调型，城镇化发展过程中生态环境指数有较快的增长速度，城市生态系统状态良好，对城镇化的开发建设有较强的支撑作用，城镇化与生态系统处于良好协同发展状态；就内部各省来看，江西省该类型区域最多，占比达50%，其余依次为湖北（40%）、湖南（25%）。当生态环境指数增长慢于城镇化质量提升速度时，此时城镇化质量的提升并未完全发挥对生态系统的促进作用，生态系统发展滞后于城镇化质量，若城镇化继续发展，则有可能导致生态环境水平相对降低，从而导致城镇化与生态环境关系失衡；城镇化质量与生态环境协调关系表现为城生同增失调型；该类型区域湖南占比最高，为62.5%，湖北、江西依次为50%、20%。当城镇化质量提升，生态环境指

数却降低时，此时城镇化系统不仅未对生态环境系统起到促进作用，反而加剧了生态环境的破坏，生态环境指数不容乐观，是发展较为严峻的城增生减失调型，该类型区域江西省地市占比最高（30%），湖北、湖南依次为10%、12.5%，生态环境指数的提高迫在眉睫，如不及时调整，未来一段时期内失调现象将继续存在或将进一步加剧。

四 结论与对策建议

（一）结论

本文通过测算分析城镇化与生态环境两大系统时空变化趋势及耦合性与协调发展时空演变规律，尝试探寻城镇化与生态环境之间的联系与互动机制，完善城镇化发展与生态环境关联研究，进一步深化对城镇化与生态环境的相互影响与制约过程的认识。研究的主要结论如下。

1. 2011~2020年长江中游城市群城镇化质量总体呈稳步上升趋势

2011年城镇化质量指数为0.2759，2020年城镇化质量指数为0.3535，年均增长率为2.79%。其中，湖北（10市）城镇化质量（0.3293）总体优于湖南（8市）（0.3245）和江西（10市）（0.2956），湖北与湖南两省城市城镇化质量较为接近，江西城镇化质量与其他两省差距较大。就城镇化发展的不同维度来看，人口城镇化、经济城镇化、社会城镇化、空间城镇化发展在研究期2011~2020年均呈现稳步增长态势，城乡一体化在个别年份出现下降趋势，整体呈波动小幅上升状态。

2. 2011~2020年长江中游城市群生态环境指数呈波动上升趋势

长江中游城市群生态环境指数由2011年的0.4475上升至2020年的0.4990，年均增长率为1.22%。就城市群内部三省来看，江西（0.4901）＞湖南（0.4786）＞湖北（0.4449），江西和湖南生态环境指数多年均值大于长江中游城市群整体均值，湖北生态环境指数多年均值小于长江中游城市群整体均值。从生态环境子系统的角度分析，生态环境压力、生态环境状态、生态环境响应子系统均在研究期内以波动趋势上升，总体发展趋势良好。

3. 长江中游城市群整体城镇化与生态环境系统耦合性不断增强

长江中游城市群整体的耦合度由 2011 年的 0.5487 上升至 2020 年的 0.6369，整体处于较高耦合状态，耦合特性表现为协同耦合，在此状态下，城镇化系统与生态环境系统之间的独立性较低，具有较为密切的关联关系，城镇化系统与生态环境系统其中任一系统的运行需要另一系统协同合作才能正常发挥作用，处于耦合性的中段偏上位置。就湖北、湖南、江西三省来看，城镇化系统与生态环境系统的紧密关联程度依次为湖北>湖南>江西，其中湖北与湖南两省均高于长江中游城市群整体关联程度，江西在研究期所有年份内均低于长江中游城市群整体关联程度。

4. 长江中游城市群整体城镇化与生态环境系统的协调关系趋好

长江中游城市群整体城镇化与生态环境系统的协调关系由轻度失调衰退类转变为初级协调发展类，协调发展趋势向好。湖北省由濒临失调衰退类转变为初级协调发展类，湖南省由濒临失调衰退类转变为初级协调发展类，江西省由轻度失调衰退类转变为初级协调发展类，三省协调发展状况良好，发展较为同步。总体来看，长江中游城市群内部三省江西省城镇化与生态环境协调发展各市差异最大，湖南省各市差异最小。

（二）对策建议

基于上述分析及结论，本文从以下几个方面对提升长江中游城市群城镇化质量和改善生态环境水平及优化两系统之间的协调发展状况提出对策建议。

1. 提升高聚集区的辐射带动作用

重视高值区域对周边低值区域的辐射带动作用应该成为下一步提升长江中游城市群整体城镇化质量和生态环境水平协调发展的关键方向。长江中游城市群城镇化质量高高聚类区域主要为湖北鄂州，生态环境指数高高聚类区域主要为江西北部与东部；城镇化质量高低聚类区域主要为江西南昌、新余和鹰潭。城市群的高质量发展需要内部强大的都市圈和城市群的强力支撑，城市群的形成发育不能违背内部都市圈和城市群对其顶托作用的基本规律。长江中游城市群内部都市圈和城市群应加快建立与完善协同发展工作机制，积极推进同城化和一体化建设，加强人力资源开发和科技创新水平，加大对教育、公共卫生和文化等投入，培育专业人才，加强基础研究和关键性技术攻关，构建区域城镇化发展和生态环境的创新驱动机制，充分发挥高值区域对低值区域的辐射引领作用，提升城市群内部城镇化质量和生态环境水平，为长江中游城市群的整体发展提供支撑合力。

2. 加强低聚集区的可持续发展能力

在注重提高长江中游城市群整体城镇化质量和生态环境状况的同时，局部地区空间集聚和异常值现象更值得关注，尤其是城镇化与生态环境低低聚类区域和低高异常值聚类区域是未来需要关注的重点，如长江中游城市群生态环境指数低低聚类区域为湖北西部地区，低高聚类区域较为分散，主要为湖南湘潭、株洲和江西南昌、抚州等地市。促进"低洼"城市城镇化质量和生态环境水平的提高将有效地提升长江中游城市群整体协同发展水平。"低洼"城市通过借鉴毗邻地区城镇化高质量发展经验和生态环境建设经验，通过提升地区空间品质带动异质性人才和新兴产业集聚，按照平等协商、互惠互利、优势互补的原则，因城施策开展合作探索，完善相关法律法规，在要素流动、资源开发、产业发展、生态治理与保护等领域采取联合行动，减少或消除无效竞争，以促进与邻近区域协同发展。

3. 破除要素壁垒实现生态环境共建共治共享

资源约束的趋紧和生态环境的恶化越来越成为影响城镇化发展质量的关键因素，长江中游城市群应通过提高生态环境状态支撑城镇化高质量发展以使两系统相互促进协同发展。城市群的建立与发展为其资源、要素的流通与交换提供良好基础，长江中游城市群内部应积极谋划和参与区域合作，协调城市群生态环境保护与建设关系为本区域生态环境水平的提高创造更大的发展空间。破除资源要素流动上的壁垒，进一步加强长江中游城市群内部生态文明建设，规划实施城市群严格的环保政策，加强生态环境联防联控，促进生态系统功能整体提升；建设重大生态环境检测与保护平台，在产业园区优化建设、信息平台建设、科技创新、投资服务、区域合作、人力资源开发等方面，按照整合资源、多方联动、重点突破的原则，规划形成影响全局的区域联动发展平台，提高对城镇化发展所产生的资源环境负效应的处理能力，实现区域内生态环境共建共治共享。

参考文献

习近平：《高举中国特色社会主义伟大旗帜为全面建设社会主义现代化国家而团结奋斗——在中国共产党第二十次全国代表大会上的报告》，《人民日报》2022 年 10 月 26 日。

吴传钧：《论地理学的研究核心——人地关系地域系统》，《经济地理》1991 年第 3 期。

张雷：《中国城市化进程的资源环境基础》，科学出版社，2009。

王淑佳、孔伟、任亮、治丹丹、戴彬婷：《国内耦合协调度模型的误区及修正》，《自然资源学报》2021 年第 3 期。

王少剑、崔子恬、林靖杰、谢金燕、苏坤：《珠三角地区城镇化与生态韧性的耦合协调研究》，《地理学报》2021 年第 4 期。

B.3
长江中游城市群打造具有核心竞争力的科创高地研究

张 静 李昌宁 印丽君*

摘 要： 《长江中游城市群发展"十四五"实施方案》明确：打造具有核心竞争力的科技创新高地。长江中游城市群科教资源丰富、创新要素聚集、产业体系完备，在创新型国家和科技强国建设大局中具有重要地位。作为长江经济带三大城市群，长三角创新共同体建设全国领先，成渝地区创新合作全面提速，长江中游城市群协同创新亟须加强。应借鉴长三角和成渝经验，建立完善跨区域协同创新合作机制，加快创新平台共建、创新资源共享、优势产业合作、高端人才共用、创新政策链接，推动长江中游城市群成为以科技创新驱动高质量发展的重要增长极。

关键词： 长江中游地区 协同创新 科创高地

党的二十大报告明确：坚持创新在我国现代化建设全局中的核心地位。长江中游城市群科教资源丰富、创新要素聚集、产业基础雄厚、区域发展潜力巨大，在创新型国家和科技强国建设大局中具有重要战略地位。加快推动长江中游城市群协同创新，是贯彻落实新发展理念、打造中国经济新

---

* 张静，湖北省社会科学院长江流域经济研究所所长、研究员，主要研究方向为流域经济、区域经济；李昌宁，湖北省社会科学院长江流域经济研究所硕士研究生；印丽君，湖北省社会科学院长江流域经济研究所硕士研究生。

增长极的重要举措，是推进区域经济转型升级、提升城市群发展质量的动力源泉。

一 长江中游城市群协同创新发展成效与问题

（一）发展成效

1. 区域创新环境日益改善

长江中游城市群是创新资源集聚区，知识创新资源优势明显。一是科教和人才资源储备丰富。大专院校、科研院所数量和质量位居全国前列，根据教育部 2022 年统计数据，湘鄂赣三省拥有普通高等院校 377 所，占全国的 13.37%。其中湖南 137 所，居全国第 5 位；湖北 132 所，居全国第 7 位；江西 108 所，居全国第 12 位。截至 2021 年末，三省高等教育普通本科在校学生数量 244.97 万名，占全国的 12.94%。二是创新投入保持增长态势。2015~2021 年，三省全社会研发投入稳步提升，全社会研发投入强度由 1.52% 提升至 2.14%，其中湖北省全社会研发投入强度由 1.85% 提升至 2.32%，湖南省全社会研发投入强度由 1.45% 提升至 2.23%，江西省全社会研发投入强度由 1.04% 提升至 1.70%（见图 1）。

2. 创新产出和转化应用率稳步提升

一是技术交易市场更加活跃。技术合同成交额是衡量市场内技术要素流通的重要指标之一，体现了科技对经济发展的重要支撑作用和创新环境的持续优化。2022 年三省共实现技术合同成交额 6320.73 亿元，占全国的 13.23%。湖北、湖南、江西实现技术合同成交额分别比 2015 年增长 2.6 倍、23.2 倍和 10.7 倍，分别居全国第 7 位、第 10 位、第 16 位，其中湖北、湖南在中西部地区分别排第 2 位、第 4 位（见图 2）。

二是新技术加快转化。2015~2022 年，长江中游城市群专利申请数量和授权数量大幅增加。其中，湖北申请专利数和专利授权数分别增长 172.25% 和 314.76%，湖南省申请专利数和专利授权数分别增长 109.33% 和 172.68%，江

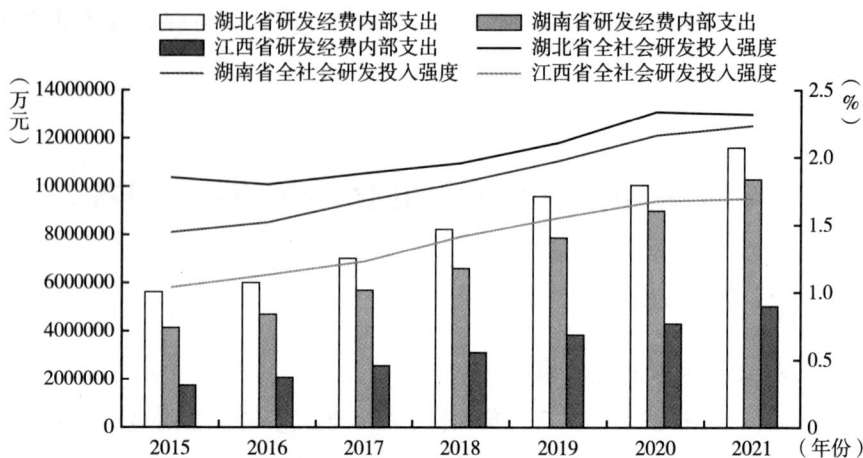

图1 湘鄂赣三省2015~2021年研发经费内部支出及全社会研发投入强度变化

资料来源：2015~2022年《湖北统计年鉴》《湖南统计年鉴》《江西统计年鉴》。

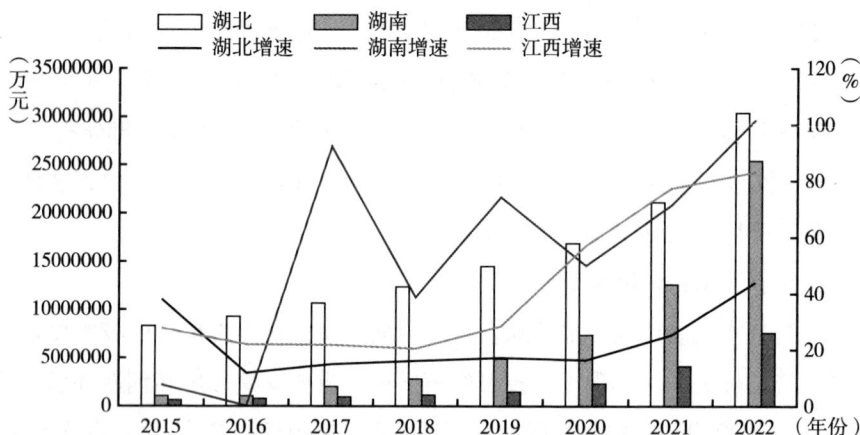

图2 湘鄂赣三省2015~2022年技术合同成交额及增速变化

资料来源：2015~2022年《湖北统计年鉴》《湖南统计年鉴》《江西统计年鉴》；2015~2022年湖北省、湖南省、江西省《国民经济和社会发展统计公报》。

西省申请专利数和专利授权数分别增长148.58%和213.85%（见图3、图4）。2022年湖北申请专利数和专利授权数分别占全国第8位、第7位，湖南申请专利数和专利授权数均占全国第 13 位，江西申请专利数和专利授权数均占全国第 16 位。

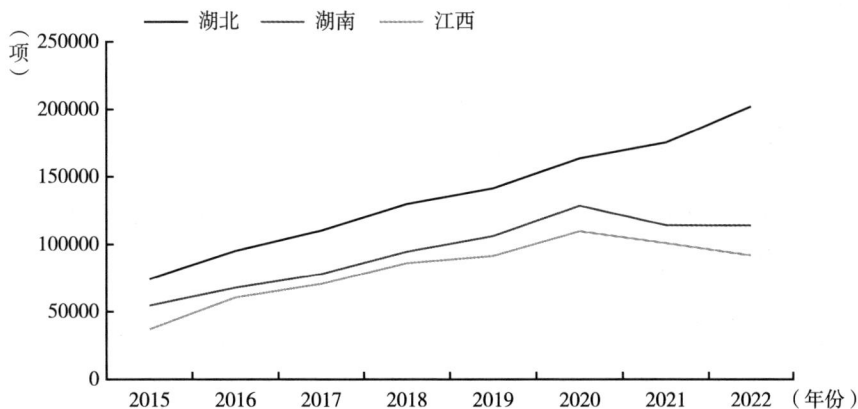

图 3　湘鄂赣三省 2015~2022 年专利申请数变化

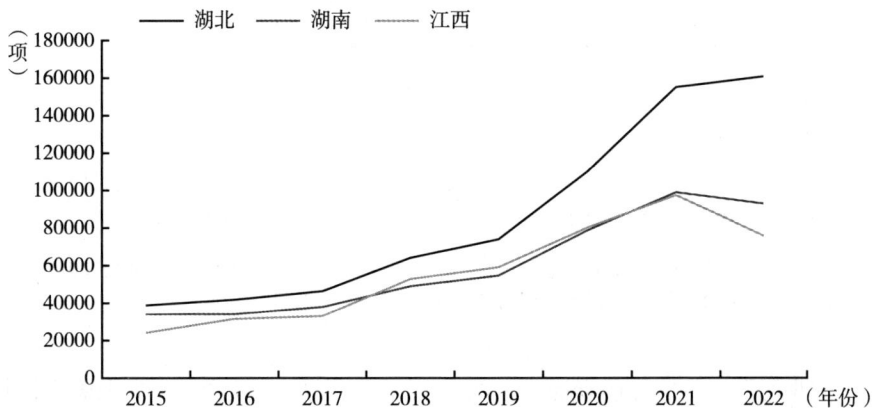

图 4　湘鄂赣三省 2015~2022 年专利授权数变化

资料来源：国家知识产权局 2015~2022 年《知识产权统计年报》。

3. 产业结构调整不断深化

产业结构持续优化。湘鄂赣三省加快建设现代产业体系，湖北重点打造"51020"现代产业集群，湖南着力打造国家重要先进制造业高地，江西提出重点产业链现代化建设"1269"行动计划，产业体系建设成效显著。2015~

2022年，长江中游城市群规上工业增加值稳步提高，其中，湖北、湖南、江西分别增长54.46%、62.47%、75.35%（见图5），年均增速分别为6.41%、7.18%、8.35%。2022年，湖北高新技术产业增加值比上年增长10.1%，增速高于地区生产总值5.8个百分点，占地区生产总值的21.77%。湖南高新技术产业增加值、战略性新兴产业增加值分别比上年增长12.7%、7.5%，占地区生产总值的比重分别为24.4%、10.5%。江西全省高新技术产业、装备制造业和战略性新兴产业同比增长16.9%、17.3%和20.6%，占规上工业比重分别为40.5%、30.9%和27.1%。

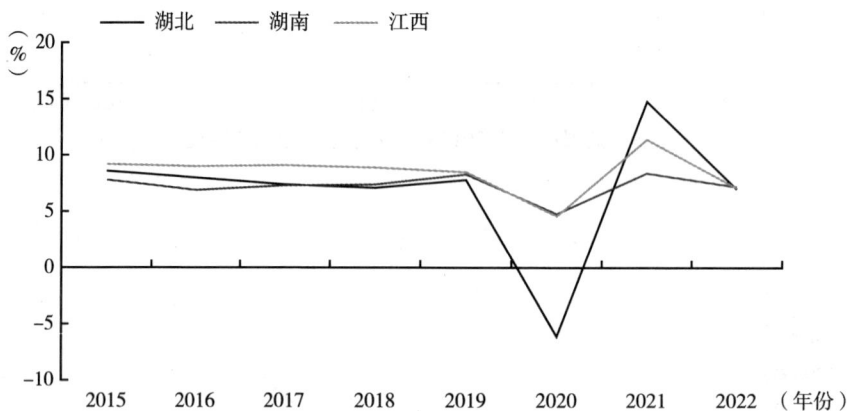

图5　湘鄂赣三省2015~2022年规模以上工业增加值增速

资料来源：2015~2022年《湖北统计年鉴》《湖南统计年鉴》《江西统计年鉴》；2015~2022年湖北省、湖南省、江西省《国民经济和社会发展统计公报》。

企业创新主体地位逐步提升。2021年湖北、湖南、江西三省规模以上工业企业有研发活动的企业数达2.27万家，比2015年增长253.1%（见图6）。研发人员规模达57.6万人，比2015年增长85.13%（见图7），充分体现了长江中游城市群劳动资源的人文素质和创造创新能力。2022年，长江中游城市群企业研发人员占全部研发人员的66.35%，比2015年提高0.6个百分点。

4.区域创新合作成效明显

目前，长江中游城市群初步建立了党政联席会议、常务副省长协调会

（家）

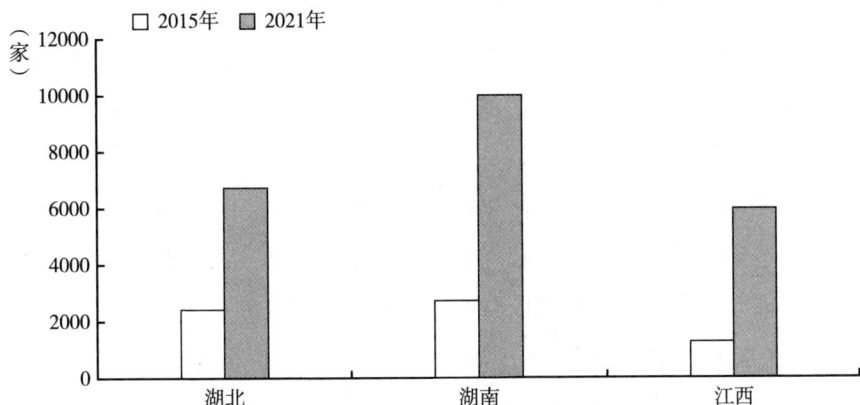

图6 湘鄂赣三省2015~2021年有研发活动的企业数量

（人）

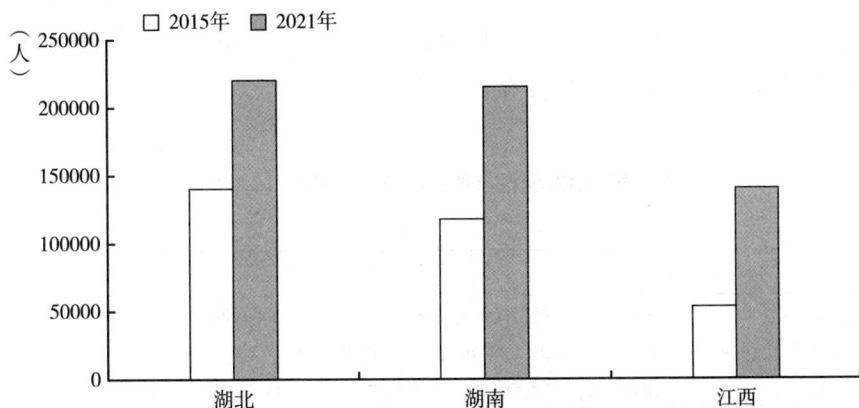

图7 湘鄂赣三省2015~2021年企业研发人员数量

资料来源：2015~2022年《湖北统计年鉴》《湖南统计年鉴》《江西统计年鉴》。

议、联合办公室三级合作机制。长江中游城市群省会城市建立了科技联席会议制度，自2013年起已经召开了九届科技合作联席会。2021年6月23日，三省科技厅签署《长江中游城市群科技合作框架协议》。在共同申报和承担国家科技计划、科技成果集成示范与应用等方面达成共识与交流合作。跨区域科技创新公共服务平台加快共建，2021年7月成立的长江中游城市群科技服务联盟，已累计吸引2200余家科技服务机构入驻，促成科技服务交易

327 笔，交易额达 1.21 亿元。2022 年 3 月，三省科技部门共同开通运营长江中游城市群综合科技服务平台共创云，加快科技成果转移转化。省会城市科技合作先行，签署《长江中游城市群省会城市合作行动计划（2023~2025年）》，聚焦生物医药、新材料、光电子、先进制造，支持光谷科创大走廊、湘江西岸科创走廊、赣江两岸科创走廊联动发展。省会城市科技局门户网站顺利连通，相互开放市科技局管理的专家库，建立人才网站联盟、农业科技创新联盟，启动大学科技园联盟，共同举办科技创新成果展。

区域创新能力显著提升。《中国区域创新能力评价报告 2022》显示，湖南、湖北、江西三省综合科创水平分别排全国第 8 位、第 10 位、第 15 位，科创水平指数稳步提升。科技部和中国科学技术信息研究所发布的《国家创新型城市创新能力监测报告（2022）》和《国家创新型城市创新能力评价报告（2022）》显示，武汉、长沙、南昌国家创新型城市创新能力指数分别排第 5 位、第 8 位、第 21 位（见表 1）。

表 1　国家创新型城市创新能力指数排名（2022 年）

单位：个

省份	数量	城市及排名
湖北	5	武汉(5)、宜昌(56)、襄阳(65)、黄石(80)、荆门(84)
湖南	4	长沙(8)、株洲(28)、湘潭(58)、衡阳(81)
江西	4	南昌(21)、景德镇(60)、新余(69)、萍乡(89)

注：括号内数字为排名。

（二）面临的问题

1. 创新政策协同不足

长江中游城市群创新合作省际缺乏整体衔接配套机制，如三省虽然建立知识产权联席会议制度，但尚未构建知识产权价值评估互信机制，未对知识产权价值评估进行统一规定和管理。三省在创新政策方面存在梯度差异，政策难以有效衔接，新技术、新产品在政府采购市场上的相互开放不够，高新技术企业认定政策跨省无法互认等。协同创新更多集中在省会城市之间，且合作主要由政府引导与推动。

2. 投入产出质量不高

R&D 经费及其占 GDP 的比重是反映区域创新投入的核心指标。2021年三省全社会研发经费投入仅为长三角和京津冀的 31.96% 和 68.15%。三省研发投入强度仅为 2.14%，低于长三角、京津冀地区 3.05%、4.1% 的水平，甚至低于全国平均水平（2.44%）。从专利授权数量来看，2022 年三省专利授权数仅为长三角、京津冀的 24.61% 和 84.6%。从 3 种专利（发明、实用新型、外观设计）的授权状况来看，实用新型专利授权数量在授权总量中占据着相当大的比重，基本维持在 60%~65%。发明专利数量从 2015 年的 1.6 万件上升至 2022 年的 5.8 万件，增长 260%；但发明专利授权占授权总量的比重仅由 2015 年的 16.68% 上升至 2022 年的17.68%，仍低于京津冀 11.1 个百分点。最能体现科学技术原创性、先进性和科研实力的发明专利地位有待提高。企业创新人才力量薄弱，2021年，三省规模以上工业企业研发人员全时当量合计 38.89 万人，仅为长三角地区的 28.61%。[①]

3. 创新主体实力不强

长江中游城市群龙头企业较少，创新资源向优势产业转化能力较弱。"2022 中国企业 500 强"湘鄂赣三省仅有 27 家企业上榜，前 100 名的仅有 2家，主要分布在钢铁、有色、化工、汽车、商业、农产品加工、半导体、建筑等领域，传统制造业所占比重仍然较高。民营经济体量不大，实力较弱。"2022 中国民营企业 500 强"排名中，长江中游城市群入围企业 31 家，排前 100 名的民营企业仅有 5 家。其中湖北入围企业 19 家，占全国的 3.8%，居全国第 7 位（见表 2）。入围民营企业营业收入总额和资产总额分别居全国第 8 位和第 11 位。

---

① 数据来源：2015~2022 年国家知识产权局《知识产权统计年报》。

表2 湖北、湖南、江西三省入围2022年中国企业500强和民营企业500强企业名单

中国企业500强	湖北（13家）	东风汽车集团有限公司(40)、卓尔控股有限公司(202)、九州通医药集团股份有限公司(207)、恒信汽车集团股份有限公司(290)、湖北联投集团有限公司(354)、稻花香集团(379)、中国信息通信科技集团有限公司(396)、闻泰科技股份有限公司(408)、武汉金融控股（集团）有限公司(409)、湖北交通投资集团有限公司(412)、武汉城市建设集团有限公司(434)、宜昌兴发集团有限责任公司(475)、金澳科技（湖北）化工有限公司(478)
	湖南（6家）	湖南钢铁集团有限公司(120)、三一集团有限公司(170)、湖南建工控股集团有限公司(210)、大汉控股集团有限公司(333)、中联重科股份有限公司(335)、湖南博长控股集团有限公司(360)
	江西（8家）	江西铜业集团有限公司(56)、新余钢铁集团有限公司(230)、江铃汽车集团有限公司(239)、双胞胎（集团）股份有限公司(265)、晶科能源控股有限公司(329)、南昌市政公用集团有限公司(391)、江西省建工集团有限责任公司(430)、江西正邦科技股份有限公司(458)
中国民营企业500强	湖北（19家）	卓尔控股有限公司(65)、九州通医药集团股份有限公司(68)、恒信汽车集团股份有限公司(108)、稻花香集团(173)、闻泰科技股份有限公司(186)、天茂实业集团股份有限公司(206)、金澳科技（湖北）化工有限公司(226)、山河控股集团有限公司(272)、合众人寿保险股份有限公司(344)、华新水泥股份有限公司(359)、福星集团控股有限公司(369)、武汉市金马凯旋家具投资有限公司(376)、新八建设集团有限公司(387)、武汉联杰能源有限公司(388)、程力汽车集团股份有限公司(389)、运鸿集团股份有限公司(393)、新七建设集团有限公司(410)、新十建设集团有限公司(417)、骆驼集团股份有限公司(470)
	湖南（7家）	三一集团有限公司(49)、蓝思科技股份有限公司(78)、大汉控股集团有限公司(143)、湖南博长控股集团有限公司(161)、步步高投资集团股份有限公司(275)、湖南五江控股集团有限公司(313)、华泽集团有限公司(365)
	江西（5家）	双胞胎（集团）股份有限公司(97)、晶科能源控股有限公司(140)、江西东旭投资集团有限公司(337)、江西济民可信集团有限公司(467)、中大控股集团有限公司(498)

注：括号内数字为排名。

资料来源：中国企业家联合会，《关于公布2022中国企业500强的通知》；中华全国工商业联合会，《2022中国民营企业500强调研分析报告》。

二 长三角和成渝地区双城经济圈协同创新实践经验

（一）长三角创新共同体建设全国领先

长三角地区是我国创新资源最集聚、创新能力最具竞争力的区域共同体。自 2018 年长三角一体化上升为国家战略以来，长三角区域创新共同体建设成效显著，已形成全国创新资源集聚和流动、创新成果开发和共享、创新制度改革和创新高地。

1. 制度创新同步衔接：凝聚创新共同体思想共识

围绕科技创新共同体建设，长三角三省一市不断完善顶层设计，加强政策机制融通，发挥央地联动、区域协同工作机制优势，建立办公室、工作专班、秘书处"三级联动"机制，在上海常态化集中办公。2021 年 5 月，科技部牵头与三省一市共同成立长三角科技创新共同体建设办公室，建立"4+1"工作专班机制，统筹推进《长三角科技创新共同体建设发展规划》各项任务落地落实。2022 年 9 月，长三角三省一市科技部门联合印发《三省一市共建长三角科技创新共同体行动方案（2022~2025 年）》，聚焦建设具有全球影响力的科技创新高地，集中力量共建重大科创平台、重大科技攻关。共同组织 6 届长三角国际创新挑战赛、5 届长三角科技成果交易博览会、两届长三角集萃创新杯大赛、长三角旅游装备与商品产业创新发展大会等创新品牌活动。科技部推动三省一市科技智库协同建立长三角一体化协同创新能力统计监测长效工作机制，联合研究编制共发布 4 次《长三角区域协同创新指数》。

2. 创新资源共建共享：要素集聚互联更加紧密

围绕创新平台共建共享，发挥科创平台优势，联合推动重大科技基础设施集群建设，联合共建国家实验室、长三角国家技术创新中心，深化合肥、上海张江综合性国家科学中心"两心"同创。长三角已建在建上海光源、国家蛋白质科学中心、神威·太湖之光、长江中下游河口段模拟试验平台、国家同步辐射实验室、EAST 全超导托卡马克核聚变实验装置等国字号大科学装置,初步建立了国家大科学装置集群,占全国总数 1/3 以上。从国家级研发平台看,长三角拥有国家重点实验室全国占比 20% 左右,已建在建国家实验室全国占比达 25%。

围绕科技资源共建共享,2018 年,沪苏浙皖启动共建长三角科技资源共享服务平台,探索构建"4+1+N+X"的市场化服务体系。截至 2022 年底,平台已集聚长三角区域的重大科研基础设施 23 个、大型科学仪器 42123 台(套)、科研基地 2671 家、服务机构 2377 家、科技人才 20 余万人。2021 年,三省一市选取上海青浦、江苏吴江、浙江嘉善、安徽马鞍山等试点区域,率先推动科技创新券实现跨区域通用通兑。创新券通用通兑范围持续扩大,其中浙江省与上海已实现创新券全域通用通兑。已经有 2000 多家企业注册并申请了科技创新券,企业购买服务金额达 2 亿元,财政支持金额预计超过 6700 多万元。三省一市人大协同立法,推动大型科学仪器跨省市共享。

围绕教育科技人才共享,不断优化区域内人才互认机制,成立长三角人才一体化发展城市联盟,相继推出"长三角人才驿站""人才资格资质互认"等近 20 个人才合作重要事项。同时,充分发挥科研院所资源优势和创新合力,联合成立长三角科技创新服务战略联盟、长三角大学科技园联盟、长三角科研院所联盟、长三角科技传播联盟,在规划制定、联合攻关、国际合作、专家共享、成果转化、传播交流等方面推动区域协商。

3. 科技创新协同攻关:率先实现科创产融新突破

长三角科技创新共同体建设办公室加大科技联合攻关的部署推进力度,2023 年 4 月,三省一市科技厅(委)印发《长三角科技创新共同体联合攻关计划实施办法(试行)》,建立长三角科技创新共同体联合攻关合作机制。建立长三角一体化科创云平台,汇聚、展示联合攻关项目信息和成果,形成需求库、成果库、场景库和案例库。发挥长三角国家技术创新中心作用,聚焦制约国家重点产业发展的关键领域,联合发布需求"榜单"。国家科技管理信息平台提供系统支持,科技部高技术中心组织专家给予智力支撑。引入科技成果市场化评价机制，聚焦项目成果在重大工程、重点企业的应用，并将瓶颈技术突破、投融资金额等纳入评价指标。长三角联合攻关项目首批实施 15 项，长三角参与单位超过 40 家，联合攻关任务总投入超 5 亿元。2019~2021 年国家重点研发计划中，长三角区域共同承担的项目数和金额均超过 75%。

持续提升 G60 科创走廊策源功能。长三角 G60 科创走廊松江、嘉兴、杭州、金华、苏州、湖州、宣城、芜湖、合肥等 9 市 GDP 占全国的 1/15，地方财政收入占全国的 1/12。G60 科创走廊持续探索跨区域、跨领域协同创新机制，2019 年，科技部牵头成立推进 G60 科创走廊建设专责小组，下设办公室。建立完善 G60 合作运行机制，常态化召开专责小组全体会议和专题会议。组建长三角 G60 科创走廊产业联盟，实体化运作 G60 科创走廊科技成果转化基金，9 市 R&D 投入强度提升到 3.55%，远超全国平均水平，9 市 PCT 国际专利申请数量占全国的 1/9。成立长三角 G60 科创走廊科创路演中心，运行 G60 知识产权行政保护协作中心、G60 职工科创成果发布交易中心、G60 脑智科创基地实验动物中心。常态化联合举办进博会 G60 要素对接大会，连续举办 5 届长三角 G60 科技成果拍卖会，交易总额年均增长率达 155%。

深化产业创新协同。长三角集聚高新技术企业占全国比重 46% 以上，沪苏浙皖工信主管部门建立不定期会商交流机制，加强制造业产业政策交流。发挥科技骨干企业的牵头作用，联合成立长三角企业家联盟、长三角专精特新企业发展促进联盟，推动企业成为创新决策、科研投入、组织科研和成果转化的主体。发挥集成电路、生物医药、新能源汽车、人工智能等产业优势，三省一市龙头企业、行业协会、高校和科研院所联合建立四大产业链联盟，坚持市场化、轮值制原则，深化研发攻关、市场开拓、技术标准、人才培养、权益保护等方面合作。四大产业通过科技创新在全球价值链中的地位不断提升，其中长三角集成电路产业规模全国占比超过 60%，新能源汽车产业规模全国占比超过 40%，生物医药和人工智能产业规模全国占比约1/3。发挥长三角数字经济优势，共建长三角工业互联网平台集群，加快打造长三角工业互联网一体化发展示范区。从科创板和试点注册制顺利落地到全面注册制的推广，为科技企业提供了更为包容和便利的上市融资条件，引导科技企业跨区域股权交易与战略合作，并形成一批跨区域联动的企业合作项目。

围绕科技成果转化，长三角国家技术创新中心已在上海张江实体化运作。长三角国家技术创新中心已在长三角区域布局建设93个研发载体，实施重大产业技术创新项目64项，与海内外150多所大学和创新机构签订合作协议，联合培养硕博士研究生超过5000名，并与超过300家细分行业龙头企业共同建设联合创新中心。依托长三角5家国家科技成果转移转化示范区（上海闵行、江苏苏南、浙江、宁波、安徽合芜蚌），加强示范区合作，形成聚变效应，组建长三角国家科技成果转移转化示范区联盟。国家技术转移东部中心在长三角地区设立了21个分中心节点，2022年促成国内外技术在长三角转化超过17亿元。2022年，三省一市相互间技术合同输出2.5万多项、技术交易金额1863.5亿元，同比分别增长20.3%、112.5%。《2022长三角区域协同创新指数》显示，长三角三省一市投资机构积极投资区域内企业，江浙沪皖投资机构在长三角区域内异地投资中的占比分别为18.9%、26.5%、52.4%和2.3%。

（二）成渝地区协同创新全面提速

成渝地区围绕共建具有全国影响力的科技创新中心，发挥科技创新优势，通过加强双核创新联动，围绕建设具有全国影响力的科技创新中心、优化创新空间布局、提升协同创新能力、营造创新政策环境等开展合作，推动川渝协同创新全面提速。

1. 四级合作机制：全方位务实有效推进

目前，川渝联合建立了党政联席会议、协调会议、联合办公室和专项工作组"四级合作机制"。科技协同创新是建设成渝地区双城经济圈的重要内容，川渝科技部门牵头成立成渝地区双城经济圈建设科技协同创新专项工作组，建立协同创新专项工作会商机制，成立三年以来已累计召开5次会议，推动两地签署科技合作协议超过 15 项。共同发布年度"川渝联合实施"重点研发项目，共同发起设立总规模 50 亿元的双城经济圈科创母基金。

2. 优化空间布局：助力重点区域创新联动发展

一是共建西部科学城。川渝相关部门建立两地科学城管委会联席会议等合作机制，相继签署《共同助推西部科学城建设战略合作协议》《西部科学城建设方案》，共同规划布局应用基础研究、前沿技术研究重大项目。推进西部（重庆）科学城、西部（成都）科学城在智能制造、智慧文旅、城市大脑等领域相互开放应用场景。

二是推动"双区联动"。重庆两江新区、四川天府新区联合召开党政联席会议推动成渝地区双城经济圈建设，成立汽车、电子信息、协同创新、会展产业、现代金融、数字经济、总部经济、生物医药等八大产业联盟。以航空航天、轨道交通、能源装备、工业机器人、仪器仪表等领域为焦点，培育世界级装备制造产业集群。共建示范大道，在重庆两江新区建设"天府路"，在四川天府新区建设"两江路"。

三是共建成渝科技创新走廊。以成渝 12 家国家级高新区为基础，探索构建"成渝总部研发+周边成果转化"协同创新及成果转化模式，推动创新成果在科创走廊沿线园区产业化。

3. 推动改革创新：促进区域创新生态融合共建

围绕共享科技创新资源，开通运行川渝科技资源共享服务平台，整合两地大型仪器设备 1.21 万台/套，价值合计约 127 亿元。围绕共建产业创新平台，加快建设首批 20 个成渝产业合作示范园区，获批建设成渝工业互联网一体化发展示范区、国家网络安全产业园区。上线运行成渝汽车和电子信息产业链供需信息对接平台，川渝汽车、电子产业全域配套率超过 80%；围绕共同推进高端人才招引，探索建立户口不迁、关系不转、身份不变、互聘互用的科技人才柔性流动机制，推动"天府英才卡"和"重庆英才服务卡"服务内容对等互认。围绕共享科技成果转化平台，推动天府国际技术转移中心、重庆环大学创新生态圈等深度合作，探索建立市场化的拍卖、挂牌、招投标等科技成果定价机制和交易模式，推动两地孵化器协会共同组织创业孵化载体对接交流活动，协同开展成都"菁蓉汇"、重庆创新创业大赛等系列活动 50 余场；加强科技创新与科普协同合作，轮流举办成渝地区科普创新发展论坛，发布全国首个科普研学服务管理规范，两地已累计开展科普研学活动 500 余场；加强立法保障，成都市制定并实施《成都市推进科技创新中心建设条例》，明确区域科技创新建设载体；重庆启动了《重庆市科技创新促进条例（草案）》修订，增设"科技创新承载区"专章。

三 长江中游城市群打造具有核心竞争力的科创高地的对策建议

（一）加强统筹协调谋划部署，推动创新制度全面融合

一是建立协同创新工作机制。长三角和成渝地区均建立协同创新工作机制，建议在长江中游城市群党政联席会议、常务副省长协调会议、联合办公室三级合作机制基础上，设立协同创新工作专班，由鄂湘赣科技部门相关处室负责人组成，加强对协同创新工作的协调对接和推进落实。工作专班每年不定期召开工作会议，协商确定工作要点和任务，研究解决工作推进中的问题。

二是建立协同创新规划体系。推动三省科技创新政策有效衔接和科技创新规划的高效对接，建立长江中游城市群科技创新规划会商机制，针对重点领域和重大科技问题，联合编制科技创新专项规划、实施方案和行动计划。在推动人才、技术、资本、信息等创新要素跨区域自由流动方面先行探索经验。

三是加强宣传推介和争取支持。强化宣传引导，办好各类主题宣传活动，形成一批可复制、可推广的先进经验，不断提升影响力。及时总结三省推进协同创新工作进展，积极向上汇报三省协同创新建设最新成效，共同争取国家部委在规划编制、体制创新、政策制定、项目安排等方面的关心和支持。

（二）推进科技创新能力建设，推动创新平台加速联合

一是一体化培育国家战略科技力量。共同推进实验室体系建设。加强国家实验室、国家重点实验室、国家技术创新中心等建设，积极争创光谷国家实验室，支持湖南、湖北共建杂交水稻国家重点实验室。建立实验室联动机制，依托三省现有国家实验室、国家重点实验室等，建立"总部+基地+网络"共建机制；协同推进重大科技基础设施集群建设。探索建立以科研任务为导向的重大科技基础设施建设成本分摊、多元资金投入、科研专项基金、产业配套协同和利益成果共享机制。

二是一体化推动关键核心技术攻关。以落实国家重大战略任务为牵引，以"一城（东湖科学城）多园"模式探索共建中部科学城。围绕国家和区域重大战略需求，聚焦电子信息、汽车、装备制造、生物育种等关键产业领域，共同申报和承担国家重大科技专项。建立协同攻关组织运行机制，探索科技攻关计划联合发布、项目承担单位共同组织和经费统筹支持机制。

（三）加速创新资源开放共享，推动创新要素高效耦合

一是推动科技资源开放共享。完善长江中游城市群综合科技服务平台功能，推动重大科研基础设施、大型科研仪器、科技文献、科学数据、生物种质与实验材料等科技资源开放共享。学习长三角经验，加快设立长江中游城市科技创新券，以三省国家级高新区为试点支持科技创新券通用通兑，及时总结经验并推广。建立配套法规保障机制，联合制定《长江中游城市群科技资源相互开放与共享办法》，为科技资源开放共享清障开路。建立科普资源开放共享机制，共同承办国家重大科普活动，推进三省优质科普资源交流共享。

二是推动人才共享融合。加强三省人才政策协调衔接，整合三省重大人才工程，共同争取国家级人才创新政策在长江中游城市群开展试点。开展人才柔性交流。探索一体化人才评价机制、认定标准，推进专业技术职务聘任职业资格互认、毕业生实习创业互补流动、互派科技管理干部等。探索建立

海外高层次人才互认机制。共享海外引才渠道，联合开展国际人才招引活动。

（四）探索产业协同创新模式，推动创新主体加速聚合

一是深入开展世界级产业集群共建行动。以三省经信部门为主体联合拟定产业链协同行动方案，探索设立产业合作专项基金和平台，积极推进跨区域产业链供需对接、标准统一和政策协同。率先在新一代信息技术、高端装备制造和新能源汽车三大优势产业领域实现突破。鼓励行业龙头企业牵头建立跨区域、多模式的产业技术创新联盟和新型研发机构。整合高校优势科技资源，建立三省大学科技园联盟，支持三省高校跨区域互建、共建大学科技园。建立高新技术企业跨区域认定制度，鼓励高新技术企业跨区域合作和有序流动。

二是深入开展园区共建活动。发挥三省国家自主创新示范区（东湖、长株潭和鄱阳湖）示范作用，强化产学研用各类创新主体的跨区域跨领域协作攻关，构建基础研究、技术开发、成果转化和产业创新全流程的产业创新链。加快建立园区共建联盟机制，建立园区共建项目信息库和园区合作项目发布机制。采取"园区整合""一区多园""合建园区"等方式加强合作，探索开展连锁经营、委托管理、投资合作、扶贫帮扶和对口支援等各具特色的园区合作试点。高能级建设各类省际产业合作园区，高标准打造黄黄九、通平修等省际毗邻地区新型功能区。

三是深入开展科技成果转化行动。依托长江中游城市群科技服务联盟和科技成果转化促进联盟，整合湖北省科技一网通、湖南省技术产权交易中心等平台，搭建科技成果转化公共服务平台。联合开展高校院所科研成果转化对接活动，共同举办科技创新成果展示会，共建创新成果中试基地。以湖北省汉襄宜国家科技成果转移转化示范区建设为引领，鼓励三省高校院所建立专业化技术转移机构，提高技术转移专业服务能力。借鉴长三角 G60 科创走廊科技成果转化基金经验，探索建立多元主体参与的区域性的资金投入机制，拓展财政、基金等多资金获取渠道。

B.4
农业强国建设背景下长江中游地区
发展生态低碳农业的潜力与展望

摘 要： 加快建设农业强国是推进中国式现代化的必然选择，发展生态低碳农业是农业强国中国特色的重要体现。本文梳理了生态低碳农业概念形成和发展的重要时间节点与脉络，并结合主要农业强国农业实践明确生态低碳农业的基本特征，从资源节约、粮食安全和全球气候治理的角度评估了我国发展生态低碳农业的必要性，从文化传承、科技创新、制度建设等方面评估了发展生态低碳农业的可能性。长江中游地区既是我国重要的粮仓，也是重要的生态屏障，拥有丰富的农业资源，具备发展生态低碳农业的巨大潜力。但与此同时，长江中游地区面临农业面源污染等一系列问题挑战，发展生态低碳农业具有较强的现实迫切性。长江中游地区在围绕农业绿色低碳发展方面出台了一系列政策，形成了"虾稻共作"等一批典型案例，初步建立了优质优价的激励导向的市场机制，为发展生态低碳农业打下良好基础。下一步，要继续探索合理开发和保护农业资源的工作机制，实现农业生产领域降碳减污扩绿增长协同推进，进一步完善农业生态价值转化机制，探索符合长江中游地区实际，可复制、可推广的生态低碳农业发展路径，为农业强国建设做出应有贡献。

---

* 丁斐，农业农村部农村经济研究中心助理研究员，主要研究方向为农业绿色发展理论与政策、农业生态价值实现。

关键词： 农业强国 长江中游地区 生态低碳农业 农业绿色发展

一 引言

党的二十大擘画了以中国式现代化全面推进中华民族伟大复兴的宏伟蓝图，并首次提出"加快建设农业强国"目标，为新阶段新征程的"三农"工作指明了前进的方向与道路。发展生态低碳农业是建设具有中国特色农业强国的应有之义。

长江中游地区既是全国重要的粮仓，也是重要的生态屏障。在国家粮食安全和生态安全中具有重要地位。在农业生产方面，长江中游地区素有"湖广熟、天下足"的美誉，粮食与重要农产品产量产值常年位居全国前列。在生态环境保护方面，习近平总书记多次赴长江中游地区湘鄂赣三省考察调研，对长江流域生态文明建设多次作出重要指示批示。作为大国粮仓，长江中游地区有必要在抓紧抓好粮食和重要农产品稳产保供的前提下，不断提高农业生产可持续性，为筑牢粮食安全根基、端牢中国饭碗做出重要贡献。目前，长江中游地区化肥农药投入水平高、畜禽水产养殖规模大，农业减污降碳面临较大压力，以发展生态低碳农业为抓手带动农业全产业链绿色转型升级势在必行。什么是生态低碳农业，怎样发展生态低碳农业，如何结合长江中游地区实际发展好生态低碳农业，对这些问题的研究和把握具有重要理论与实践意义。

二 生态低碳农业的概念内涵与基本特征

自20世纪60年代以来，推动农业向生态友好、资源集约方向转型的理念兴起并逐渐在全球范围内传播开来。许多国家都把提升可持续性作为推进农业发展的重要手段，并逐渐发展出适应本国国情的生态低碳农业发展道路。生态低碳农业已经成为农业强国的一个重要特征。

（一）生态低碳农业的概念溯源与演进

改革开放 40 多年来，中国经历了快速的城镇化和工业化浪潮。随着化肥农药和农机装备的普及，农业生产效率明显提高。但与此同时，"大水大肥"的农业生产方式也导致一系列资源环境问题。根据《第二次全国污染源普查公报》数据，农业源贡献了全部化学需氧量排放的 49.77%、氨氮排放的 22.44%、总氮排放的 46.52% 和总磷排放的 67.22%，已经占据我国面源污染的半壁江山。与此同时，《中华人民共和国气候变化第二次两年更新报告》表明，农业温室气体约为 8.3 亿吨二氧化碳当量，是重要的非二氧化碳温室气体排放源。"大水大肥"的农业生产方式导致一系列生态环境问题，长此以往，必然给国家粮食安全乃至经济稳定带来威胁。

党的十八大以来，习近平总书记多次在中央农村工作会议等重要场合阐释了农业绿色低碳发展的重要性。2013 年中央农村工作会议上，习近平总书记强调，"食品安全，首先是'产'出来的。"[①] 2020 年中央农村工作会议上，习近平总书记再次就农业绿色发展作出重要指示，"这些年，我们在生态文明建设上下了很大的功夫，农村生态环境持续好转，农业绿色发展进展明显。目前，治理农业面源污染、改善农村生态环境还处在治存量、遏增量的关口，正是吃劲的时候，松一篙，退千寻"，"2030 年前实现碳排放达峰、2060 年前实现碳中和，农业农村减排固碳，既是重要举措，也是潜力所在"。[②] 2022 年底召开的中央农村工作会议上，习近平总书记首次从农业强国建设的高度为发展生态低碳农业指明方向。习近平总书记强调"坚持绿色是农业的底色、生态是农业的底盘。必须摒弃竭泽而渔、焚薮而田、大水大肥、大拆大建的老路子，实现农业生产、农村建设、乡村生活生态良性循环，生态农业、低碳乡村成为现实，做到资源节约、环境友好，守住绿水

---

① 习近平：《论"三农"工作》，中央文献出版社，2022，第 89 页。
② 习近平：《坚持把解决好"三农"问题作为全党工作重中之重 举全党全社会之力推动乡村振兴》，《求是》2022 年第 7 期。

青山"。①

从习近平总书记关于农业绿色发展的重要论述中可以看出，生态低碳农业概念的提出经历了一个过程，承载了其对中国农业绿色低碳转型的殷切期望。从战略层面看，实现农业绿色低碳转型是加快建设农业强国的应有之义，要求在实现粮食和重要农产品稳定安全供给的前提下，提高农业生产的可持续性。从战术层面来看，既要通过加强农业面源污染治理，保护好农业生产资源环境，又要从资源节约的角度做好农业减排固碳工作，在实现碳达峰、碳中和目标中做出农业应有贡献。

（二）生态低碳农业的基本特征

从世界主要农业强国的发展历程与结果来看，生态低碳农业普遍具有以下基本特征。

首先，高水平的农业生产能力与产品竞争力是支撑生态低碳农业发展的基本前提。世界主要农业强国在注重农业生态资源环境保护的同时，从来没有放松对农业产量与产能的追求，甚至可以说保护农业生态资源环境的目的是更好地服务于农业生产，即农作物产量产能提升、农产品国际竞争力提升和农业生产者增收。据联合国粮农组织（PAO）统计数据，美国农业温室气体排放从 1961 年的 3.31 亿吨二氧化碳当量增长到 2020 年的 3.86 亿吨二氧化碳当量，涨幅为 16.7%，与此同时，农业生产总值从 1961 年的 1146.9 亿美元增长到 2020 年的 2977.9 亿美元（按不变价格计算，后同），涨幅为 159.6%，农业产值排放弹性为 9.56。与此同时，法国、荷兰、日本等典型农业国的农业产值排放弹性也普遍在 5 以上，这表明在过去 60 多年里，世界主要农业强国始终在以较低的农业碳排放为代价换取较高水平的产能提升。

其次，降低农业生态环境足迹是发展生态低碳农业的主要方向。农业生产高度依赖于对自然资源和生态系统的加工利用，与生产环节相对封闭的工业部门相比，农业生产过程中所投入的农药、化肥等生产资料更容易通过水

---

① 习近平：《加快建设农业强国 推进农业农村现代化》，《求是》2023 年第 6 期。

循环和大气循环作用向生态系统中扩散，从而对周围的土地和水体造成污染，并威胁生态环境和生态系统的健康。因此，降低农业生态环境足迹是发展生态低碳农业的当务之急。根据全球足迹网络（Global Footprint Network）所提供的生态足迹数据，自20世纪60年代以来，农业生产部门的生态足迹明显增加。按照土地类型划分，全球农田的生态足迹从1961年的0.15个地球当量增长到2018年的0.32个地球当量，渔场和牧场的生态足迹也有一定程度的增加。从农业强国实践来看，农业生态足迹普遍控制在较低水平上。

最后，实现农业低碳转型已成为主要农业强国标配。20世纪下半叶以来，全球农业生产与农业碳排放呈弱脱钩关系，即农业产值与农业碳排放同时增长，但单位农业产值的碳强度有所下降。进入21世纪以来，这一趋势在亚洲、非洲、北美洲和南美洲体现得较为明显。而欧洲和大洋洲更是在这一时期实现了强脱钩，即在保障农业产值稳步提升的同时，实现农业碳排放量的绝对下降。当前，全球公认的美国、加拿大以及西欧诸国等农业强国，能够在保持较高劳动生产率、农业总产出和产品国际竞争力的同时，将农业温室气体排放控制在全球平均水平以下。相比之下，尽管我国农业在排放强度上低于欧美诸国，但受劳动生产率偏低、农业生产资源趋紧等因素影响，未来农业排放水平还有一定不确定性（见表1）。

表1　世界七大洲农业生产与温室气体排放脱钩情况

项目	第 I 阶段 （1962~1980）	第 II 阶段 （1981~2000）	第 III 阶段 （2001~2020）
世界	弱脱钩	弱脱钩	弱脱钩
亚洲	弱脱钩	弱脱钩	弱脱钩
欧洲	强脱钩	强脱钩	强脱钩
非洲	扩张性连接	扩张性连接	弱脱钩
北美洲	弱脱钩	强脱钩	弱脱钩
南美洲	扩张性连接	弱脱钩	弱脱钩
大洋洲	弱脱钩	扩张性连接	强脱钩

注：计算 Tapio 脱钩情况所使用的农业碳排放和农业产值数据来源于联合国粮农组织（https：//www.fao.org/faostat/en/）。碳排放数据核算边界为 IPCC 农业排放核算边界，单位为千克二氧化碳当量；农业产值数据按 2014~2016 年不变价美元计价，单位为千美元。

三 发展生态低碳农业的现实意义

根据联合国粮农组织数据，我国单位农业产值的排放水平虽然低于欧美，但由于农业生产效率偏低，并且随着居民生活水平的提升，经济社会发展对于农产品质量上的需求更加旺盛，因此仍需要把发展生态低碳农业作为农业生产的重要方向。

（一）发展生态低碳农业的必要性

耕地资源水资源紧张、空间分布不均是我国的基本国情。据世界银行统计数据，我国人均耕地面积仅为全球平均水平的55%左右，人均可再生水资源占有率仅为30%左右。并且在工业化城镇化进程中，大量耕地被转为工业用地或建设用地，导致耕地资源减少和质量下降。与此同时，不合理开发带来的土地退化、水土流失等问题也给农业生产带来了威胁，本就稀缺的耕地资源与水资源更加捉襟见肘，给保障粮食安全带来挑战。另外，我国在过去长达几十年的时间里主要采用"大水大肥"的农业生产模式。这种生产经营方式尽管为我国实现粮食连年丰收奠定了重要基础，但也导致土壤退化、水体污染、生态破坏、食品安全等一系列问题。这是倒逼我国发展生态低碳农业的现实约束条件。

发展生态低碳农业也是应对百年未有之大变局的应对策略之一。2022年春季以来，受俄乌冲突影响，磷矿石、钾盐等原材料的国际价格走高，带动了化肥价格持续上涨，给稳定我国粮食和重要农产品供给带来挑战。与此同时，我国已经是全球化肥施用强度最高的国家之一，化肥农药使用低效的问题长期存在，据《2022中国生态环境状况公报》统计数据，我国水稻、小麦、玉米三大主粮的化肥利用率仅为41.3%，与欧美发达国家相比仍有较大差距。以化肥减量增效为抓手推进生态低碳农业建设，有助于降低我国对化肥等农业生产资料的进口依赖程度，对于防范供应链"断链"风险、巩固粮食安全形势具有重要意义。

发展生态低碳农业是参与全球生态环境治理的必然举措。自《巴黎协定》缔约以来，越来越多的国家已经意识到了农业在减缓气候变化中的作用，并出台农业减排固碳的政策。作为全球气候治理的重要参与者、贡献者和引领者，中国在农业减缓气候变化方面正在起到全球表率作用，如在《中国应对气候变化的政策与行动 2022 年度报告》中将农业农村视为实现"双碳"目标的重点领域。2023 年，生态环境部等 11 部门印发《甲烷排放控制行动方案》，从政策层面明确要求加强农业领域排放控制。发展生态低碳农业是我国履行国际承诺、树立负责任大国形象的重要举措。

（二）发展生态低碳农业的可能性

发展生态低碳农业是建设具有中国特色农业强国的重要环节，尽管这一目标不可能一蹴而就，但从我国农业发展现状来看，仍具有现实可行性。

一是我国自古以来就形成了"天人合一""道法自然"的农业生产观念并延续至今，形成崇尚精耕细作、种养结合的农业生产文化。重视自然的农业生产观念是发展生态低碳农业的文化传承，即便到了工业化城镇化较为发达的今天，合理利用水土资源，用集约化的思维发展农业仍然是我国农业发展的主要思路，如我国早在 2011 年就制定了农作物秸秆综合利用实施方案，在 2017 年专门制定了畜禽粪污资源化利用行动方案，以绿色、低碳、循环为导向进行农业生产。

二是科技进步为发展生态低碳农业提供了强有力的技术保障。农业出路在现代化，农业现代化关键在科技进步，发展生态低碳农业，关键在于给农业插上科技的翅膀，以科技为依托，不断提高农业生产资源利用效率。党的十八大以来，我国农业科技创新成果取得重大突破，我国农业科技进步贡献率从 2012 年的 54.5% 提高到 2021 年的 61.5%，生物育种、智能农业装备等核心技术取得了突破性进步。在技术进步的推动下，我国在化肥农药减量的情况下，依然实现了农业连年丰收，这是我们发展生态低碳农业的底气。

三是生态文明制度体系的建立健全为发展生态低碳农业提供了强有力的制度支撑。党的十八大以来，生态文明建设的顶层制度设计不断建立健全，中共中央、国务院出台《关于加快推进生态文明建设的意见》，为生态文明建设提供了方向。支持农业绿色低碳发展的政策体系不断建立健全，《"十四五"全国农业绿色发展规划》《农业农村减排固碳实施方案》《到2025年化肥减量化行动方案》等一系列文件相继出台，从化肥农药减量增效、农业废弃物资源化利用、农业农村减排固碳等领域，为发展生态低碳农业提供了强有力的制度保障。

四 长江中游地区发展生态低碳农业的潜力与优势

（一）长江中游地区发展生态低碳农业具有巨大潜力

长江中游地区拥有丰富的农业资源，在国家粮食安全格局中具有举足轻重的地位。长江中游地区拥有广阔的平原、河湖密布的地貌，以及适宜的土壤类型和气候条件，为农业生产提供了得天独厚的条件。水稻、小麦、玉米、大豆等农作物种植广泛，产量丰富，为国家粮食安全做出了重要贡献，保证了国家粮食生产的稳定性和持续性。根据国土"三调"数据，长江中游地区三省拥有耕地面积约1.67亿亩，林地面积约4.86亿亩，草地面积477.86万亩，湿地、水域及水利设施用地7286.58万亩，为发展生态低碳农业提供了广阔的纵深空间（见表2）。

表2 国土"三调"长江中游三省农业资源数据

单位：万亩

项　目	耕地面积	林地面积	草地面积	湿地、水域及水利设施用地
湖北省	7152.88	13920.2	134.08	3067.40
湖南省	5443.4	19075.08	210.75	2241.83
江西省	4082.43	15620.57	133.03	1977.35
合　计	16678.71	48615.85	477.86	7286.58

资料来源：各省第三次全国国土调查主要数据公报数据。

长江中游地区是我国重要的粮食生产基地和粮食战略储备的重要区域，粮食、油料、猪牛羊肉、淡水产品等主要农产品产量产位于全国前列，为发展生态低碳农业提供了产量保障的前提（见表3）。

表3　2021年长江中游地区粮食和重要农产品产量情况

单位：万吨

项　目	粮食	排名	油料	排名	猪牛羊肉	排名	淡水产品	排名
湖北省	2764.33	11	354.14	3	343.48	7	483.21	1
湖南省	3074.40	10	263.00	5	481.86	3	266.11	5
江西省	2192.7	13	130.91	8	258.11	12	269.51	4
合　计	8031.43	—	748.05	—	1083.45	—	1018.83	—

资料来源：国家统计局。

从要素投入水平来看，近年来，长江中游地区以化肥农药减量增效行动为抓手，不断提高农业生产要素集约利用水平，"大水大肥促增产"的农业发展方式正在向资源节约、要素节约的方向转型，为发展生态低碳农业打下较好基础。以化肥为例，湖北省、湖南省和江西省2021年的化肥施用量分别为262.62万吨、219.06万吨和108.59万吨，与2015年相比化肥施用水平明显下降，化肥减量增效取得明显成效。与此同时，统防统治、绿色防治等技术不断普及，大大减少了长江中游地区的农药使用强度，为降低农业面源污染水平、切实保护农业生态环境提供了重要支撑（见表4）。

表4　"化肥使用量零增长行动"以来长江中游地区化肥减量情况

单位：万吨，%

项目	2015年化肥施用量	2021年化肥施用量	降幅
湖北省	333.87	262.62	21.34
湖南省	246.54	219.06	11.15
江西省	143.58	108.59	24.37

资料来源：国家统计局。

与此同时，湖网密布、湿地广阔是长江中游地区所面临的客观自然条件，这在一定程度上加快了农业面源污染物在湖泊、河流等水体中的扩散速度，长江中游地区面临一定农业面源污染治理压力。据统计，2020年，湖北省、湖南省和江西省农业源化学需氧量排放量分别为106.69万吨、95.97万吨和62.62万吨，分列全国第3名、第5名和第12名；农业源氨氮排放量分别为2.22万吨、2.20万吨和1.37万吨，分列全国第1名、第2名和第9名。未来加强农业面源污染治理仍是长江中游地区发展生态低碳农业需要重点关注的方向。

（二）长江中游地区发展生态低碳农业具有良好工作基础

党的十八大以来，长江中游地区的湖北省、湖南省和江西省坚持生态优先、绿色发展，牢固树立"绿水青山就是金山银山"理念，在实现粮食和重要农产品稳定安全供给的基础上，不断推动农业绿色发展向纵深方向推进，农业资源持续节约、农业生态环境持续改善，绿色已成为长江中游地区农业高质量发展的底色。

一是出台了一批支持农业绿色发展的政策文件。加快推进农业绿色低碳转型是长江中游地区实现生态优先、绿色发展所重点考虑的问题。在国家层面，《"十四五"全国农业绿色发展规划》一批重要文件出台为长江中游地区发展生态低碳农业提供了参考依据，落实长江十年禁渔被写入党的二十大报告、中央一号文件等重要文件，明确了长江中游地区发展生态低碳农业的重点任务；在部委层面，2022年国家发改委批复的《长江中游城市群发展"十四五"实施方案》明确将有序推进农业面源污染综合治理作为协同推进长江水环境治理的重要任务；在省一级层面，各省纷纷加快推进农业绿色低碳发展的政策设计，如湖北省先后制定了《湖北省农业可持续发展规划（2016~2030年）》《湖北省推进农业农村现代化"十四五"规划》等政策文件，从推行农业绿色生产方式、加强农业废弃物资源化利用、加强农业生态系统保护和打好长江"十年禁渔"持久战等方面为持续推进农业绿色发展划定了工作重点；在具体层面上，先后出台《湖北省创新体制机制推进农业绿色发展的实施意见》《湖北省耕地质量保护条例》《湖北省水污染防治条例》《农作物秸秆综合利用决定》《湖北省土壤污染防治条例》《湖北省食用农产品"治违禁控药残促提升"三年行动方案》等政策文件，为发展生态低碳农业提供了强有力的法规与政策体系支撑。

二是形成了一批农业绿色低碳发展的典型案例。近年来，长江中游地区在农业绿色发展领域形成了一批可复制、易推广的典型案例和技术模式，为农业绿色低碳发展提供了思路借鉴。以湖北潜江的"虾稻共作"为例，水稻田作为小龙虾等虾类的生活环境，提供了水质和食物的来源，虾类通过吃掉稻田中的杂草和害虫，起到了除草和除害虫的作用，并且虾类的粪便也为稻田提供了有机肥料，改善了土壤质量。相比传统单一种植水稻的经营方式，"虾稻共作"模式在提高粮食种植面积、改善稻田生态系统的同时，增加了农民种植收益，调动了农民的种田积极性，提供了鲜活的绿色富农"湖北样板"。再如，湖南澧县坚持"增产施肥、经济施肥、环保施肥"的思路，按照"精、调、改、替、提、带、集"的技术路径，依托新型农业经营主体和农业生产专业化服务组织，深入推进测土配方施肥，推广绿肥种植、有机肥替代化肥、水肥一体化、农业废弃物资源化利用等耕地保护与质量提升技术集成，实现化肥减量增效，走出一条高产高效、节本增效、环境友好的可持续发展之路，该案例入选农业农村部 2021 年全国农业绿色发展典型案例。

三是初步建立了"优质优价"的激励导向。随着居民收入与消费水平的提升，居民对农产品的需求开始向高品质转向，在这一背景下，实现农产品向绿色、有机的方向转型是发展生态低碳农业的重要目标。近年来，长江中游地区以绿色食品、有机农产品和农产品地理标志创建为重点强化农产品品牌打造，加快农产品区域公共品牌建设。以湖南省为例，近年来，湖南省深入开展"品牌强农"行动，立足资源禀赋、打造特色农业品牌，目前已形成有机农产品和农产品地理标志 3500 余个，成功培育了安化黑茶、湘赣红等区域公共品牌，"一县一特"农产品优秀品牌年产值破 1000 亿元。

五 长江中游地区发展生态低碳农业的对策建议

当前，长江中游地区在农业绿色低碳转型方面积累了一定的工作经验，并且在农业面源污染治理、农业资源合理开发与保护、农业种养循环模式创新方面取得了一定积极成效。但从加快建设农业强国的高度来看，长江中游地区的资源利用水平有待进一步提升，市场激励导向的农业生态价值实现机制还不够健全，减污降碳扩绿增长协同推进的发展思路还有待进一步理顺。针对上述问题，对标农业强国建设实践要求，长江中游地区可从以下几方面进一步努力，为发展生态低碳农业、建设中国特色社会主义强国做出应有贡献。

一是探索合理开发和保护农业资源的工作机制。合理开发和保护农业资源既是确保农业可持续发展的基本前提，也是在较长一段时期内巩固国家粮食安全格局的重要举措。长江中游地区既是重要粮仓，也是生态屏障，合理开发和保护农业资源责无旁贷。一方面，要以高标准农田建设为抓手，全面推进水稻等大田作物的规模化、标准化生产，切实提高农业生产水平和可持续发展能力，对重要农产品原产地的环境风险进行常态化监测。另一方面，按照"共抓大保护，不搞大开发"的长江经济带绿色发展要求，不折不扣落实好长江十年禁渔工作，不断完善水产养殖政策体系，发挥示范带动作用，争做全国水产养殖业绿色高质量发展的排头兵。

二是以农业面源污染治理为抓手，实现农业领域降碳减污扩绿增长协同推进。在未来一段时期内，农业生产资源消耗水平偏高、农业面源污染治理压力大仍是长江中游地区发展生态低碳农业面临的突出难题。长江中游地区要进一步巩固在化肥减量增效、病虫害绿色防控、种养循环等领域的突出成果。在加快农业生产清洁低碳转型方面，要推进化肥等农业投入品节本增效，因地制宜推广有机肥替代化肥、测土配方等施肥技术，研究节水灌溉的技术可行性，加强病虫害统防统治普及率，引入生物防治和绿色防治技术等。在农业废弃物资源化利用方面，要以粪肥还田利用为抓手加强畜禽粪污资源化利用，加强池塘养殖尾水治理工作，进一步提升秸秆综合利用率，持续开展农膜科学使用和有效回收利用工作。在农业农村减排固碳方面，深入开展化肥减量增效行动，提高肥料利用率，推进有机肥与化肥结合使用，以水稻主产区为重点强化稻田水分管理，减少种植业甲烷排放；进一步改进畜禽饲喂管理方式，优化畜禽粪污收储运体系，减少肠道发酵和粪便管理环节的甲烷和氧化亚氮排放；进一步推广稻虾、稻渔共生种养体系，探索渔业固碳增汇路径；努力提升农田固碳增汇能力，实施保护性耕作，推广有机肥施用、秸秆还田、绿肥种植等农田增汇技术，提升农田固碳能力。

三是进一步完善农业生态价值转化机制。发展生态低碳农业客观上提升了生态系统质量，降低了农业产业的温室气体排放，使农业朝着资源节约和环境友好的方向发展，这意味着发展生态低碳农业提供的是一种公共品。只有让农户从提供公共品中获益，生态低碳农业才具有源头活水。长江中游地区要积极推动建立农业生态价值转化机制，为农业生态资源建立起保护补偿制度，明确损害赔偿标准，完善农业碳汇等资源环境权益交易市场等；加强农业生态产品品牌建设，打造一批具有区域和全国知名度的农业生态品牌，开展品牌农产品推介活动，推动区域公用品牌、企业品牌和产品品牌协同发展；探索一二三产融合发展新机制，推进农业与旅游、教育、文化、休闲康养等产业深度融合。

参考文献

陈志钢、徐孟：《大食物观引领下低碳减排与粮食安全的协同发展：现状、挑战与对策》，《农业经济问题》2023 年第 6 期。

杜志雄、李家家、郭燕：《加快农业强国建设应重点突破的方向》，《理论探讨》2023 年第 3 期。

韩杨：《加快建设农业强国》，《红旗文稿》2023 年第 4 期。

唐仁健：《锚定建设农业强国目标 切实抓好新时代新征程"三农"工作》，《求是》2023 年第 6 期。

吴传清、黄磊：《演进轨迹、绩效评估与长江中游城市群的绿色发展》，《改革》2017年第3期。

肖琴、周振亚、罗其友：《新时期长江经济带农业高质量发展：问题与对策》，《中国农业资源与区划》2019年第12期。

喻智健、龚亚珍、郑适：《中国农业农村碳中和：理论逻辑、实践路径与政策取向》，《经济体制改革》2022年第6期。

张红宇：《农业强国的全球特征与中国要求》，《农业经济问题》2023年第3期。

张俊飚、何可：《"双碳"目标下的农业低碳发展研究：现状、误区与前瞻》，《农业经济问题》2022年第9期。

张永江、袁俊丽、黄惠春：《中国特色农业强国的历史演进、理论逻辑与推进路径》，《农业经济问题》，2023。

周静：《长江经济带农业绿色发展评价、区域差异分析及优化路径》，《农村经济》2021年第12期。

周立：《农业强国的中国特色》，《人民论坛》2023年第11期。

B.5
长江中游地区人口高质量发展的现实基础与实现路径研究[*]

李春香　刘旺霞[**]

摘　要： 人力资源是第一资源，人口高质量发展是实现中国式现代化的重要支撑。长江中游地区人口质量、人口城乡结构等方面高质量发展取得重要进展，但与国内外人口高质量发展地区相比，长江中游地区人口高质量发展依然存在人口进入中度老龄化、人口素质整体水平不高、人口城镇化水平和质量待提升等问题。为加快现代化建设进程，长江中游地区应大力提高人口整体素质，以多方联动为手段，积极应对人口老龄化，不断提升城镇化发展水平与质量，畅通区域人才流动渠道，加强区域间人才共享合作。

关键词： 长江中游地区　人口　高质量发展

2023 年 5 月召开的二十届中央财经委员会第一次会议强调，人口发展是关系中华民族伟大复兴的大事，必须着力提高人口整体素质，以人口高质量发展支撑中国式现代化。长江中游地区是长江经济带发展战略和中部

* 基金项目：湖北省普通高校人文社会科学重点研究基地——湖北文化产业经济研究中心重点项目"长江经济带文化产业集群发展及投融资实证研究"（HBCIR2020Z007）。

** 李春香，经济学博士，湖北省社会科学院长江流域经济研究所副研究员，硕士生导师，主要研究方向为区域经济学、人口与产业发展；刘旺霞，经济学博士，湖北第二师范学院副教授，主要研究方向为文化产业经济、货币金融政策。

崛起战略的重要组成部分，加快长江中游地区人口高质量发展不仅是长江中游地区高质量发展的迫切需要，也是推动长江经济带发展和加快中部地区崛起的现实需要，更是新发展格局下加快推进中国式现代化建设的重要支撑。

一 推动长江中游地区人口高质量发展的重要意义

（一）实现中国式现代化的重要支撑

党的二十大报告提出"从现在起，中国共产党的中心任务就是团结带领全国各族人民全面建成社会主义现代化强国、实现第二个百年奋斗目标，以中国式现代化全面推进中华民族伟大复兴"。中国式现代化是人口规模巨大的现代化。长江中游地区湘鄂赣三省 2022 年常住人口、劳动年龄人口以及地区生产总值占全国的比重均超过 10%，是全国现代化建设的重要组成部分。尽管当前我国人口发展呈现少子化、老龄化、区域人口增减分化的趋势性特征，但是我国人口基数大、人口众多、质量逐步提升的基本事实没有改变，相当长的时期内，我国的人口红利并不会消失，超大规模市场优势也会继续存在。数量适度的人力资源和高素质劳动力，是长江中游地区经济社会发展的重要因素，将为长江中游地区高质量发展和现代化建设提供有效人力资本支撑，从而助力全国现代化建设顺利实现。

（二）长江中游地区可持续发展的重要前提

可持续发展需要既满足当代人的需要，又不对后代人满足自身需求的能力构成危害，需要人口与资源和环境协调发展，需要人口与经济社会发展相协调，从而实现人类的永续发展。可持续发展需要人们转变长期以来"人类中心主义"的观念，树立践行人与自然是生命共同体的理念。长江中游地区可持续发展需要区域人口与资源和环境协调发展，需要全社会牢固树立生态文明的理念，培养生态文化意识和素养，形成绿色低碳循环的产业结构和产业体系，养成节约资源、保护环境的生产生活方式，需要人口群体素质的整体提升，需要大量生态友好、生态环保技术的发明发现和高素质的人才支撑。而这些都是以长江中游地区人口高质量发展为提前。

（三）长江中游地区经济社会高质量发展的重要组成部分

2017 年，党的十九大首次提出"高质量发展"表述。2020 年 10 月，党的十九届五中全会提出，"十四五"时期经济社会发展要以推动高质量发展为主题。2021 年 3 月 30 日，中共中央政治局召开会议，审议《关于新时代推动中部地区高质量发展的指导意见》。2022 年，党的二十大报告中强调，"高质量发展是全面建设社会主义现代化国家的首要任务"。高质量发展的提出是我国在以经济建设为中心的指导引领下，推动经济建设不断升级、向高级形态迈进的过程中形成的。从实践维度看，高质量发展不单指经济发展，而是社会各方面统筹协调。党的二十大报告强调"要坚持系统观念"，高质量发展不仅包括经济、政治、社会、文化、生态文明等方面，也包括人口、科技、教育等不同领域的高质量发展。高质量发展突出了在中国特色社会主义现代化建设的事业整体中，各领域各层次全方位的高质量发展。因此，长江中游地区人口高质量发展是长江经济带高质量发展的重要组成部分，是其题中应有之义。

二 长江中游地区人口发展现状

（一）人口总量情况

2022 年长江中游地区（此处指湘鄂赣三省，下同）常住人口 16976 万人，比 2021 年增加 6.5 万人，常住人口占全国总人口的 12%。三省常住人口数量分布如表 1 所示。

表1　2022年长江中游地区常住人口情况

单位：万人

项目	湖南	湖北	江西	长江中游地区
常住人口	6604	5844	4528	16976

资料来源：2022年三省国民经济和社会发展统计公报。

（二）人口素质情况

从表2可以看出，2021年每十万人口中大专及以上人口湖南、湖北、江西分别为1.22万人、1.55万人和1.19万人，其中，湖北每十万人口中大专及以上人口最多，长江中游地区均值为1.33万人，低于全国平均水平1.55万人。每十万人口中高中及中专人口长江中游地区均值为1.70万人，高于全国平均水平1.51万人。

从研发人员来看，2021年长江中游地区共有研发人员86.80万人，其中，湖南、湖北、江西分别为32.60万人、35.36万人和18.84万人。从研发人员的组成看，长江中游地区规模以上工业企业研发人员57.60万人，占全部研发人员的66.4%。2021年长江中游地区规模以上工业企业研发人员全时当量38.98万人年，占同期全国研发人员全时当量的10.2%。

表2　2021年长江中游地区人口素质情况

项目	每十万人口中大专及以上人口（人/十万人）	每十万人口中高中及中专人口（人/十万人）	R&D人员（人）	规模以上工业企业R&D人员（人）
湖北	15502	17428	353579	220314
湖南	12239	17776	326048	215288
江西	11897	15145	188413	140382
长江中游地区	13260	16955	868040	575984

资料来源：湖北省、湖南省及江西省第七次人口普查公报及2022年《湖北统计年鉴》《湖南统计年鉴》《江西统计年鉴》。

（三）人口结构情况

从人口年龄结构来看，2020 年长江中游地区 0~14 岁人口 3231.2 万人，占比 19.08%；15~59 岁人口 10444.0 万人，占比 61.66%；60 岁及以上人口 3263.1 万人，占比 19.26%：65 岁及以上人口 2363.7 万人，占比 13.95%（见图 1、图 2）。从联合国人口老龄化标准来看，60 岁及以上人口占比超过 10%，或 65 岁及以上人口占比超过 7%，意味着一个国家或地区进入老龄化，目前，长江中游地区 60 岁及以上人口占比超出联合国人口老龄化标准 9.26 个百分点，65 岁及以上人口占比超出联合国人口老龄化标准 6.95 个百分点，已进入中度老龄化阶段。分省来看，湖北老龄化程度较高，2020 年 60 岁及以上人口占比超过 20%，江西老龄化程度较低，60 岁及以上人口占比为 16.9%。

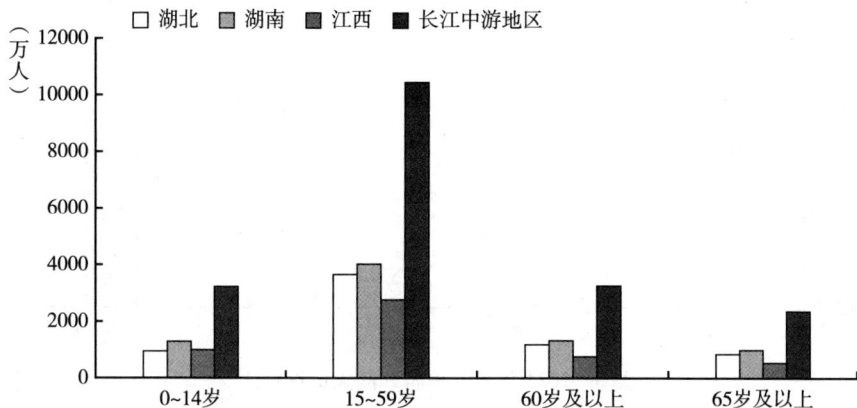

图 1　2020 年长江中游地区不同年龄段人口数量

从性别结构来看，2021 年长江中游地区男女性别比为 106，性别比在合理区间（见图 3）。其中，男性人口 8731 万人，女性人口 8238 万人。

（四）人口分布与流动情况

从城乡分布看，2022 年长江中游地区城镇人口 10572.7 万人，乡村人口 6403.3 万人，城镇化率为 62.3%，其中，湖北、湖南和江西的城镇化率

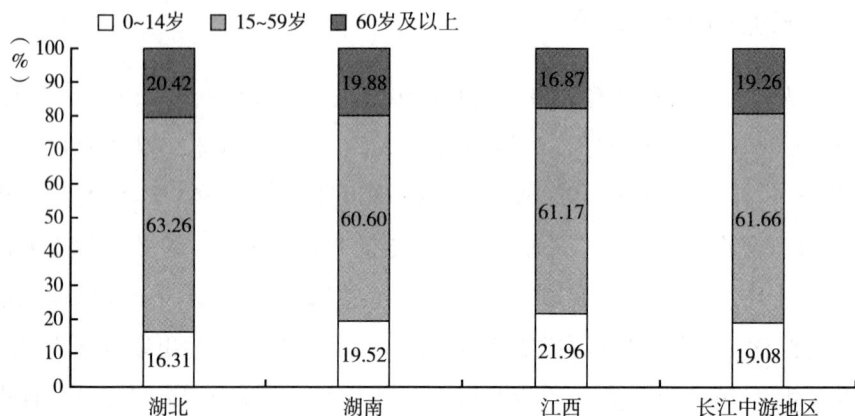

图 2　2020 年长江中游地区不同年龄段人口占比情况

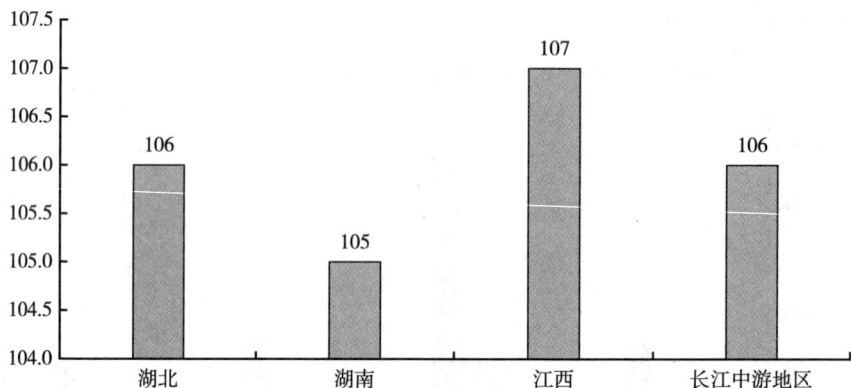

图 3　2021 年长江中游地区人口性别比

分别为 64.7%、60.3%、62.1%。

从区域分布来看,武汉城市圈、环长株潭城市群、环鄱阳湖城市群以及湖北荆襄地区是长江中游地区人口分布较密集地区。2020 年,武汉城市圈、环长株潭城市群和环鄱阳湖城市群人口分别为 3186.6 万人、4135.7 万人和 3066.2 万人,分别占各自省域人口的 55.2%、62.5%、67.9%(见图 4)。

从人口流动来看,2020 年长江中游地区流动人口规模较大,其中,跨省流入人口 510.7 万人,跨省流出人口 2052.7 万人,省内流动 3146.3 万

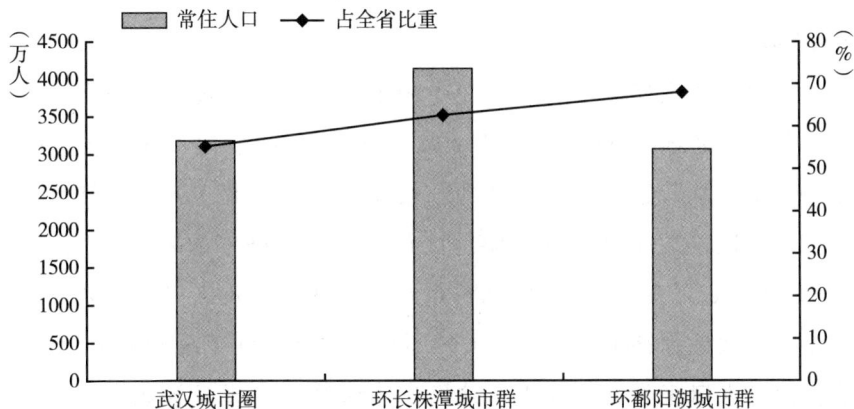

图4　2020年武汉城市圈、环长株潭城市群、环鄱阳湖城市群常住人口及全省占比

人。其中，湖南、湖北省内流动人口均超过1000万人。总体上省内流动人口规模大于跨省流动人口规模，武汉、长沙、南昌、宜昌等是主要的人口流入城市。

三　长江中游地区省份人口高质量发展比较

本文选取国内外人口高质量发展地区与长江中游地区平均水平进行比较，国内选取东部沿海发达地区的江苏省、浙江省，国外选取日本的群马县、长崎县，两者均为日本一级行政区。其中，群马县位于日本关东平原西北部，是日本三大都市圈之一东京都市圈的组成部分，且为日本内陆县，工业农业经济发达；长崎县位于日本最南端，是海洋县，是日本对外交流、对外开放的门户，且为湖北友好省份。上述地区具有一定的代表性。

（一）与江苏省、浙江省相比

从表3可以看出，从人口密度来看，与江苏、浙江相比，长江中游地区人口密度偏小，长江中游省份人口密度约相当于江苏的38.0%、浙江的48.5%。从城镇化率来看，也即人口的城乡分布来看，长江中游地区城镇化率也大大低于江苏、浙江，2022 年长江中游地区城镇化率 62.28%，比前两者低 10 多个百分点。

从人口老龄化程度来看，长江中游地区老龄化程度低于江苏，高于浙江。长江中游地区 65 岁及以上人口占比 13.95%，略高于全国 13.5% 的平均水平。从跨省流动人口来看，长江中游地区流入人口水平远远落后于江浙地区，2020 年长江中游地区跨省流入人口 170.2 万人，远低于江苏的 1030.8 万人、浙江的 1618.6 万人，跨省流入人口多以青壮劳动力为主，有效地弥补了当地劳动力的不足，并且有利于缓和老龄化程度。从省内流动人口来看，长江中游地区省内流动人口规模较大，长江中游地区省内流动人口 1048.8 万人，与江苏、浙江相差不大，而且省内流动人口规模均大于跨省流出人口，反映出省内城市的吸引力和带动力在逐步增强。

从人口素质主要指标来看，长江中游地区平均水平要落后于江浙地区。2020 年长江中游地区每十万人口中大专及以上人口为 13260 人/十万人，约相当于江苏的 71.1%、浙江的 78.0%；每十万人口中高中及中专人口 16955 人/十万人，高于浙江，与江苏相差不大。2021 年长江中游地区平均每省 R&D 人员 28.9 万人，大大落后于江苏与浙江，分别相当于两者的 26.6%、50.3%。

表3　长江中游地区与江苏省、浙江省人口主要指标情况

项目	人口密度（人/平方公里）	65 岁及以上人口占比(%)	城镇化率(%)	每十万人口中大专及以上人口(人/十万人)	每十万人口中高中及中专人口(人/十万人)	R&D人员（万人）	跨省流入人口（万人）	省内流动人口（万人）
江苏省	791	16.20	74.42	18663	16191	108.8	1030.8	1335.5
浙江省	620	13.27	73.40	16990	14555	57.5	1618.6	937.1
长江中游省份平均水平	301	13.95	62.28	13260	16955	28.9	170.2	1048.8

资料来源：江苏、浙江、湖南、湖北和江西第七次人口普查公报及 2022 年国民经济和社会发展统计公报及统计年鉴。

（二）与日本群马县、长崎县比较

由表4可知，从人口分布来看，人口密度方面，与群马、长崎相比，长江中游地区人口密度相似，三者人口密度均为300多人/平方公里。从人口的城乡分布来看，日本作为发达国家，人口城镇化过程基本完成，2020年城镇化率高达93%，人口主要居住在城镇，长江中游地区作为城镇化快速发展地区，2022年城镇化率62.28%，比日本平均水平低约30个百分点。

表4　长江中游地区与群马县、长崎县人口指标情况

项目	人口密度（人/平方公里）	65岁及以上人口占比（%）	性别比	城镇化率（%）	每十万人口中大专及以上人口（人/十万人）	每十万人口中高中及中专人口（人/十万人）
群马县	306	30.0	98	93.02	22651	39234
长崎县	321	32.4	89	93.02	27667	36853
长江中游省份平均水平	301	13.95	106	62.28	13260	16955

注：日本高中及中专人口统计为高校·旧中人数，大专及以上人口统计包括短大·高专、大学·大学院人数，城镇化率为全国数据。

资料来源：日本令和2年（2020年）人口普查数据，湖南、湖北和江西第七次人口普查公报及2022年国民经济和社会发展统计公报。

从人口老龄化程度来看，长江中游地区老龄化程度低于群马和长崎。长江中游地区65岁及以上人口占比13.95%，远低于群马和长崎的30.0%和32.4%，分别比两者低16.05个、18.45个百分点。最近几十年来，日本历届政府把制定少子老龄化对策放到至高的优先级，逐渐形成了国家、地方和企业共同探索的"举国体制"。国家层面成立了应对少子老龄化的主要机关，2007年日本内阁府设置少子化对策担当大臣，进行了多项国家立法，并且政策体系性强，制定涉及就业、收入、健康、福利、教育、理财、社会活动、生活环境等各领域的具体措施，强调各个国家机关联动。地方积极推进"地域振兴"，根植于社区，着力构建"地域共生性社会"，为来当地的

移居者提供租房补贴、新建住宅补贴、结婚祝贺金等必要的生活援助。企业纷纷投资于未来产业，包括医疗产业、人工智能产业、新能源产业、宇宙开发产业。此外，积极推进提升老年人的社会参与度，1995 年实施《高龄社会对策基本法》，构筑人与地方共生共荣、自由互助的社会，让年龄不再成为制约身心发展的障碍，推进实现"Ageless"社会，有利于缓和老龄化程度。此外，加强育儿支援等。

从人口素质主要指标来看，长江中游地区平均水平远远落后于日本群马县和长崎县。2020 年长江中游地区每十万人口中大专及以上人口为 13260 人/10 万人，分别相当于群马的 58.5%、长崎的 47.9%；每十万人口中高中及中专人口 16955 人/10 万人，分别相当于群马的 43.2%、长崎的 46.0%。

四 长江中游地区人口高质量发展存在的问题

（一）人口进入中度老龄化

从人口年龄结构来看，2020 年长江中游地区 0~14 岁人口占比 19.08%、60 岁及以上人口占比 19.26%、65 岁及以上人口占比 13.95%，进入人口中度老龄化阶段。虽然长江中游地区 60 岁及以上人口占比和 65 岁及以上人口占比远低于日本的群马县和长崎县，但是高于长三角的浙江，60 岁及以上人口占比和 65 岁及以上人口占比分别比浙江高 0.6 个、0.7 个百分点。在人口进入中度老龄化的同时，长江中游地区整体处于人口外流、净流出阶段。2021 年长江中游地区户籍人口 18414.0 万人，常住人口 16969.4 万人，人口净流出 1444.6 万人，其中，湖北、湖南和江西净流出人口分别为 312.8 万人、624.3 万人、507.5 万人，分别占常住人口的 5.3%、9.4%、11.2%。长江中游地区目前虽然劳动力人口占比在 60% 以上，但是随着老龄人口占比的逐渐上升、年轻人生育意愿的降低以及人口外流，人口老龄化程度和劳动力供给在未来会面临一定的压力。

（二）人口素质整体水平不高

人口素质的提高有利于人力资本的积累，有利于生产力水平的提高，从而有利于促进国民经济的增长。同时，人口素质的提高也有利于人们环保意识水平的提升，促进经济社会长期可持续发展。从人口素质主要指标来看，尽管近年来长江中游地区人口素质水平不断提升，但总体水平不仅大大落后于日本的群马县和长崎县，也落后于江浙地区。2020年长江中游地区每十万人口中大专及以上人口数量低于全国平均水平，分别相当于群马的58.5%、长崎的47.9%，分别相当于江苏的71.1%、浙江的78.0%；每十万人口中高中及中专人口数量虽然高于全国平均水平，但仅相当于群马的43.2%、长崎的46.0%。2021年长江中游地区平均每省R&D人员数量偏少，大大落后于江苏与浙江，分别相当于两者的26.6%、50.3%，三省中研发人员最多的湖北省（35.4万人）也远远落后于江苏和浙江的108.8万人、57.5万人。2021年规模以上工业企业研发人员全时当量占全国研发人员全时当量的10.2%，低于同期GDP11%的占比。

（三）人口城镇化水平和质量待提升

2022年长江中游地区城镇化率为62.28%，与人口城镇化过程基本完成、城镇化水平较高的日本相比，有约30个百分点的差距，与城镇化快速发展的长三角地区江苏和浙江相比，城镇化率也大大低于江苏、浙江，平均水平比前两者低十多个百分点。长江中游地区不仅城镇化水平与先发展地区存在差距，而且存在城镇化质量待提升问题。一方面户籍城镇化滞后于常住人口城镇化，如湖南省2021年常住人口城镇化率为59.7%，户籍人口城镇化率仅为37.5%，两者相差22.2个百分点。随着人口的城乡就业转换，乡城流动人口并未同步实现身份的转变，从而出现半城镇化现象以及流动人口不能同等享受户籍人口权益问题，由于大部分流动人口身份没有实现转变，其在子女入学、社会保障、医疗卫生、社会福利等方面很难享受到与城镇居民同等待遇。另一方面土地城镇化快于人口城镇化，2006~2019年全国县级及以上城市的土地年均增长率是常住人口年均增长率的 1.7 倍①，土地城镇化超前导致土地利用效率不足和土地资源的浪费和闲置，大规模的城镇扩张加剧基础设施建设的不足，从而导致城镇化质量低下。

此外，长江中游地区还存在城镇化发展空间不均衡，不仅大城市之间存在差异，中小城市间也存在不均衡。以湖北为例，中部县城的城镇化质量普遍高于东部、西部以及外围县城，市域间存在较大差距，制约县城城镇化高质量发展的障碍因子主要有产业经济、公共服务、人居环境等。另外，新型城镇化过程中的家庭化迁移趋势日趋明显，面临家庭功能不断弱化、外部风险频发等问题。

五 长江中游地区人口高质量发展的实现路径

（一）以素质提升为核心，提高人口整体质量

根据舒尔茨人力资本理论，人口素质的提升有多种途径，教育是人口素质提升的重要手段。同我国沿海地区相比，长江中游地区每十万人口中大专及以上人口数量、研发人员数量偏少，同发达国家日本同类地区相比不仅每十万人口中大专及以上人口数量偏少，而且每十万人口中高中及中专人口数量也偏少。因此长江中游地区人口素质的提升不仅需要基础教育的普及，还需要高等教育的进一步提升。一是进一步提高高中及中专教育入学率，在全面普及九年义务教育的基础上，进一步改善办学条件，提高高中及中专入学率，特别是改善农村地区高中及中专办学水平，提高入学率。二是建设高水平的职业教育和继续教育体系。合理引导社会价值导向，树立人尽其才、人人出彩的价值理念，合理提升职业教育毕业者收入，给予职业教育办学经费、教师人才、学科建设等支撑，根据行业发展及时调整职业学校学科设置，规范职业学校办学行为，引导职业教育形成健康积极向上的学风。加快

---

① 许刚、肖锐：《我国土地城镇化与人口城镇化的趋势与问题》，《中国土地》2021 年第 9 期。

建设学习型社会，加大资金投入与政策支持力度，推进长江中游地区继续教育发展。三是推动高等教育高质量发展。根据长江中游地区高等教育、现有产业发展基础，在保持学科专业设置相对稳定的同时，积极稳妥推进教育教学组织改革，有针对性地培养新兴产业人才、实用人才等。着力提升高校自主创新能力，要加快重大基础研究和科技创新平台建设，鼓励创新活动瞄准前沿、交叉融合，在破解世界科技前沿难题、满足国家重大战略需求、攻克关键核心技术、助力产业发展等方面培养造就更多高层次拔尖创新人才，完善人才"选育管用"机制，培养和造就战略科学家、领军人才、卓越工程师等。

（二）以多方联动为手段，积极应对人口老龄化

人口老龄化是经济社会发展进入现代社会的必然现象。不同于西方国家的长期缓慢进入老龄化进程，长江中游地区和全国总体的老龄化呈现短期快速发展的态势，应对人口老龄化的挑战更为紧迫。一是保持适度生育水平。积极研判适龄人口的生育意愿与生育需求，提供优质的生殖健康和家庭计划技术服务和知识服务，推进妊娠健康检查免费、婴幼儿医疗费用自费比例减免等，创造生育友好型的文化氛围和社会环境积极引导适龄人口生育意愿，保持适度生育水平。二是相关部门联动，积极完善配套政策。推动财政、金融、卫健、教育、劳动社会保障等部门联动，完善相关应对老龄化发展的支撑政策体系。如通过提高消费税为育儿服务提供充足的资金保障，金融支持鼓励符合条件的企业积极参与育儿支援事业，推动各地小学、儿童馆广泛开设供儿童放学后利用的第二课堂，推进符合老龄社会需求的社区建设等。三是借鉴日本经验，着眼于长期积极建设"不老社会"。改变因年龄、性别制约人生发展轨迹的社会体制，唤起所有年龄阶层的积极性和能动性，提供全方位的社会保障，使人民拥有终身的就业机会、参加各种社会活动的机会，构筑人与地方共生共荣、自由互助的社会，创造充满活力，具有自立和互助精神的社会，让所有人成为贡献者也成为受益者，进而实现"不老社会"。

（三）以质量提升为重点，不断提高城镇化水平

根据诺瑟姆曲线，长江中游地区城镇化处于快速发展阶段，城镇化水平与质量需要进一步提升。一是应继续稳步提升长江中游地区的城镇化水平，鼓励城乡人口双向流动，不断提升中小城市城镇化的承载能力，大力推动长江中游地区产业转型升级，不断优化中小城市营商环境，不断完善中小城市人居环境和县城基础设施建设，不断提升城市群和都市圈的联动发展，增强城镇化的载体功能，吸引更多乡村人口向城镇转移。二是依据不同区域的资源禀赋、发展基础因地制宜提升城镇化质量，城市群和都市圈范围内的中小城市应主动承接邻近大城市的发展辐射、产业转移、功能疏解，发展成为功能互补、产业配套的卫星城；具有区位、资源优势的中小城市应培育发展特色经济与支柱产业，建设区域性发展中心和增长极；农业主产区可重点推动农业现代化，加快发展农产品精深加工业，延长农业产业链，充分吸纳县域内释放出的农业转移人口；重点生态功能区内的中小城市，要积极发展生态产业，严控城镇建设用地扩张规模，做好存量挖潜，引导人口有序积聚和外迁。三是积极推动农业转移人口市民化。深入分析长江中游地区农业转移人口迁移过程中家庭的功能发展需求与需求响应之间的联系及问题、现行服务与公共政策制度供给现状，不断完善农业转移人口市民化过程中，以个人及家庭成员就业、家庭资产变现与重组为主要内容的家庭经济功能的需求，注重中小城市产业发展和就业环境、就业机会的培育；持续优化生育支持政策、教育政策、养老保障政策等公共政策，同步提升家庭非经济功能，从而推进长江中游地区不同类型城市、城镇农业转移人口的有序市民化。

（四）以供需匹配、分布合理为目标，鼓励区域人力资源流动

习近平总书记在党的二十大报告中强调，必须坚持人才是第一资源，深入实施科教兴国战略、人才强国战略等。长江中游地区必须坚持人力资源开发与区域经济发展格局相协调的原则，立足于区域经济发展对人力资源的需求，坚持人才引进与人才培养并行，优化人才存量与提升人才增量，坚决破

除"行政区经济"对区域人力资源共享的阻碍，促进人力资源在区域间的有效流动和优化配置。一是畅通区域间、不同类型人才的合理流动。打破部门、行业、户籍、地域等限制人才流动的制度壁垒，打通政府、企业与学术机构人才流通之壁垒，建立符合市场化需求的人才流动机制与渠道。二是加强区域间人才共享合作。在合作竞争的原则下，结合产业特色与人才基础等现实因素，有效规避人才的同质性引进、培养。拓宽区域间人才合作渠道、深化合作模式。搭建长江中游地区人才信息共享、人才交流、高层次人才寻聘合作平台，加强人才档案转接、职称评定、异地社保转接等对接。三是完善区域间人力资源共享协调机制。充分利用合同、协议对共享的人力资源进行规范约束，通过规则明确区域内的人力资源产权，明确人力资源共享的利益补偿机制。

参考文献

《习近平主持召开二十届中央财经委员会第一次会议》，https：//news. cctv. com/2023/05/05/ARTIP2KyEn19t3awdpO94JNT230505. shtml。

习近平：《高举中国特色社会主义伟大旗帜　为全面建设社会主义现代化国家而团结奋斗——在中国共产党第二十次全国代表大会上的报告》，http：//cpc. people. com. cn/n1/2022/1026/c64094-32551700. html。

魏超、吴洲、李荣娟等：《湖北省县城城镇化质量测度及协调发展研究》，《经济地理》2023 年第 6 期。

《日本人的受教育程度如何？拥有大学以上学历的人占多少？》，https：//zhuanlan. zhihu. com/p/534517450。

上海城市创新经济研究中心：《日本"少子老龄化"社会的形成机理及对中国的启示（三）》，https：//m. sohu. com/a/436901061_ 748530/。

靳小怡、刘诗奇、杜海峰等：《新型城镇化研究的关键问题：农业转移人口的家庭功能与可持续发展》，《西安交通大学学报》（社会科学版）2023 年第 4 期。

周勇：《破解区域间人才流动障碍的思考》，《四川劳动保障》2018 年第 3 期。

韩喜平、郝婧智：《人力资源优化与新发展格局构建》，《重庆理工大学学报》（社会科学版）2022 年第 3 期。

区域篇
Regional Reports

B.6
江西省推进乡村生态振兴的
基础条件、主要问题与对策建议

张宜红　万红燕*

摘　要： 乡村生态振兴是习近平生态文明思想的生动实践，是乡村振兴战略的重要组成部分。江西作为国家生态文明试验区、农业大省和国家绿色有机农产品基地试点省，推进乡村生态振兴有基础、有条件，更要有使命、有担当走在全国前列，但实践中仍然存在乡村生态振兴制度体系不完善、绿色农业生产瓶颈制约依旧、农村人居环境仍存在短板、乡村生态产品价值有效实现机制不足、乡村生态治理效能有待提升等主要问题，进而从强化顶层制度设计、保护乡村生态资源、重视绿色农业生产示范、改善乡村人居环境、加快生态产品价值实现、提升生态治理效能等六个方面提出相应的对策建议，助力打造新时代乡村振兴样板之地。

---

* 张宜红，江西省社会科学院农业农村发展研究所所长、副研究员，主要研究方向为农业农村发展、生态经济；万红燕，江西省社会科学院农业农村发展研究所副研究员，主要研究方向为产业经济。

关键词： 乡村振兴　生态文明建设　江西

　　党的二十大报告指出，"必须牢固树立和践行绿水青山就是金山银山的理念，站在人与自然和谐共生的高度谋划发展"，彰显了尊重自然、保护自然、顺应自然的生态文明理念。作为生态系统的重要支撑和保障的乡村，其生态环境的质量和保护状况直接关系到中华民族的永续发展和文明的传承。只有保护好乡村这个至关重要的生态环境，我们才能拥有持续的物质基础，并让中华文明得以活态传承。习近平总书记在党的二十大报告中明确指出："全面建设社会主义现代化国家，最艰巨最繁重的任务仍然在农村。坚持农业农村优先发展，坚持城乡融合发展，畅通城乡要素流动。加快建设农业强国，扎实推动乡村产业、人才、文化、生态、组织振兴"。新时代新征程，推进乡村生态振兴，事关中国式现代化的实现。"万物各得其和以生，各得其养以成。"在中国古代思想体系中，"天人合一"的基本内涵就是人与自然的和谐共生。习近平总书记深刻指出，"大自然孕育抚养了人类，人类应该以自然为根，尊重自然、顺应自然、保护自然""我国现代化注重同步推进物质文明建设和生态文明建设，走生产发展、生活富裕、生态良好的文明发展道路，否则资源环境的压力不可承受"。生态环境部环境规划院院长王金南说，"习近平总书记擘画中国式现代化蓝图的高瞻远瞩，总书记描绘的图景里，生态是为历史、为未来去做的大事，是对历史负责、对民族负责、对人民负责"。全面推进乡村振兴，必须牢固树立和践行"绿水青山就是金山银山"的理念，站在人与自然和谐共生的高度谋划发展。乡村生态振兴是习近平生态文明思想的生动实践，是乡村振兴战略的重要组成部分。江西作为国家生态文明试验区、农业大省和国家绿色有机农产品基地试点省，推进乡村生态振兴有基础、有条件，更要有使命、有担当走在全国前列。为此，笔者深入江西省赣州、抚州、上饶、宜春等设区市调研，在分析全省乡村生态振兴建设成效的基础上，深入剖析亟待破解存在的主要问题，进而提出相应的思路与举措，助力打造新时代乡村振兴样板之地。

一　基础条件

良好的生态环境是农村发展的关键优势和宝贵财富，它为产业繁荣发展提供了基础，同时也创造了宜居的环境。江西始终牢固坚持保护优先，将绿色发展的理念与自然和谐共生的追求紧密相连，坚持以生态优先、绿色发展为主线，努力实现经济、社会和环境的共赢，补齐生态文明建设短板，推动农村人居条件和生态环境同步建设，努力实现美丽生态、美丽经济、美丽生活的"三美融合"，乡村生态环境不断改善，为顺利推进乡村生态振兴奠定了坚实基础。

（一）绿色生态优势不断彰显

绿色生态是江西最大财富、最大优势、最大品牌，广大农村地区是全省绿色生态资源富集地区。近年来，江西统筹推进农业农村领域污染防治攻坚战，农药化肥减量化行动成效明显，连续六年实现零增长。近年来，江西省以实施整县推进等项目为抓手，畜禽粪污资源化利用水平显著提升，全省畜禽规模养殖粪污处理设施配套率达99%，比2015年提高了20多个百分点，畜禽粪污综合利用率保持在80%以上。农作物秸秆综合利用率达93%以上，比2015年提高8个百分点，农膜回收率超80%。集成推广统防统治、绿色防控等一批绿色高质高效技术模式，截至2021年底，全省统防统治覆盖率和绿色防控覆盖率均超过45%，建设各类绿色防控示范面积达132万亩，建设化肥减量增效示范面积达40.99万亩。积极推行种养结合、绿色循环发展模式，推广绿色种养循环试点面积达155万亩以上，创建畜禽养殖标准化示范场914个。①

---

① 数据来源于江西省农业农村厅。若无特别说明，本文数据均来自江西省农业农村厅，数据截至2022年底。

（二）农村人居环境明显改善

坚持实施因村个性化、针对性的农村人居环境整治策略，农村人居环境整治连续四年荣获国务院督查激励表彰，走出了一条具有江西特色的美丽乡村建设新路。

一是全域化整治成效明显。持续开展农村人居环境整治提升五年行动，稳步推进农村厕所革命，2022 年完成农户改厕 27 万余户，全省农村卫生厕所普及率达到 77.25%；城乡环卫一体化垃圾收运处置体系实现行政村全覆盖，90 个县（市、区）实现城乡环卫"全域一体化"第三方治理，农村生活垃圾基本实现有效治理；截至 2022 年 6 月底，全省累计建成农村生活污水设施 6285 座，完成 26 个国家监管农村黑臭水体整治任务。

二是品质化提升乡村亮丽。通过深入推进新农村建设的"五大专项"提升行动，致力于提升乡村的品质和美丽度。在这一过程中，已经成功创建了 166 个美丽宜居乡镇、1561 个美丽宜居村庄，以及超过 29 万个美丽宜居庭院，同时，还打造了 153 条不仅各具特色而且共同展现美丽的宜居示范带，这些示范带成为乡村美丽的名片。2022 年全省新农村建设共惠及 1 万个自然村，有效改善了 80 万户 300 万群众的生产生活条件，全省宜居村庄整治建设覆盖率提升至 83%，乡村颜值越来越亮丽。

三是长效化管护成为全国典型。"万村码上通"5G+长效管护平台在全国率先推广，这一创新性的村庄环境管护机制得到了中宣部和国家发改委的认可，被列入《国家生态文明试验区改革举措和经验做法推广清单》。该平台监管着全省 16 万个宜居村庄，为农村环境的持续改善提供了坚实的支持。截至 2022 年底，该平台的关注量已经突破 650 万人，累计受理各类管护问题达 38 万件，处理完结率和群众满意率均达到 95% 以上。这一高效的管护机制在设区市和涉农县得到广泛应用，为推动乡村振兴和农村现代化建设做出了积极贡献。

（三）绿色发展动能得到增强

近年来，江西实施质量提升与绿色发展并重的农业现代化战略，积极推进全国绿色有机农产品基地试点省建设，着力打造高质量、高水平的农业发展新模式，绿色发展动能不断增强。

一是绿色有机正成为江西农产品的"代名词"。江西依托绿色生态优势，让越来越多的乡村生态资源变生态产品走向全国，一批优质农产品正在江西的好山好水中茁壮成长。全省主要食用农产品监测合格率连续9年保持在98%以上，2022年江西省发展绿色有机地理标志农产品4413个，其中绿色食品1316个，净增252个，有机农产品2996个，净增679个，总数居全国第3位，地理标志农产品101个。2022年底，江西先后认定了"林恩""漫江红"等260个特色鲜明、品质优良的"赣鄱正品"品牌，赣南脐橙、南丰蜜橘、庐山云雾茶等13个地理标志产品相继荣登全国百强榜。

二是绿色生态产业不断壮大。近年来，江西不断拓展乡村生态功能，大力推进生态产业化、产业生态化。截至2022年底，全省休闲农业和乡村旅游综合产值突破千亿元大关。出台"绿色食品产业链发展13条"，全省绿色有机农业企业超1600家。据不完全统计，2022年全省绿色有机农业产值超千亿元。

三是"两山"实践创新基地示范创建不断强化。截至2022年底，江西省已成功创建8个国家级的"绿水青山就是金山银山"实践创新基地，数量居全国第3位。此外，江西还建立了36个省级"绿水青山就是金山银山"实践创新基地，通过这些实践基地的示范创建工作，有效地推动了乡村生态产品价值的实现。

二 主要问题

近年来，江西乡村生态振兴建设取得了一定的成绩，但是依然存在不少问题，主要有以下五个方面较为突出。

（一）乡村生态振兴制度体系不完善

一是乡村生态振兴意见或实施方案尚待出台。全省有关乡村生态振兴的政策举措分散于《江西省乡村振兴条例》《关于推进农业农村高质量发展奋力打造新时代乡村振兴样板之地的意见》《江西省农村人居环境整治提升五年行动实施方案》《江西省乡村建设行动推进方案》等文件中，尚未专门出台江西省乡村生态振兴意见或者实施方案，而周边兄弟省份已出台"乡村生态振兴实施方案"。

二是相关配套制度尚待健全。江西省出台了《江西省农业生态环境保护条例》，对农用地、农用水、农业污染防治等作出了立法规定，但针对农村污水处理、农村垃圾分类处理、废弃农膜回收利用等环节，地方性法规的制定尚需完善。此外，全省乡村生态环境治理市场化机制尚待健全。

（二）绿色农业生产瓶颈制约依旧

一是绿色农业发展示范创建优势不突出。作为全国唯一省部共建绿色有机农产品试点省，国家绿色农业发展先行区创建理应走在全国前列。然而，从发布的三批国家绿色农业发展先行区创建名单来看，江西共有丰城、万载、泰和、婺源、瑞昌5个县（市）入选，而浙江是整省推进，湖北和湖南均入选6个。

二是化肥农药减量增效目标与粮食生产面积增加要求相矛盾。2022年江西省粮食播种面积5664.6万亩，较上年增加5.4万亩，部分地区已开展了生物农药代替化学农药、有机肥替代化肥、绿色防控等试点，但由于生物农药、有机肥见效慢、价格高等因素，与全面推广使用仍有较大差距。

三是农业废弃物资源化利用质量不高。调查发现，畜禽粪肥的就地就近还田利用存在"最后一公里"的畅通性问题，同时畜禽粪污资源化利用的质量仍有提升空间，相关环节的衔接与提高、高质量的资源化利用有待提高，秸秆利用大多以还田为主，农膜回收利用率不高。

（三）农村人居环境仍存在短板

一是"多规合一"实用性村庄规划编制进展较为缓慢。截至 2022 年 6 月底，全省仍有 45.19% 省定重点帮扶村未完成实用性村庄规划编制。

二是农村生活污水处理仍较难。2022 年全省农村生活污水处理率达 30%，略低于全国 31% 的平均水平。从乡级层面来看，住房和城乡建设部发布的《2021 年城乡建设统计年鉴》显示，2021 年江西对生活污水进行处理的乡占比达 54.66%，而同期安徽为 90.56%、湖北为 98.04%。调查发现，江西省农村污水处理设施大多集中在乡镇或行政村，但覆盖水平参差不齐，有的县污水处理设施覆盖行政村比重达 68%，有的县则仅为 4.28%。此外，由于污水处理设施配套管网建设成本高而覆盖率普遍偏低，仅能收集粪污、洗浴等污水，部分设施运行负荷率较低。

三是"万村码上通"5G+长效管护平台作用有待增强。调研发现，江西省"万村码上通"5G+长效管护平台村级层面推广应用不够，有的县仅在 7 个村推广使用，有的县覆盖了 10% 左右的村。而且，"万村码上通"5G+长效管护平台与平安乡村、"雪亮工程"协同联动不够。

（四）乡村生态产品价值有效实现机制不足

一是乡村生态产品价值转化路径单一。全省乡村拥有优良的生态资源，生态产品类别丰富，但在推动乡村生态振兴的过程中，在加强顶层设计、建立生态产业与农民利益联结机制、扩大农业产业规模确保生态产业能够真正带动农民增收、实现生产方式的转型升级等方面并未有效建立生态产品价值实现机制，片面追求产业规模化和产品单一化，未能促进乡村生态产品价值转化。由于各类自然资源要素产权相互独立，在自然资源要素的产权界定方面尚不清晰，相关法律法规和配套政策尚不健全，科学合理的生态补偿标准核算体系建立不完善，积极推广产业转移和碳汇、水权、排污权等市场化交易方式的应用不充分，未能更好地实现生态补偿和生态保护的目标。因此在碳汇等方面开展得不多，路径较为单一、同质化现象严重。

二是乡村生态产品品牌效益不高。调研发现，全省立足乡村生态资源优势开发形成生态产品，但品牌效益明显偏低。如江西拥有大量的绿色有机农产品，但优质不优价，又如全国小有名气的靖安白茶，能卖500元/斤，但由浙江贴上安吉白茶的品牌，价格则翻倍达1000元/斤。

三是乡村生态产品价值实现受政策制约。一些边远乡村，尤其是一些位于生态功能保护区的乡村，受生态功能区划政策制约，只能利用有限资源发展生态种植、绿色养殖、林下经济等产业，社会资本和生态振兴开发项目很难有效引进，难以形成规模化、集约化的产业，生态资源价值实现受到明显制约。

（五）乡村生态治理效能有待提升

一是存在多头、交叉管理现象。乡村生态振兴涉及发改、农业农村、水利、林草、自然资源等多个部门，当实施乡村生态环境项目时，各部门是条线管理而"各管一块"，容易导致重复建设、重复投资和治理主体权责厘定不清，往往也存在多头管理、交叉管理的情况，多元主体受协同治理缺失等因素影响难以真正实现共建共治共享，从而导致多元主体协同困境。

二是农民主体参与不够。农民在公共意识、生态文明意识、乡村治理能力等方面存在不足，缺乏对乡村生态环境保护的主动性和责任感，未能更好地通过宣传教育让农民认识到保护乡村生态环境的重要性，并积极参与乡村生态环保与治理工作。此外，相关的制度建设不健全，制度执行力度不强，对破坏乡村生态环境的行为制约和惩罚力度不够，因此农民未形成良好的环保行为习惯。调研发现，江西省推进乡村生态振兴过程中，缺少多元参与的平台和协同治理机制，主要是政府在推动实施，农民主体作用发挥不够。如在实施乡村生态开发与治理项目过程中，除少数参与以工代赈的农民或管护员之外，大多数村民"不关心、不参与"。

三是现代治理技术应用不足。当前，在全省的乡村饮用水源地、污水、垃圾、化肥农药污染等生态环境治理方面，以及生态资源信息调查、生态资源开发与产业监测等方面，虽然已经采取了一些治理措施和手段，但仍有待提高治理效能。其中，现代治理技术的应用不足是一个主要问题，目前在这些工作中，人工管控的传统经验和手段仍然占据主导地位，缺乏智能化的监测、响应机制，这种传统的方法在应对复杂多变的生态环境问题时，往往存在效率低下、响应不及时、精准性不高等问题，从而影响了治理效果。

三 对策建议

乡村生态振兴是一项系统工程，推动乡村生态"强起来"，是实现乡村全面振兴的题中应有之义。没有农村美，农业强、农民富就不可持续。因此，不仅要强化顶层设计，完善制度体系，也要乡村生态环境保护治理，更要构建成熟的生态产业和生态经济体系，提供高质量的生态产品。

（一）强化顶层制度设计

顶层制度设计是推进乡村生态振兴的重要保障。

一是加快制定乡村生态振兴实施方案。立足江西农业农村发展特点，综合考虑生态振兴思路、目标、任务和步骤，制定并出台《江西省乡村生态振兴实施方案》。该方案具有前瞻性、指导性和可操作性，明确了江西省乡村生态振兴的实施路径，推动生态振兴工作的具体落实，实现乡村生态环境的有效改善和可持续发展，确保江西省的乡村生态保护和经济发展能够有序进行。实施方案应包括乡村生态保护和修复计划、环境污染治理措施、农村资源环境监管策略、农村生态经济培育政策等关键内容。此外，还需要充分考虑到不同地区的差异性和特点，为不同地区制定相适应的实施策略和措施。

二是建立健全乡村生态振兴的制度体系。为了为江西省的乡村生态振兴提供法律保障和制度支持，需要加快完善相关的地方性法规条例，如改善农村居住环境（提高生活品质）、监测农村生态环境（环境保护数据支持）、回收利用废弃农膜（减少环境污染）、农村生活垃圾分类处理（实现资源化和无害化）、建设和管理农村污水处理设施（保障农村水环境质量）等。以上措施的实施，可以提升农村环境质量，改善农民生活条件，实现乡村生态振兴。此外，还需要通过经济激励、法律惩戒、邻里监督和市场诱导等方式，制定和完善与江西乡村生态资源环境特性相符合的制度体系。这个制度体系应包括生态补偿机制、生态产业发展政策、生态环保考核机制等，以促进乡村生态保护和经济发展的有机结合。在全省选择一批试点，率先探索乡村生态系统服务付费制度，推广 PPP 模式开展农村污水垃圾收集处置，探索水基金、土基金等模式，强化以效付费，实现生态保护、污染控制和农民增收的多重目标。

三是实现以生态农业为基础，以生态工业为支撑，以生态服务业为增长点三者之间的有机融合和相互促进。全面考虑乡村生态经济的整体架构和各要素之间的关系，制定出科学合理的发展规划和政策措施，确保乡村生态经济的健康有序发展。从顶层设计的高度，顺应市场对绿色、生态、低碳、无污染产品海量需求的趋势，实现"三产融合"。通过创新农业经营体制，促进农业规模化、集约化、现代化发展，提高农业综合生产力和经济效益。通过产业联动和集聚，促进农业与加工、流通、旅游等行业的协同发展，形成完整的产业链和价值链。通过市场拓展和技术升级，提高农产品的品质和附加值，增强其市场竞争力。通过要素整合，将资本、技术和绿色资源等生产要素进行优化配置，提高农业生产效率和生态环境质量，推动农业现代化、农村产业融合和农民增收，实现农村经济、社会和生态的协调发展。加强资源的高效开发和综合利用，提高资源利用效率和经济效益，加强生态环境的保护和治理，减少对环境的污染和破坏。通过推进生态产业化和生态经济发展，促进生态产业链的延伸和升级，实现产业的高端化、智能化、绿色化发展。加强村民的参与和分享，完善利益共享机制，让村民从生态产业链中获得更多的收益和福利。

（二）大力保护乡村生态资源

保护乡村生态环境，维护良好的乡村生态环境，是推进乡村生态振兴的重要前提。

一是优化乡村"三生"空间。综合考虑全省乡村建设、农业开发以及明确乡村生产、生活和生态空间的具体范围，划定乡村生态保护红线，维护乡村生态系统完整性，确保乡村生态环境得到有效保护。按照“总量不减、质量不降、相对连片”的原则，由地方对已划定的涉林生态红线进行勘界落地，拓展乡村生产、生活、生态空间。

二是加强乡村生态系统保护与修复。整合相关资金与项目，建立省级农业生态补偿基金，应该转变发展方向来改善农业发展与生态环境，推广有机农业、生态农业、循环农业等新型农业模式，将重心从污染严重的耕地、草原和水面倾斜，对不符合绿色发展理念的农业产业进行调整，包括改种具有环保特点的作物，实施生态修复措施，逐步推进退耕还林、还草等行动，以增强生态系统的稳定性，提高土地、水资源和生物资源的利用率。

三是发挥示范引领作用。加强国家绿色农业发展先行区和国家绿色农业可持续发展试验示范区等区域的建设，有效地发挥其对乡村绿色发展的示范引领作用，通过典型案例的宣传和推广，引导广大农民积极参与绿色农业生产，推动农业从单纯追求产量向生态、经济、社会效益协同提升的绿色发展目标转变。

四是优化农业产业结构和科技创新。推动农业多元化发展，增加特色农业、绿色农业、有机农业等高附加值产业的比重，推广适应性强、高产优质、环保低碳的农业技术和品种，提高农业的竞争力、农业生产的科技含量和可持续发展能力。

（三）重视农业绿色生产示范

着力解决突出的农业面源问题，是推进乡村生态振兴的重要要求。一方面，全面落实农业产业准入负面清单制度，通过采用生态农业模式、生物农药、水肥一体化等技术，减少农药和化肥的使用量，降低对土壤和水资源的污染。通过采用畜禽粪便、秸秆等有机废弃物的综合利用技术，如生产有机肥料、生物质能源等，提高废弃物的回收和利用水平，减少对环境的污染。推广使用环保型农膜和可降解地膜，减少土壤污染，同时提高农膜的回收和再利用水平。另一方面，加大对农业绿色生产技术和设施的补贴力度，如生物农药、水肥一体化等，鼓励农民采用绿色生产技术，推动相关农业补贴与农业绿色生产相挂钩。加强病虫害绿色防控技术的研发和推广，提高农民对绿色防控技术的认识和掌握程度，降低对化学农药的依赖。加强农业绿色生产的宣传和教育，提高农民的环保意识和绿色生产意识，促进农业绿色生产可持续发展。

（四）持续改善乡村人居环境

持续推进乡村人居环境提升对于实现乡村生态振兴具有重要意义，改善乡村人居环境是推进乡村生态振兴的关键环节之一，通过持续推进乡村人居环境提升，可以促进乡村生态系统的恢复和保护，实现生态、经济和社会的协调发展。

一是加大政府投入力度。引进社会资本参与，探索建立农村厕所粪污清掏、农村生活污水垃圾处理农户付费制度，落实落细农村厕所粪污处理、农村生活污水治理、农村生活垃圾分类"三大治理"政策措施，重点加大农村污水处理管网设施建设力度，因地制宜探索"三大治理"有效模式。

二是实现村庄规划的统一性和协调性。推进重点村庄的"多规合一"的规划编制工作，制定并落实科学性、合理性乡村规划师制度，加强规划实施的监督和管理，制定具有可操作性的规划方案。通过落实乡村规划师制度，为每个村庄提供专业的规划服务和科学指导，确保规划的科学性和可行性。创新推动美丽乡村的"五大专项提升行动"，注重保持乡村的自然特征和原始风貌，尊重并维护乡村肌理的原真性，增强村民的归属感和认同感。

三是提高乡村管理和维护的效率。构建全方位、立体化的监控体系，有效整合"天网工程""雪亮工程"等平台资源，实现村庄智能化、信息化、精细化管理。加强信息共享和数据互联互通，全面打造省、市、县三级长效管护监督网络体系，将全省所有宜居村庄纳入"万村码上通"5G+长效管护平台，提升基层治理能力和服务效率，为乡村振兴和农村发展提供有力支撑。

四是加强村庄基础设施建设和公共服务配套，打造宜居、宜业、宜游的美丽乡村。建设高质量的交通网络、供水、供电、通信等基础设施，确保村庄居民的基本生活需求得到满足。加强环境治理和保护，改善农村卫生环境，提高空气、水质等环境质量。建设图书馆、文化活动中心、学校、医疗机构等公共服务设施，提供优质的教育、医疗和文化服务，满足村庄居民的多元化需求。

（五）加快乡村生态产品价值实现

在产业生态化和生态产业化的有机互动中，把乡村生态资源和产品变为经济优势和产业，是推进乡村生态振兴的关键所在。

一是打造生态产品价值实现示范村。在全省选择具有丰富生态资源和优越区位条件的乡村创建一批生态产品价值实现示范村，展示不同类型和多元化路径在推动乡村生态产品价值方面的成效，吸引更多村庄和投资者参与生态产品的开发和价值实现。

二是壮大乡村生态产业。依托乡村中的自然资源和特色，结合当地的文化、历史和农业，多元化发展具有品质化的特色种植、特种养殖、文化体验、养生休闲等产业，以适应不同客户的需求，提供个性化的服务和体验，大力发展具有吸引力的"农耕文化+传统文化""田园风光+休闲农业""红色遗址与爱国主义教育""户外运动+探险挑战""古村落+文化遗产""田园养老+健康管理"等个性化、市场稀缺的"绿色+"产业。打造"赣鄱正品"等生态品牌，提供更高品质的生态产品和服务，有效开发乡村生态资源和生态产品的价值，实现生态资源和生态产品的多元化应用和推广。

三是拓展乡村生态功能价值。推动落后产能的改造和升级，积极推广应用先进的清洁、循环、低碳技术。同时加强农村电子商务的发展，实现线上线下融合，拓宽销售渠道，提高农产品的附加值和竞争力。壮大节能环保产业、清洁生产产业、清洁能源产业等领域，提高这些产业的技术水平和市场竞争力，使其成为推动农业现代化和绿色发展的重要力量。建立符合江西农业发展特点的碳汇计量和监测标准，通过市场机制等途径，推动林业、农业、湿地等碳汇交易体系的完善和发展，实现生态效益和经济效益的有机融合，为乡村生态环境的保护和可持续发展提供有力支持，实现乡村生态功能价值的最大化。

（六）提升乡村生态治理效能

提升乡村生态治理效能，是推行乡村生态振兴的重要基础。

一是成立乡村生态振兴领导小组。在江西省委农村工作领导小组下，设立由发改、财政、自然资源、生态环境、农业农村、住建、林业、乡村振兴等部门组成的江西省乡村生态振兴领导小组，省分管领导任组长，小组办公室设置在省农业农村厅，协调推进全省乡村生态振兴各项工作。例如，江苏省黄家溪村以党建为引领，积极发挥基层党组织的领导核心作用，激活乡村治理的原动力，全面构建新型乡村治理体系，不断提升村级集体发展模式，促进村民就近就业，为村民创造更好的生活条件和更多的发展机会。

二是搭建多元主体参与的共治平台。构建乡村环境治理的协同机制，推动不同主体如政府、企业、社会组织、村民等在乡村生态保护、监测、建设、监督等方面的共同参与和合作。通过建立联合治理机构、加强信息共享、完善政策法规等措施，促进各主体之间的有效沟通和协调，实现乡村环境治理的全面性和有效性。同时，通过制定具体参与机制和奖励措施，鼓励和引导更多的主体参与到乡村环境治理中来，形成全社会共同参与、共同建设的良好氛围，实现乡村环境治理的多元化和共治共享。通过各种形式，如口号、标语、版画、戏曲、村规民约等，将生态文明理念深入乡村生产生活的方方面面，激发村民的积极性和创造力，促进乡村生态文明的传播与实践，促使广大村民在共享乡村生态振兴发展成果的同时，积极参与其中，共同推动乡村的可持续发展。

三是运用现代化乡村生态治理手段。建立智能监测系统和预警系统，充分运用数字化、信息化、智能化等技术，实现对乡村环境的多维度、全方位监测和实时预警，及时发现和解决环境问题，提高环境治理的效率和效果。建立全省乡村生态资源信息库，对全省乡村生态资源进行全面调查和信息采集，实现对乡村自然资源的全面掌握和动态管理。定期进行自然资源的勘测和调查，包括空气、水资源、土地、山林、湿地等方面，了解和评估这些资源的现状和潜在价值，获取准确的数据和信息，及时发现潜在的问题和风险,采取相应的保护和治理措施,为环境治理提供科学依据和决策支持,使生态环境治理向智治转变。

参考文献

习近平:《高举中国特色社会主义伟大旗帜　为全面建设社会主义现代化国家而团结奋斗——在中国共产党第二十次全国代表大会上的报告》,新华社,2022 年 10 月。

王曦晨、张平:《整体性视域下的习近平关于乡村生态振兴重要论述探析》,《湖南农业大学学报》(社会科学版)2022 年第 3 期。

曹立、徐晓婧:《乡村生态振兴:理论逻辑、现实困境与发展路径》,《行政管理改革》2022 年第 11 期。

孙雪、刘晓莉:《后扶贫时代民族地区生态补偿扶贫的现实困境与未来出路》,《新疆社会科学》2021 年第 4 期。

郭苏豫:《生态扶贫与生态振兴有机衔接的实践基础及现实路径》,《生态经济》2021 年第 3 期。

陈素梅、李钢:《贫困地区的包容性绿色增长何以可能?——基于江西省信丰脐橙产业的案例》,《企业经济》2020 年第 12 期。

《全国文明村的制胜关键:吴江黄家溪村创新实践"融入式党建"》,吴江党建政府网,http//www. szwjdj. gov. cn/View/233820. aspx。

张宜红:《全面推进人与自然和谐共生的乡村振兴》,《江西日报》2023 年 2 月 6 日。

《江西省人民政府关于印发江西省"十四五"农业农村现代化规划的通知》,江西省人民政府,2022 年 1 月。

江枝英:《推动农业农村现代化迈上新台阶》,《当代江西》2022 年第 6 期。

莫志超:《江西稳妥有序推进乡村建设》,《农民日报》2022 年第 11 期。

周波:《乡村生态振兴:内生逻辑、现实困境与实践路径》,《湖南行政学院学报》2022 年第 1 期。

张俊飚:《切实完善乡村生态振兴制度体系》,《农村工作通讯》2022 年第 6 期。

曲霞、文晓巍:《乡村振兴背景下韧性乡村的影响因素与示范带耦合分析》,《学术研究》2022 年第 12 期。

燕连福、杨珂:《新时代乡村生态振兴的生成逻辑、面临挑战及推进路径》,《理论与评论》2022 年第 10 期。

沈辉:《乡村生态振兴的现实难题与破解路径研究》,《生态经济》2021 年第 9 期。

B.7
江西省推动会展业高质量发展的
现实困境与突破路径

江西省社会科学院课题组*

摘　要： 2022 年中央和全省经济工作会议均提出，要把恢复和扩大消费摆在优先位置，着力扩大内需。会展业是连接生产和消费、供给和需求、国际和国内的重要桥梁，是推动产业发展、招商引资、经贸往来的重要平台。本文通过对江西省商务部门、会展业协会、展会企业面对面座谈的调研发现，当前江西省会展业面临发展环境不优、要素支撑力度不大、基础设施不完善、产业链融通不畅、数字化水平不高等突出问题，需从优化会展营商环境、升级支撑要素、加强会展基础设施建设、升级产业链条、深化数字化应用等方面着力，进一步为江西省实施扩大内需战略、推动内陆双向开放和提升区域发展位势提供强力支撑，促进江西省经济高质量发展。

关键词： 会展业　高质量发展　江西

党的二十大报告明确提出，要把实施扩大内需战略同深化供给侧结构性改革有机结合起来，增强国内大循环内生动力和可靠性，提升国际循环质量

---

* 张宜红，江西省社会科学院农业农村发展研究所所长、副研究员，主要研究方向为农业农村发展、生态经济；杨锦琦，江西省社会科学院农业农村发展研究所副研究员，主要研究方向为农村经济、生态经济；邱信丰，江西省社会科学院农业农村发展研究所助理研究员，主要研究方向为数字经济、产业经济；左腾达，江西省社会科学院农业农村发展研究所助理研究员，主要研究方向为数字乡村、粮食安全。

和水平。中共中央、国务院专门印发《扩大内需战略规划纲要（2022~2035年）》，提出要牢牢把握扩大内需战略基点，加快培育完整内需体系。2022年中央和全省经济工作会议均提出，要把恢复和扩大消费摆在优先位置，着力扩大内需。会展业是连接生产和消费、供给和需求、国际和国内的重要桥梁，是推动产业发展、招商引资、经贸往来的重要平台，对江西省实施扩大内需战略、推动内陆双向开放和提升区域发展位势有重要促进作用，必然为全省经济高质量发展提供强力支撑。

一 会展业是经济高质量发展的"助推器"

会展业发达的地区经济往往更活跃，呈现"会展动，经济活"的现象。江西省会展业规模持续扩大，2022年展览面积达315.67万平方米，位居全国第四、中部第一（见表1），比2019年分别提升了21位和5位，全省经济总量在全国排名提升至第15位，会展已经成为全省经济高质量发展的"助推器"。

表1 2022年全国各省份展览面积情况

单位：万平方米

省 份	展览面积	排名	省 份	展览面积	排名
广 东	849.88	1	广 西	97.49	16
山 东	597.91	2	安 徽	75.86	17
四 川	407.09	3	海 南	64.11	18
江 西	315.67	4	云 南	55.80	19
湖 南	293.05	5	黑龙江	54.48	20
江 苏	251.11	6	河 北	43.40	21
浙 江	245.59	7	贵 州	42.78	22
重 庆	176.78	8	天 津	40.85	23
辽 宁	173.67	9	新 疆	34.22	24
福 建	170.96	10	内蒙古	33.3	25
湖 北	148.78	11	北 京	26.00	26
吉 林	147.48	12	宁 夏	19.50	27
河 南	124.34	13	山 西	9.46	28
陕 西	103.39	14	甘 肃	7.57	29
上 海	103.22	15	青 海	7.02	30

资料来源：《中国展览数据统计报告2022》。

（一）实施扩大内需战略的重要抓手

一方面，会展业是提振消费的"加速器"。会展有助于推动消费品与市场构建"从上游到下游"完整的内需体系，能够拉动消费增长、促进消费升级和催生新型消费，是实施扩大内需战略的重要抓手。2021 年，江西会展业拉动直接消费超过 160 亿元，带动相关行业综合收入超过 1300 亿元，会展业对交通、餐饮、旅游、广告等相关产业带动效应系数达到近 1∶8，已成为提振消费的"加速器"。另一方面，会展业是扩大投资的"稳定器"。会展为增进投资双方互信互动提供了平台，有助于发现投资机会、挖掘投资潜力和拓宽投资渠道。展会通过吸引更多投资商了解江西进而投资江西，有助于扩大投资总量和提升投资质量，有助于通过"以展促招商"的模式稳住和扩大全省投资规模，从而有效扩大内需。2022 年世界 VR 产业大会实现项目和金额的"双突破"，意向项目达 107 个、总投资额达 716 亿元，对稳住和扩大投资效果明显。

（二）引领开放合作升级的重要平台

从对内开放来看，会展是连接产业链、供应链和资金链的重要环节，通过会展对接发达地区先进生产要素，有助于促进江西与长三角、粤港澳大湾区的互联互动，促进产业、科技、投资等领域的交流合作，是江西加快融入长三角一体化、粤港澳大湾区建设的润滑剂。2021 年江西对接粤港澳大湾区投资合作推介会达成签约项目 94 个，投资总额达 2367.5 亿元。从对外开放来看，通过贸易类会展可以促进江西与共建"一带一路"国家和地区、RCEP 成员国的经贸往来，不断扩大江西对外开放的"朋友圈"。依托中国国际进口博览会，2022 年江西 1893 家参展单位在电子信息、装备制造、食品、纺织、汽车制造等领域进行采购和招商。借助江西出口商品网上交易会，江西加强了与美国、俄罗斯、印度、巴西、德国、意大利、RCEP 成员国等 120 个国家和地区的经贸往来，并在 2022 年前 10 个月达成意向成交额 9610 万美元。通过会展平台引进国外先进技术、重要设备和关键零部件，推动江西优势产品"走出去"，不断提升江西融入国际大循环的能力和水平，推动江西开放型经济高质量发展。

（三）提升区域发展位势的重要引擎

"位势提升，会展先行"。会展业通过提升经济总实力、产业竞争力和文化软实力成为江西区域发展位势提升的重要引擎。首先，会展业是经济发展的先导性产业，能够拉动会展城市经济总量的提升。南昌已经成为全国流动展会举办热门城市，2021年会展业竞争力在全国省会城市中排第5位，2022年办展数量及展览面积在全国会展城市中列第9位，南昌经济总量突破7000亿元，达到7203.5亿元，全国省会城市排位有望继续上升。其次，会展业有助于推动产业转型升级和集聚发展，从而提升江西在国内国际双循环中的产业竞争力。世界VR产业大会、中国中部工业博览会、中国绿色食品博览会、南昌飞行大会等展会，有效推动了江西省"2+6+N"产业在全国的影响力和知名度，助力江西省重点产业竞争力提升。最后，会展有助于通过提升江西软实力扩大江西在全国乃至世界的影响力，从而提升江西区域发展位势。VR产业大会、农博会、红博会、瓷博会等特色展会塑造了独有的"江西印象"，有助于提升江西在全国的"存在感"和发展位势。

二　面临的突出问题

（一）发展环境不优

一是体制机制不完善。会展涉及众多部门，虽然建立省级联席会议制度，但主要由商务部门相关处室协调，而河南、广西、海南、重庆除了商务部门相关处室外，还成立了河南省博览事务局、广西国际博览事务局、海南省会展局、重庆市会展办公室等专门政府管理部门，甚至有的省市把会展业发展上升为政府"一把手工程"。

二是"放管服"不够。一方面，审批环节"有增无减"。如在南昌办展，以前仅需向南昌会展办报批，而现在办展要先到属地行政服务中心进行"一窗受理"，然后再流转到市商务局和南昌会展办进行审批，环节增多、时间延长。另一方面，政府展费兑付缓慢。当前，江西省会展业务结算是按建筑工程而非服务合同清单，导致政府展会结算缓慢。如景德镇陶博会展费基本上是"今年付去年办展的钱"，2022 年世界 VR 大会 130 多万元的场地费仍未给付；甚至有的县以审计、换届等为由拖欠企业会展款项。

三是社会认识有偏差。大多数人认为会展就是"办展览"，但实际上会展的业务可以延伸到众多领域，如应急工程搭建、设计、规划、乡村建设等，没有形成"大会展"氛围，制约了会展经济的提升潜力。

（二）要素支撑力度不大

一是资金支持不足。首先，专项资金规模偏小。江西省级会展业专项资金仅 1000 万元，作为办展较多的南昌市，其专项资金为 3000 万元，而成都、长沙、福州分别为 1.5 亿元、1 亿元、6000 万元，相较之下，规模偏小。其次，会展补贴偏少。江西省对组展、办展企业补贴仅 4 元/平方米，而绿地国博场馆租赁费用就达 7 元/平方米，加上电费、垃圾清运费等二次收费，办展成本难以覆盖，而在长沙、福州等地办展成本基本上靠政府补贴覆盖。另外，江西省对展会策划、设计、广告、搭建等会展产业链其他环节没有补贴。最后，财政预算补贴标准偏低。江西省对会展业补贴标准是按照 2019 年出台的省财政预算标准来执行的，标准太低。如 2022 年中国进博会江西馆补贴仅 54 万元，而西藏馆、广西馆、北京馆分别获会展补贴 200 万元、270 万元、300 万元，差距太大。

二是人才供需错配。截至 2022 年底，江西全省会展业从业人员 7000～8000 人，大多是"半路出家"，从广告等行业转过来的。全省仅南昌大学、南昌师范学院、江西外语外贸学院等院校培养会展人才，江西开设会展专业大学本科院校只有 2 所，而中部地区河南、湖南、湖北、安徽、山西分别为 7 所、4 所、5 所、4 所、3 所，江西开设会展专业大学专科院校 6 所，而中部地区河南、山西分别为 16 所、13 所（见表 2），存在一定的差距，每年仅培养 200~300 人，且以本科、专科为主，缺乏硕博士、中职等层次人才，数量不足、层次不高。此外，全省每年培养的 90% 以上会展业人才流向了北上广深，人才外流现象较为严重。

表2　2022年全国大学本科会展专业开设情况

单位：所

省　份	开设会展专业的本科院校数	开设会展专业的专科院校数
江　西	2	6
河　南	7	16
湖　北	5	7
湖　南	4	6
安　徽	4	6
山　西	3	13

资料来源：《中国展览数据统计报告2022》。

（三）基础设施不完善

一是高质量场馆少。《中国展览数据统计报告2022》数据显示，2022年我国 UFI 会员达 213 个，江西仅 2 个，而中部地区的湖北、湖南、河南、安徽分别为 7 个、5 个、4 个、3 个（见图1），存在较大差距。

二是场馆利用率不足。以南昌绿地国博中心为例，总展览面积达 14 万平方米，但 2022 年全年使用展览总面积只有十多万平方米，利用明显不足。其他地市展馆使用情况也不尽如人意，如景德镇陶瓷展览馆、岐黄小镇展览中心等，一年仅使用一次。

三是周边配套不足。江西省大多数展馆周边配套设施不够完善，展会召开期间周边住宿和餐饮大幅涨价现象时有发生。反观长沙，展会召开期间周边酒店价格保持平稳，城市亲和力、影响力和吸引力明显提升。

（四）产业链融通不畅

一是"链主"企业偏少。江西省会展龙头企业少，尚无 1 家上市企业，

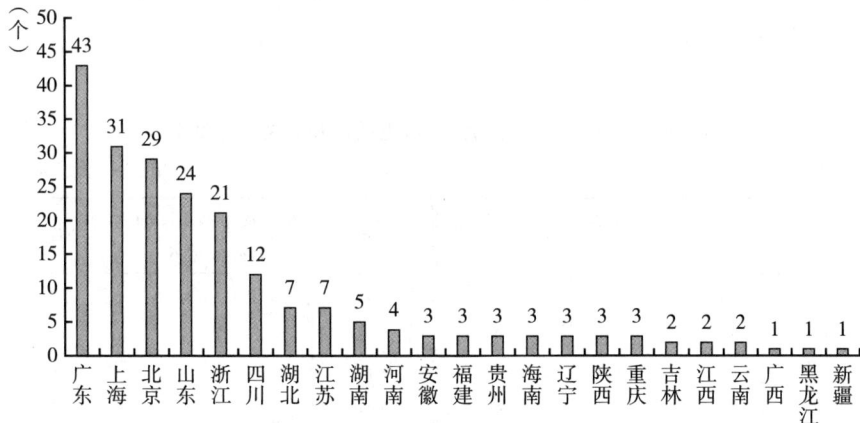

图1 2022年全国UFI会员分布情况

资料来源：《中国展览数据统计报告2022》。

而湖北、湖南均有1家以上。二是产业链条短板突出。调查发现，江西省做会展展览服务、策划设计、会展品牌等产业链前后端的企业较少，知名会展品牌不多且影响力不大。而且，江西省会展缺乏可持续发展理念。据受访企业负责人反映，展会搭建浪费严重，标准化、绿色化、模块化搭建还不多。三是与江西优势主导产业互动偏弱。调研发现，江西省会展与产业互动不明显。如2022年江西中部（江西）农业机械及零部件展览会签约金额2.7亿元，而2022年新疆农业机械博览会签约金额达50亿元。

（五）数字化水平不高

一是数字会展少。据不完全统计，由于新冠疫情、国际国内经济复苏放缓等因素影响，2022年南昌尚未举办线上、线下同期举办的展览，而同期中部其他省会城市长沙有12场、郑州有4场，长沙、郑州线下线上同期举办展览数分别占我国线下线上同期举办展览总数的8%、2%（见表3）。二是企业数字化转型意愿不足。调研发现，江西省线上展览效果不佳、线上引流难等，导致江西省会展企业数字化转型意愿不足。三是数字化技术应用不足。只有部分展会使用VR、3D等技术进行虚拟展示和直播，欠缺

129

通过数字化进行内容运营和营销推广，如定制报告、商务互动、精准推送、数据分析等。

表 3　2022 年我国境内线下线上同期举办展分布情况

单位：场，%

城市	境内线下线上同期举办展览数	占全国比重	城市	境内线下线上同期举办展览数	占全国比重
广州	22	14	杭州	7	4
深圳	13	8	上海	6	4
成都	12	8	宁波	6	4
长沙	12	8	大连	5	3
青岛	10	6	临沂	5	3
沈阳	9	6	郑州	4	2
重庆	8	5	尔滨	4	2
南京	8	5	福州	3	2

资料来源：《中国展览数据统计报告 2022》。

三　对策建议

（一）发展环境升级，打造优良会展营商生态

一是设立江西省会展业发展领导小组或办公室。设立由分管省领导任组长，商务、财政、工商、城管、公安、卫生等部门主要领导为成员的江西省会展业发展领导小组或办公室，定期召开联席会议，统筹协调全省会展业高质量发展相关重大事项。

二是深化会展行业"放管服"改革。建立考核奖励制度，将会展工作列入年度开放型经济工作考核任务序列。推进会展审批在政务服务大厅窗口统一受理，探索建立"赣服通"一站式办展备案审批服务机制，提高办展审批效率；同时，杜绝捆绑收费及指定服务商等不合理行为，减免安全风险评估费用，探索会展费用按照服务合同清单进行审计、结算机制。

三是营造"大会展"氛围。发挥行业协会作用，推动江西会展行业标准上升为地方标准，率先在全国制定出台会展业按服务计量标准；构建会展企业等级划分、行业诚信、绿色发展、知识产权保护、安保、展馆现场监管等标准体系。利用传统媒体、新兴媒体等方式，加强江西省"大会展"行业整体形象塑造。

（二）支撑要素升级，厚植会展产业发展基础

一是多渠道加大资金投入力度。加大财政对会展专项资金投入规模，省、市两级会展专项资金规模扩大至1亿元。加强金融创新，设立会展业专项贷款，拓宽资本市场融资渠道，降低会展企业融资成本。在江西产业引导基金中，设立江西会展产业股权投资子基金，通过产业引导基金、PPP、BOT等方式，撬动民间资本参与会展业投资，培育壮大有发展潜力的本土品牌展会。

二是提高会展补贴。省财政预算对会展补贴标准提高20%，对江西省重大展会，财政预算实施"一事一议"；对自办展补贴标准提高至6~8元/平方米，补贴范围拓展至展会策划、设计、广告、搭建等产业链环节。

三是打造多层次人才供应链。探索校企联合培养新模式，南昌大学、南昌师范学院等高等院校重点培养会展策划、营销与管理等本硕博高层次人才，江西外语外贸职业学院、九江职业大学、江西工程学院等高职专科院校，采取订单培养模式，为江西省输送会展专业人才。实施"赣籍会展人才回乡行动计划"，引进高端会展人才。将高校、科研院所和会展行业或者协会专业人士纳入省财政预算专家库。

（三）基础设施升级，增强会展场馆承载能力

一是重点新建一批。坚持适度超前原则，建设一批功能性强的综合型展馆，南昌依托昌北国际机场、综合保税区，新建一个特大型展馆。加快建设赣州市绿地国际会展中心、推进赣江新区中医药科创城会议服务中心场馆建设。上饶依托毗邻长三角和数字经济试验区优势，新建大型数字展馆，抢占

数字会展先手。其他设区市因地制宜建设与当地经济规模、产业定位、地域特色相匹配的中型专业展馆。

二是改造提升一批。重点推进南昌绿地国际博览中心、江西国际汽车会展中心等大中型场馆改造升级，加快交通、通信、金融、餐饮、住宿和娱乐等配套设施建设，推动硬件设施和智能化系统升级、绿色低碳节能等专业化与多元化改造提升，拓展场馆功能，让江西省更多大型场馆成为中国展览协会、UFI、ICCA 等国内外知名会展场馆成员。

三是高效利用一批。一方面，立足自身特色，通过创办自办展和引进展提高利用率；另一方面，实施多元化运营和个性化特色经营，场馆淡季时可开展影视拍摄、体育运动、健身、培训、赛事活动、仓储、二手车交易、文化艺术品交易展示等经营活动。

（四）产业链条升级，推动会展产业协同发展

一是培育若干产业链"链主"。实施本土会展企业培育壮大三年行动，通过收购、兼并、控股与联合等方式组建大型展览集团，重点培育壮大一批会展"链主"企业。实施国内外知名办展企业入赣三年计划，加强与中国展览馆协会、国际展览业协会（UFI）、国际大会及会议协会（ICCA）等国内外知名会展机构的交流与合作，吸引一批国内外知名办展企业落户江西。

二是壮大新业态新模式。重点围绕江西省 14 个优势主导产业链和"2+6+N"产业体系，策划举办重点优势产业展会，构建"会展+商贸""会展+旅游""会展+文化""会展+农业""会展+节庆赛事"等新业态，探索会商文旅、会农文旅深度融合发展新模式。

三是提升产业链价值。大力发展策划、设计等会展服务产业，提升世界绿色发展投资贸易博览会、世界 VR 产业大会、国际陶瓷博览会、中国红色旅游博览会等品牌展会国际影响力，打造一批标志性品牌会展，推动会展产业链向"微笑曲线"两端延伸。率先在全国出台省级绿色会展标准，推动展会搭建材料模块化、绿色化、简约化、安全化，促进材料回收和再利用，形成会展业绿色发展兜底"红线"，打造"全国绿色会展标杆"。

（五）数字应用升级，激发线上线下融合发展动能

一方面，运用5G、VR／AR、大数据、元宇宙等现代信息技术手段，打造赣鄱线上展会平台，全方位展示企业实力、产品产供销全环节服务过程，提供更真实和生动的展览体验，使观众更直观地了解展品和展览内容，通过数字化展示平台线上展示展览内容，获得展会信息并参与其中，重点开展云推广、云逛展、云对接、云互动、云洽谈、云销售、云签约等线上活动。另一方面，推动江西省展会数字化转型，探索实施重大会展"会期内线上线下并举、会期外线上永不落幕"的融合发展机制，注重实现传统线下会展与技术赋能下的线上会展有机联动，从而提升会展吸引力，增强受众会展体验，为会展行业注入新的活力。另外，参展商可以利用数字技术将会展信息广泛传播到各大媒体平台和社交媒体平台，吸引更多观众参与体验。

参考文献

李明：《促进武汉市会展业高质量发展的建议》，《决策与信息》2020年第10期。

孙朝辉：《广州市会展业发展现状问题及对策研究》，《盐城师范学院学报》（人文社会科学版）2019年第1期。

蒋倩等：《海南会展业发展的人才困境与对策研究》，《时代经贸》2021年第5期。

曹璐璐：《河南省临空会展业发展的重点及路径研究》，《中原工学院学报》2021年第6期。

康敏华等：《新时代广西会展业发展困境及突破路径研究》，《市场论坛》2021年第9期。

涂秋雨：《重庆市会展业高质量发展路径研究》，《投资与创业》2021年第8期。

施德群：《数字化转型背景下会展业的商业模式创新研究》，《中国商论》2022年第12期。

陈国庆等：《创新驱动会展业高质量发展的实现路径研究》，《商展经济》2020年第8期。

袁婷婷：《数字经济背景下会展业转型升级探讨》，《中国市场》2022年第30期。

郭延江等：《数字经济时代海南省会展业营商环境优化研究》，《上海商业》2022 年第 7 期。

侯欣宇等：《河北省会展业现状及发展对策研究》，《商展经济》2021 年第 19 期。

马丽：《高质量发展背景下重庆市临空会展业发展路径研究》，《产业与科技论坛》2020 年第 19 期。

李亚军：《数字经济背景下会展业转型升级的创新策略探究》，《商展经济》2023 年第 6 期。

B.8
湖南产业集群高质量发展调研报告[*]

湖南省社会科学院（省人民政府发展研究中心）课题组^{**}

摘　要： 产业现代化是现代化的核心，也是国家繁荣的关键。近年来，湖南省产业集群紧抓政策东风、乘势而上。产业发展数据"好看"、质量"能打"、产品"硬核"，县域经济以及全要素生产改革成效显著。然而，在全球格局发生剧烈变化的当下，大国博弈、大国冲突、大国竞争进入关键时期，产业发展面临一系列新的挑战。因此要重新审视湖南在产业集群上的建设布局，从集群共治、集群共享、产业培育、空间布局、技术赋能五个角度出发，打通产业集群发展的"任督二脉"。

关键词： 产业集群　高质量发展　湖南

现代化产业体系是中国式现代化的基础。党的十八大以来，以习近平同志为核心的党中央高度重视构建现代产业体系、建设制造强国，提出"把推动制造业高质量发展作为构建现代化经济体系的重要一环"，强调"加快构建市场竞争力强、可持续的现代产业体系"。目前，我国产业体系日益健全，产业链日趋完整，产业整体实力和质量效益不断提高，产业创新力、竞争力、抗风险能力显著提升，现代化产业体系建设步伐显著加快。历史和现实都表

* 本研究为国家社科基金课题"新时代高质量发展的理论逻辑与实践向度研究"（20BKS043）、省社科院重点课题"高质量发展阶段湖南文化创意产业集群发展研究"（18WCB01）的阶段性成果。
** 课题组组长：邓子纲。课题组成员：孙龙图、杨满泽、唐苗苗、郑自立、黄永忠、曹前满、郑谢彬。执笔人：邓子纲，博士，湖南省社会科学院产业经济研究所所长，研究员。

明，在我们这样一个有 14 亿多人口的发展中大国推进中国式现代化，既要遵循世界工业化的一般规律，更要立足国情，走有中国特色的现代化之路。2020年 9 月，习近平总书记在湖南考察时强调，要着力打造国家重要先进制造业、具有核心竞争力的科技创新、内陆地区改革开放的高地。先进制造业集群是产业分工深化和集聚发展的高级形式，拥有一批具有国际竞争力的先进制造业集群，是制造强国的重要标志。湖南认真贯彻习近平总书记重要指示精神，完整准确全面贯彻新发展理念，产业集约集聚发展态势初步形成，形成了一批具有较强竞争力和影响力的特色优势产业集群。目前湖南有 4 个产业集群入选国家先进制造业集群名单，"国家队"上榜数量与浙江并列全国第三，居中西部第一。产业集群融合发展初见成效，但仍面临"协同不力"难题；部分产业集群规模较大，但整体仍面临"大而不强"难题；技术赋能取得一定进展，但仍面临"动能不足"难题；机制改革取得一定成效，但仍面临"堵点不通"难题。当前，须聚焦打好"发展六仗"，深入剖析产业集群内生动力机制，推进"四个着力点"、"四个制高点"和"八项重点"工作顺利开展，还须立足"五好园区"打造集群核心载体，推动产业集群逐步从依靠外部拉动向从集群内部挖掘潜力转变，为全面建设社会主义现代化新湖南注入强劲动力。

一 深耕细作，厚积国家重要先进制造业高地建设产业集群优势

产业集群高质量发展是促进专业化分工和创新资源汇聚、推动产业迈向价值链中高端、打造"制造强省"的必由之路。贯彻落实好党的二十大和中央经济工作会议精神，必须加快先进制造业的集聚集约发展，加快推动湖南产业集群向内部挖掘升级潜力转变，实现湖南经济高质量发展。

（一）做大做优做实产业集群，是打造国家重要先进制造业高地的"关键抓手"

产业集群既是壮大产业规模、攻克技术难关的重要保障，也是整合多方

资源、做优做实制造业的核心竞争力。2022 年 12 月，已有工程机械、轨道交通装备、新一代自主安全计算系统、中小航空发动机 4 个产业集群跻身先进制造业集群"国家队"，"国家队"上榜数量与浙江并列全国第三，居中西部第一。2021 年，湖南 32 个先进制造业集群（含国家级、省级先进制造业集群及省级先进制造业集群重点培育对象）实现营业收入 1.8 万亿元，占全省工业总产值的 42%。长沙工程机械、长沙市先进储能材料等 27 个集群实现了两位数的增长。以三一集团、中联重科、铁建重工等为龙头的长沙工程机械产业集群，各项数据指标均位于全球前列，规模、市场占有率、利润总额核心数据连续 11 年居全国首位。长沙工程机械产业集群核心企业研发投入强度达 5% 以上，株洲先进轨道交通装备产业集群内研发投入达 81 亿元，核心企业平均研发投入强度 8.5%，远超国内同行。株洲先进轨道交通装备产业集群新增发明专利授权 587 件，突破了 IGBT、永磁电机、高性能聚酰亚胺薄膜等 8 个"卡脖子"技术。优势产业集群的发展，为实现湖南打造国家重要先进制造业高地奠定坚实基础。

（二）做大做强县域经济，实现乡村振兴国家重大战略的"制胜绝招"

县域活则全盘活，县域强则全省强。特色产业集群不仅是县域经济支柱，也是县域经济的立足点，还是县域经济良性发展的助推器。邵东小五金产业集群直接或间接从业人员 10 余万人，产品 70% 以上出口美国、欧盟、日本、东南亚、中东及港台地区，同时占据全国 70% 销售渠道和终端市场。祁阳市化纤面料雨具、帐篷布、鞋服配件、箱包布、功能性服装产品等独具特色，雨伞布占全球市场份额的 50% 左右，纺织荧光布占全国市场份额50% 以上。以产业集群的带动效应促进县域经济高质量发展，才能"持续输血"，为县域经济发展提供了强力引擎。

（三）着力提高全要素生产水平，加快建设现代化经济体系的"重要支撑"

中央经济工作会议指出，要提升产业链水平，注重利用技术创新和规模效应形成新的竞争优势，培育和发展新的产业集群。从"点"上，产业集群有利于资源集聚。有利于加快对信息技术、高端装备、新材料、生物医药等重点领域进行资源整合。从"线"上，产业集群建设有利于产业链完善。常宁市水口山铜铅锌产业以铜铅锌产业链建设为抓手，围绕产业链部署创新链，围绕创新链配置资源链，关键核心技术攻关迅速突破，关键环节和重点领域的创新能力迅速提升，补链强链效果明显，2021 年，集群营业收入达 395 亿元，五矿铜业完成产值 83.8 亿元。从"面"上，产业集群有利于资源共享。产业集群推动不同分工的企业享受同等的基础设施水平，以及先进的物联网、大数据、云计算等新技术手段，全面提高了制造业集群的发展质量和核心竞争力。

（四）着力提升产业链供应链韧性和安全水平，保障不断供不断链不断产的"持续动力"

党的二十大报告提出要"着力提升产业链供应链韧性和安全水平"。产业集群不仅有助于建立"生态圈"，有助于产业链供应链机制运转顺畅，而且有助于加强优势引领。出台的《湖南省园区赋权指导目录》使"申请后审批"转为"申请前服务"，"单个项目评估"变为"区域整体评估"，进一步提高产业集群审批效率、加快项目落地。通过集群内部优势龙头企业的资源整合能力和产业带动能力，进一步激发行业企业自主创新动力。长沙工程机械产业集群等先后建立后市场交易、信息集成共享等服务平台，通过组织论坛、专题培训等对接活动，极大促进产业生态圈建立，促进了具有比较优势的领域细分。2023 年 6 月，湖南省委主要领导提出要推进补链、延链、强链，打造特色产业集群，这是推动全省实体经济向新、向高、向未来的题中之义。纵向上，延链、补链、强链培育龙头企业，横向上，谋划、联动、协同壮大产业集群，将以往的"单打独斗"提升为抱团发展的"链式集群"，湖南的现代化制造业体系必将跃上新台阶。

二 蹄疾步稳，全力解决产业集群发展的四大难题

中国式现代化需要形成一个完整的现代化产业体系，湖南近年来产业的

快速发展,直接体现为经济总量的快速攀升。但是总体上看,湖南产业发展仍处于价值链中低端,自主可控能力还不强,产业大而不强的格局尚未根本改观。基础设施的某些环节和领域还不足以满足国家发展和安全保障要求,依然存在不少堵点、难点。基础设施建设不仅可以起到拉动内需、牵引关联产业发展、培育孵化新产业的重要作用,还能够发挥在经济增长中的"压舱石"功能。全球产业链重组、供应链重塑、价值链重构不断深化,湖南产业链供应链的安全稳定风险较大。而且,新一轮科技革命和产业变革推动制造业数字化、网络化、智能化转型升级加速,导致全球产业链供应链竞争日趋激烈。面对全球产业结构深度调整,不进则退、慢进亦退,必须充分发挥湖南产业体系供给优势和市场需求优势,抓紧补短板、锻长板,提升产业基础高级化、产业链现代化水平,巩固完整产业体系优势,提升产业体系自主可控能力,保障国民经济循环畅通,加快形成全球竞争新优势。

(一)产业集群融合发展初见成效,但仍面临"协同不力"难题

湖南虽形成以长株潭地区为核心的 50 个产业集群,但大部分产业集群以自发形成为主,大多尚处于培育成长阶段,分布较散,协同不够。一是力量整合不够。部分集群内企业只是在地理聚集,集群内缺乏产业联盟式的行业约定与协同,产业链上下游企业存在信息壁垒,集群内企业竞争有余、互动合作不足。二是拔尖企业不足。湖南制造业中"隐形冠军""独角兽""瞪羚"等"专精特新"企业数量相对较少。根据工信部发布的 2022 年全国制造业隐形冠军企业名单,湖南只有 12 家,排全国第 12 位,数量远远落后于江浙、山东等省份,不利于打造集群内龙头企业引领带动中小微企业的良好生态。三是合作基础不牢。技术共生、利益共享、组织共治的集群网络化发展格局尚未形成,集群协同融合发展困难,造成"专精特新"企业数量偏少,各自孤军奋战、单打独斗。

(二)部分产业集群规模较大,但整体仍面临"大而不强"难题

湖南目前有 4 个产业集群跻身"国家先进制造业集群",也有多达 50

个产业集群在"茁壮成长",仍需提高发展质量,解决"大而不强"难题。一是部分产业集群规模偏小,整体竞争实力不强。全国县域经济百强县湖南仅占4个,比江苏、浙江分别少20个、19个,缺少"能打""硬核"的产业集群,湖南主导产业集聚主要集中在高端装备制造等产业,除长沙工程机械等少数几个产业集群外,大部分规模不大,严重制约全省各板块平衡发展。二是龙头企业规模偏小,产业带动能力不强。湖南大部分产业集群龙头企业不多,"2021中国企业500强"榜单显示,湖南仅7家企业入围,河南有12家。全国工商联发布的"2021中国民营企业500强"中湖南仅7家入围,居全国第13位,湖北16家、河南12家。三是部分产业集群层次较低,产业数字化升级不足。湖南大部分产业集群行业普遍存在数字化水平不高的问题,蓝山县皮具箱包、张家界生物医药、嘉禾县锻(铸)造等产业集群,生产装备水平不高、产品技术档次偏低。

(三)技术赋能取得一定进展,但仍面临"动能不足"难题

虽然湖南产业集群取得长足进步,也攻克了一些技术难关,但技术制约的难题仍然存在。一是部分关键技术仍然受制于人。高端工业软件、高端医疗器械、工业母机等领域的关键技术、核心零部件依然受制于人,国产化替代水平较低。部分基础薄弱的产业集群板块,缺乏核心关键技术支撑问题突出,技术创新动力不足、后劲乏力。二是企业自主创新意识不强。不少产业集群还停留在模仿、加工、制造等竞争阶段,大部分企业自主研发创新能力较弱,技术原创性较差。湘西湘南板块等不少产业集群以中小微企业为主,研发投入未超过5亿元,差距较大。三是企业创新融合不足,企业与高校、科研院所间产学研合作深度不够,合作局限于单个项目,科技成果转化不畅,协同创新合力不够。

(四)机制改革取得一定成效,但仍面临"堵点不通"难题

虽然湖南产业集群在治理机制、营商环境等改革上取得突破,但机制不畅仍是困扰湖南大部分集群的重要问题。一是产业集群配套服务体系不完

善。部分产业集群金融支持、产权保护、物流仓储等配套服务能力不足，相关企业规模小，运营成本高，管理不规范，专业化程度较低。二是创新与产业政策不协调。不少科技成果与产业集群的需求脱节，没有解决"最后一公里"的问题。三是产业支持机制不完善。大多数产业集群尚未形成"科技—产业—金融"的良性循环，需充分发挥政府、大学、科研机构、企业和风投的合力作用，推动科创机构研究成果跨越"死亡之谷"。

三　精准发力，打通产业集群发展"任督二脉"

党的二十大报告提出："实施产业基础再造工程和重大技术装备攻关工程，支持专精特新企业发展，推动制造业高端化、智能化、绿色化发展。"全面提升产业体系现代化水平，既要巩固传统优势产业领先地位，又要创造新的竞争优势。建设现代化产业体系，我国产业链供应链的战略目标是打造自主可控、安全可靠的产业链供应链体系。然而，当下经济面临需求收缩、供给冲击和预期转弱三重压力，需进一步高位推动，在全省上下形成"抓工业就要抓产业集群"的思想共识，紧紧扭住产业集群这一关键抓手，立足"五好园区"建设打造核心载体，实施五大措施，形成政府敢为、基层敢闯、企业敢干、园区敢首创的浓厚氛围，打通产业集群高质量发展的"任督二脉"。

（一）调理"经脉"，探索新型产业集群共治方式

一是强化顶层设计。优化领导机制体制。在保障发挥好制造强省建设领导小组作用的基础上，成立全省产业集群发展领导小组，统筹全省产业集群发展，下设办公室于省工业和信息化厅，负责全省产业集群发展的政策制定和组织实施工作，制定推动四家"国家队"成员向世界级集群迈进的三年行动方案；抓好集群竞赛工作。落实《关于省领导联系产业集群（产业链）推动打造国家重要先进制造业高地的工作方案》，经常性开展集群竞赛，积极创建一批国家级、省级先进制造业集群，每年对为产业集群发展做出突出

贡献的单位和个人进行表彰奖励；加快提升全方位服务。培育发展能为产业集群提供融资服务、市场开拓、人才培训、技术创新、产品检测、信息咨询和法律援助等服务机构，向企业提供全产业链条服务。

二是营造优质营商环境。加强市场环境建设，推动有效市场和有为政府更好结合，营造稳定公平透明、可预期的法治环境。加强信用环境建设，构建亲清政商关系，建立规范化机制化政企、政（集）群沟通渠道。加强政策环境建设，深化证照分离、一业一证、信用承诺制等改革，深入落实《深化"放管服"改革助推"五好"园区建设 20 条措施》，完善"一网通办"平台，积极推动"一网通办"向多端融合。加强招商环境建设，从过去点对点招商模式转变为产业链招商，打造空间上高度集聚，上下游紧密协同，供应链集约高效，规模达千亿、万亿级的战略性新兴产业链集群。

三是推动产业集群合作交流。推进重点产业集群融合共建，搭建科学家、企业家这两个创新主体交流融合的"产业集群联盟"平台，构建科技成果产业化新模式。采取政府引导、自愿组织的方式，探索成立由集群内骨干企业、科研院所、行业协会、金融机构、企业服务平台等相关主体参与的新型、非营利性的集群发展促进组织。加强"链主企业"和中小企业合作交流，推动"链主企业"与龙头企业共享资源，打造群内供应链和"朋友圈"，构造包括融资、担保、保理、交易、监管、不良资产处置等多环节、全新一体化的供应链金融平台体系，促进产业集群高质量发展。构建大数据共享机制，建立促进数据流通交易的规则体系，加快数据开放共享、产业化开发利用，深化大数据在打造先进制造业产业集群中的应用。

（二）打通"命脉"，推进产业集群共享协同发展

一是提升要素保障，降运行成本。培养产业集群发展紧缺人才，借鉴江苏、广东等人才政策，培育领军人才，建立领军人才的引进和孵化机制。加大集群财税金融支持力度，逐步建立与高水平自贸区相适应的产业集群税收制度，探索将产业集群智能制造设备购置费纳入研发费用管理，享受研发费加计扣除政策。鼓励金融机构、金融科技企业及制造业龙头企业开展供应链

金融创新，探索仓单质押、应收账款质押、票据贴现、保付代理、国际国内信用证等多种供应链金融模式；建立健全政府、金融机构、链主企业风险共担的供应链担保体系，更好服务中小企业融资需求。健全生态要素保障，推动环保基础设施适度超前规划、投资和建设，完善危险废弃物资源化、减量化和安全处置设施，构建工业固体废弃物闭环处置机制。加强能源要素保障，积极开展天然气大用户直供试点，大力加强能源供应保障能力，全力保证企业生产用电，降低用能成本。构建现代化基础设施体系，加快总结运用基础设施建设适度领先产业发展的宝贵经验，优化基础设施布局、结构、功能和系统集成，更好发挥基础设施体系的整体效能。改造升级传统基础设施，加强铁路、公路、水运、航空、管道、物流等基础设施建设，加快规划建设新型能源体系，构建国家水网主骨架和大动脉，为更加安全的发展提供强有力的基础设施支撑。重视各类新型基础设施建设，加速建设信息基础设施，稳步发展融合基础设施，适度超前谋划和部署创新基础设施建设。

二是做强供需对接，扩市场空间。以平台为支撑，借鉴苏州的"苏链通"、南京的"宁对接"等平台运营经验，着眼于加强供需对接，鼓励大型企业、平台企业完善供应链上下游企业利益共享机制、风险共担机制，依托大企业打造中小企业海外服务体系，带动中小企业共同出海，融入全球产业链供应链。以成果转化为方向，坚持政府主导，产业集群、相关企业、高校及科研院所、金融机构等共同参与，通过政府购买服务等方式，提供成果转让、技术服务、实验室开放共享。瞄准科技前沿，实现前瞻性基础研究、引领性原创成果重大突破，使我国在重要科技领域成为全球领跑者，在前沿交叉领域成为开拓者，成为世界主要科学中心和创新高地。

三是加大资源共享，增产业韧性。完善机制探索协同模式，充分发挥大规模产业集群发展成熟、基础雄厚的特点，带动规模较小的产业集群进行发展，引导业务相关、互补的产业集群建立稳定的供应、生产、销售等协作、配套关系。创新资源共享模式，加强对重大科技成果、杰出科技人物以及集群内创新企业的宣传，加大对创新创造者的表彰奖励力度。促进大中小企业融通发展，完善集群优质企业梯度培育机制，壮大集群优质企业群体，加快培育一批具有产业生态主导力和锻长板优势的链主企业，带动形成一批有核心竞争力的单项冠军和专精特新"小巨人"企业，促进集群大中小企业融通发展。加大人才资源共享力度，大力引进制造业重点领域的湘籍企业家和科技人才回乡投资创业，鼓励省内企事业单位引进具有世界 500 强、全国 500 强、行业头部企业任职经历的研发人员和研发团队；充分发挥国防科技大学、中南大学、湖南大学等省内重点高校的科研优势，加快建设产学研用对口合作平台；支持职业学校、应用型本科高校与制造业企业深化校企合作，做好现代产业学院共建；推动"单项冠军"、"隐形冠军"、专精特新"小巨人"企业开展岗前培训、职工岗位技能培训和高技能人才培训，强化订单培训、定向培训、定岗培训。

（三）畅通"动脉"，选择优势赛道培育发展动能

一是瞄准未来产业，抢占发展先机。要瞄准未来产业变革和制造业升级方向，在集群内推动上下游企业协同开展数字化改造，大力发展智能制造、绿色制造和优质制造，建立一流的质量标准和品牌。加强全产业链攻关、全要素支持、全生态发展，推动重大战略产业发展。对前沿技术、颠覆性技术进行多路径探索，推动建立国家未来产业先导区，超前谋划布局一批未来产业。结合国家最新战略规划和湖南省资源禀赋，在类脑智能、量子信息、基因技术、未来网络、氢能与储能等前沿科技和产业变革领域，谋划布局一批未来产业集群。全力抢占无人驾驶、家用机器人、头戴式 AR 及 VR 的眼镜和头盔、柔性显示、3D 打印设备等"五大件"，从整机产品入手布局重点产业，形成一批具有全球竞争力的产业集群。

二是立足差异竞争，推动产业集群转型。立足新发展格局，支持龙头企业并购延链、整合强链，让"长板更长""优势更优"，提升集群的国际竞争力和市场占有率。深化供给侧结构性改革，促进传统产业集群高端化智能化绿色化发展，加快传统产业集群智能化升级。围绕产业集群构建智能制造系统，开展多场景、全链条、多层次应用示范，培育推广智能制造新模式新业态。

三是坚持以点带面，推动园区空间集聚。全力发挥"五好"园区的产业集群核心载体平台的"主力军"作用，在国家级园区布局先进制造业产业集群，前瞻布局未来产业集群；支持省级园区转型升级，布局一批专精特新产业集群。着力绘制湖南四大世界级产业集群地图，开展"湖南先进制造业产业集群描绘计划"，全省每一家省级以上园区至少要拥有一至两条产业集群，将产业集群发展成效纳入"五好"园区及省对市州真抓实干督查激励考核体系。

（四）凝聚"血脉"，提升发展活力带动区域发展

一是擦亮区域品牌名片。坚持"一县一策"推动建设中小企业产业集群，积极推广株洲先进硬质材料产业集群发展的制定"一策"（产业链专项扶持政策）、打造"一都"（把株洲作为"中国硬质合金之都"的品牌打响）、擦亮"一品"（支持企业自身品牌建设）经验，推广邵东、安化、祁阳等主导产业发展模式，加快形成"一县一品"主导产业集聚发展试点，培育产业集群区域品牌，创建全国知名品牌示范区，在全省形成先进制造业产业集群顶天立地、中小企业产业集群铺天盖地的良好竞争局面。

二是突出区域特色优势。长沙聚焦工程机械、新一代自主安全计算系统等领域，株洲聚焦中小航空发动机制造及维修、轨道交通等领域做大做强。岳阳、衡阳、湘潭、娄底、常德、邵阳等地重点在现代化工、输变电、矿山装备、绿色建筑、农机等领域做大做强。张家界、怀化、湘西州等地区可结合自然条件与产业基础，发展生物医药、精细化工等产业集群。郴州、永州等湘南地区可结合资源禀赋打造形成一批有色金属、光电显示及电子元器件、纺织制鞋、箱包皮具等特色产业集群。

三是扩大开放发展步伐。构建新发展格局需要提升国际循环质量和水平，增强国内外大循环的动力和活力；提升科技创新能力、培育产业优势需要以更大力度吸引和利用外资，充分利用全球技术资源和创新要素；加快制定贸易和投资自由化便利化政策，以国内大循环吸引全球资源要素，提升贸易投资合作质量和水平。重点依托中国（湖南）自由贸易试验区等重大开

放平台，探索建立内外贸一体化新型应用场景，打造全球高端装备制造基地、中非经贸深度合作先行区，加快形成具有湖南特色的可复制、可推广经验。引导粤港澳大湾区、长三角拥有较大市场份额的企业向湖南省园区转移生产制造环节。大力推动央企及"三类500强"企业总部、区域性总部和功能性总部入湘，持之以恒抓好产业发展"万千百"工程重点项目精准对接，促进打造一批新的具备核心竞争力的产业集群。

（五）汇集"根脉"，依托技术赋能产业集群建设

一是激活企业创新转化的内生动力。在关键共性技术领域"领跑"。抓住当前以数字化、智能化、绿色化为代表的新技术与产业深度融合的机遇，引导企业促进关键共性技术发展，在促进国际科技交流和对话中提升自身科技创新能力，解决好产业发展的"卡脖子"问题，充分利用我国大市场与未来发展契机，带动集群内配套产业链零部件、材料、软件、控制器件及芯片整体发展，引进培育一批创新型企业和细分领域"未来之星"。推进创新型省份建设系列活动，推动长株潭国家级先进制造业产业集群企业在"卡脖子"关键技术方面实现重大突破。发挥集群集聚创新资源优势，强化一流创新基础设施和各类创新平台建设，构建深度融合的集群协同创新网络，将集群打造成为产业技术创新策源地，在突破重要基础产品、关键核心技术和产业化应用方面发挥更大作用。

二是加快产业集群数字化步伐。加快建设以实体经济为支撑的现代化产业体系，实现中国式现代化，就要加快推进数字产业化，加强数字技术基础研究，培育壮大人工智能、物联网、量子计算等新兴产业，打造具有国际竞争力的数字产业集群。积极稳妥推进产业数字化，进一步把握数字化、网络化、智能化方向，利用数字技术对制造业、服务业、农业进行全方位、多角度、全链条改造，大力开拓数字化转型场景，不断培育发展新产业新业态新模式。坚持强基础以推动产业集群数字化升级，聚合力以强化新型基础设施建设支撑，拓渠道以创新应用服务场景。坚持以"产业大脑+未来工厂"为核心，推动数字经济核心制造业和服务业双向赋能，优化算力算法和大数据

中心布局，升级改造国家超算长沙中心，加快推进国家级互联网骨干直联点建设，为湖南产业集群数字化奠定坚实基础。

三是推动创新孵化器高质量发展。鼓励各市州加大对各产业集群孵化器基础建设的投入，力争实现国家级孵化器长沙外其余 13 个市州全覆盖。建立"众创+孵化器+加速器+产业园"的接力式孵化培育体系，推进湘江新区国家双创示范基地和中小微企业创新创业基地城市示范建设。充分发挥行业协会、专业学会、产业技术创新战略联盟等的作用，加大创新创业引导帮扶力度。

参考文献

苏东坡、柳天恩、李永良：《模块化、全球价值链与制造业集群升级路径》，《经济与管理》2018 年第 4 期。

成鹏飞、周向红：《湖南制造强省战略的主要问题、发展路径与对策》，《湖南科技大学学报》（社会科学版）2019 年第 1 期。

罗建华、邱先玉：《构建湖南先进制造业基地的研究》，《科技管理研究》2006 年10 期。

刘茂松：《超级产业战略与政策研究——基于湖南加快推进新型工业化的实证分析》，《求索》2009 年第 1 期。

罗文、陈国生、杨丽萍：《新型工业化与湖南产业结构调整》，《经济地理》2005 年第 6 期。

B.9
湖南产业园区发展现状与对策研究*

湖南省社会科学院（省人民政府发展研究中心）课题组**

摘　要： 产业园区是地方经济发展的主战场。湖南自 2021 年部署推进
　　　　"五好"（规划定位好、创新平台好、产业项目好、体制机制好、
　　　　发展形象好）园区创建工作以来，一直着力推动园区发展由量
　　　　的增长转向质的提升、园区形态由产业空间转向城市空间、园
　　　　区竞争由单一产业建设转向产业生态建设。尽管近年来成绩优
　　　　异、成果丰硕，但仍在发展质量、发展差异、服务质量、转型
　　　　升级、顶层设计上下大功夫。因此，要从优化顶层设计、数字
　　　　园区建设、强化要素保障、提升亩均效益、强化招商引资上着
　　　　手，推进园区生产、生活、生态融合，促进园区业态、规划形
　　　　态、产业生态协同。为落实"三高四新"美好蓝图、构建现代
　　　　化产业体系、园区高质量发展、实现中国式现代化贡献力量。

关键词： 产业园区　产业体系　湖南

　　产业园区是贯彻新发展理念推动高质量发展的重要平台、振兴实体经济
推进科技创新的重要载体及扩大对外开放全面深化改革的重要窗口。党的二
十大报告提出，从现在起"党的中心任务就是团结带领全国各族人民全面

---

　　* 本研究为国家社科基金课题"新时代高质量发展的理论逻辑与实践向度研究"（20BKS043）、
湖南省社会科学院重点课题"高质量发展阶段湖南文化创意产业集群发展研究"（18WCB01）
的阶段性成果。
　　** 课题组组长：邓子纲；课题组成员：孙龙图、陈旺民、胡馨月、唐苗苗、王凡、廖卓娴。执
笔人：邓子纲，博士，湖南省社会科学院产业经济研究所所长，研究员。

建成社会主义现代化强国、实现第二个百年奋斗目标，以中国式现代化全面推进中华民族伟大复兴"。中国式现代化伟大实践需要中国式园区。

近年来，湖南省上下认真贯彻落实中央、省委、省政府的决策部署，牢牢扭住园区这个"牛鼻子"，以园区建设推进"三个高地"建设，大力推进"五好"园区创建工作，奋力谱写园区高质量发展推动现代化新湖南建设的新篇章。省第十二次党代会作出"全面深化改革扩大开放，打造内陆地区改革开放高地"部署，为全省园区发展赋予了新的使命、注入了强大动能，也为园区高质量发展带来了前所未有的历史机遇。湖南省社会科学院（省人民政府发展研究中心）调研组对全省 143 家省级以上园区展开深度调研，发现目前"五好"园区创建工作总体向好，园区高质量发展已成全省稳住经济大盘的"定星盘"，但也不同程度地存在整体水平不高、区域发展不均、发展活力不足、转型升级不快、体制机制不顺五个方面问题。

一 园区高质量发展成为全省经济"定星盘"，但仍要打响五大"攻坚战"

2021 年 5 月 20 日，湖南省委常委会议审议通过《关于创建"五好"园区 推动新发展阶段园区高质量发展的指导意见》，明确了"定位、平台、项目、队伍、形象"五个方面的园区重点建设方向。经过一年多的努力，湖南省在"五好"园区建设方面呈现稳中有进、"加速奔跑"的态势。如何聚焦园区，推动产业向园区集中、要素向园区倾斜、改革在园区先行，推动园区发展为全省经济高质量发展提供强力支撑，成为下一阶段湖南园区发展的重要着力点。

目前，全省共有省级及以上产业园区 143 家（含洪江市和洪江区），其中国家级园区 21 家（高新区 8 家、经开区 8 家、综合保税区 5 家），省级园区 122 家（高新区 41 家、经开区 37 家、工业集中区 44 家），基本实现县市区全覆盖。"十三五"以来，湖南始终把产业园区作为贯彻新发展理念、推动高质量发展的重要平台，作为振兴实体经济、推进科技创新的重要载体，建成了一批特色鲜明、产业集聚、竞争力强的产业园区，为全省经济高质量发展提供有力支撑。湖南产业园区已经成为实践伟大建党精神的有机生命组织、建设现代化产业体系的主阵地、对外高水平开放的最重要前沿、构建青山绿水的重要基础以及构建治理体系的重要参与者。进入新阶段新征程，要更加紧扣推动高质量发展首要任务，更加聚焦落实"三高四新"美好蓝图，更加突出建设现代化产业体系战略部署，更加注重实现经济运行整体好转重要目标，创新园区建设营运、协作共建、开放发展新模式，高质量推进"五好"园区创建。但近年来受内外部环境变化的持续冲击，尽管湖南省采取了一系列行之有效的纾困举措，但仍存在制约"五好"园区建设的五大问题。

（一）指标增长突飞猛进，但仍要打响"提质增量"攻坚战

2021年全省园区（不含综保区）实现生产总值1.58万亿元，较2015年年均增长17%；技工贸总收入突破5.72万亿元，年均增长近13%，长沙经开区等14家园区技工贸收入突破1000亿元；上缴税金由2015年的1054.8亿元增加到2021年的1964亿元，年均增长10.86%，园区以占全省约0.5%的国土面积，产出了约34.5%的GDP、70%的规模工业增加值、65%的高新技术产值、50%的实际利用外资额。但是在综合实力方面，湖南仅4家园区纳入"2022年中国先进制造业百强园区"，江苏、广东、浙江分别有21家、9家和9家园区入围数量。湖南高新类园区总量规模最大的长沙高新区技工贸总收入仅相当于武汉东湖高新区的30%。在亩均产出方面，全省2021年工业地亩均税收为17.64万元/亩，于2025年力争园区亩均税收年均增长15%以上，千亿园区达25家，其中5000亿园区达3家，高新技术产业增加值占比达75%，将园区建成全省高质量发展的"样板区""引领区"的目标相比，还需要进一步加大工作力度。①

---

① 资料来源：《湖南省"十四五"产业园区发展规划》。

（二）集聚效应初步显现，但仍要打响"协调发展"攻坚战

以园区为载体和平台，目前培育了工程机械、轨道交通装备、航空动力三大世界级产业集群，形成了装备制造、消费品、材料 3 个万亿产业和电子信息、生物医药等 15 个千亿产业。2021 年全省园区实现工业增加值 1.05 万亿元，占园区生产总值的 66.4%，实现工业利润总额 2105 亿元，占园区利润总额的 78.9%。但全省产业园区个体之间、四大板块之间，发展水平不均衡、差异较大。湘南湘西地区园区发展质量、效益明显低于长株潭地区。长株潭地区园区数量占全省的 20%，生产总值约占全省园区的 50%；湘南湘西地区园区数量占全省的 57%，园区生产总值仅占全省的 1/3（见图 1）。①

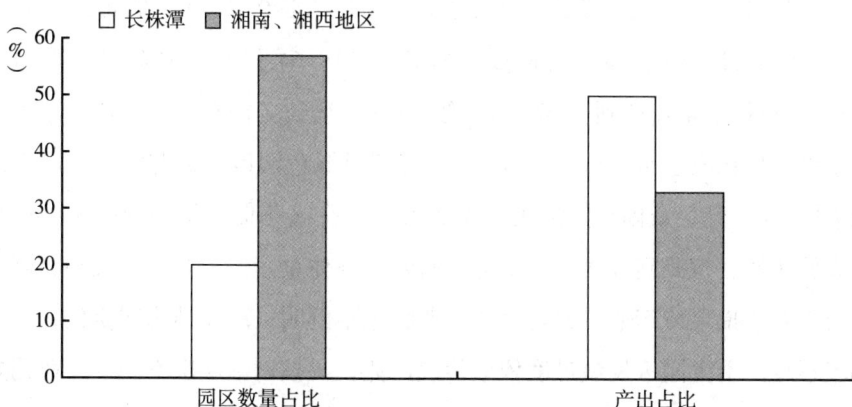

图 1　长株潭地区与湘西、湘南地区对比

（三）放权赋能为企业"纾困解难"，但仍要打响"释放活力"攻坚战

各地各园区围绕管理体制、市场化运营、人事薪酬等重点领域，推行大部门制和扁平化管理，着力破解园区建设发展的体制机制障碍，完成全省开

① 资料来源：《湖南省"十四五"产业园区发展规划》。

发区管理机构清理规范工作，取得明显成效，全省开发区（园区）独立设置的管理机构减少 71 个，精简 30.2%。园区市场化建设运营模式探索步伐加快，园区发展活力进一步增强。2021 年全省园区新引进重大项目数 674 个，新引进"三类 500 强"项目数 195 个；园区企业个数达 6.98 万家，比 2020 年同期增长 11.3%，其中工业企业个数达 2.8 万家，比 2020 年同期增长 11.5%。但也要看到部分园区行政化色彩仍比较浓厚，不少园区仍旧为政府投资主导型园区，民营资本、社会资本参与度不高，发展活力仍需进一步释放。①

（四）动能转换促园区发展"脱胎换骨"，但仍要打响"转型升级"攻坚战

2021 年全省园区高新技术产业主营业务收入达到 2.79 万亿元，较 2015 年年均增长 22.3%。技术合同交易额达到 719.64 亿元，占全省比重超过 2/3。高新技术企业达到 10077 家，较 2015 年增长 2 倍有余。成功创建 1 个国家级循环化改造示范试点园区、2 个国家级绿色园区。拥有省级及以上研发机构 2088 家、众创空间孵化器 452 家、产业服务促进机构 904 家，初步形成从研发、检测到技术运用全链条研发服务体系。但也要看到大部分园区仍处于要素集聚或产业培育阶段，产业特色不鲜明，产业结构同质化，集群效应不足。不少园区发展过度依赖传统产业，科技创新层次不高，产业仍处于价值链中低端，且产业链不长、不强、不完善。大湘西、湘南地区园区创新平台数量较少且创新能力不强，成果转化率偏低，创业孵化体系还不够健全，园区孵化器、创新平台建设仍处于起步阶段，国家级科技企业孵化器、创新平台数量较少。②

（五）园区顶层设计日臻完善，但仍要打响"制度改革"攻坚战

园区市场化运营改革取得扎实成效，在浏阳高新区等 16 个园区积极开

---

① 资料来源：《湖南省级以上产业园区统计年报汇总表》。
② 资料来源：《湖南省级以上产业园区统计年报汇总表》。

展"标准地"、市场化运营等改革试点，成功搭建湖南—粤港澳、湖南—长三角产业转移综合服务中心等招商引资平台，祁阳高新区、道县高新区等园区率先引进社会资本参与园区建设。"放管服"改革持续发力，出台《湖南省园区赋权指导目录》，全面开展 12 个事项的区域评估，推动"申请后审批"转变为"申请前服务"，"单个项目评估"转变为"区域整体评估"，进一步提高审批效率、加快项目落地。但也要看到，湖南园区改革进入深水区，在财权支配、人事管理等方面"放水"不多、"放手"不够的问题突出，部分园区队伍结构和岗位配备不完善，缺少专业性人才，保障园区高质量发展的综合服务能力较弱。

二　锚定五大方向，擦亮"产业湘军"名片

园区作为服务企业和人才的最前沿，是我国各类产业政策和创新政策落地的最重要阵地。长期以来各地政府依托中国式园区开展经济管理工作，为产业发展提供保障。要加快构建现代化产业体系，对发展目标再聚焦，对产业定位再精准，对实践路径再优化，实施一批支撑重点产业发展的重大项目，就必须培育发展一批战略性新兴产业重点承载园区。因此，需要以精简体制机制、建设数字园区、强化要素保障、提升亩均效益、提高招商质量为主要抓手，奋力提高园区在发展定位、项目支撑、科创平台、发展形象、体制建设五方面的发展水平，为推进"五好"园区建设提供动力。

（一）强基固本，推动园区体制改革，破除发展"制度壁垒"

一是推进规划管控改革，做企业发展"守护者"。在迈向现代化的路上，湖南园区要不断创新服务模式，变企业管理为企业服务，将单纯的由上至下的行政指令性的管理，变为以服务为核心的园区产业发展价值体系。加快推进"管委会+公司"的治理结构转化，坚决剥离社会事务，坚持政企分开，推动市场化运营。积极探索"管办分离"，再塑高效协调运行新体系，健全"公司董事会+投资决策委员会+党工委"决策机制，确保投资决策科学规范。湖

南园区要将自身深深嵌入各项产业领域中，成为本区域特色产业发展的重要基础设施，将自身的服务转变为覆盖企业全生命周期的不可或缺的因素。

二是推动行政审批改革，做企业发展的"拥护者"。为园区和企业发展放权赋能，完善全生命周期政务服务体系。推行极简审批，深化证照分离、"一业一证"、信用承诺制等改革，深入落实《深化"放管服"改革助推"五好"园区建设20条措施》。完善"一网通办"平台，提升信息化支撑能力，主动适应区块链、移动互联、5G发展要求，推动"一网通办"向多端融合。

三是进行市场化运营改革，做企业发展"守望者"。向中国式现代化不断迈进，要在内部治理上大刀阔斧地进行自我革命，将不贴近市场、不符合市场运行规律的方式和机制革除。内部治理的改革将在不断提升园区管理结构运作效率的同时，也将会促进园区对企业的服务，更有利于营造良好的营商环境。以产权激励为导向，完善经营性国有资产产权管理制度，依法平等保护民营主体产权。以服务业为重点，探索建立企业商业秘密、新领域新业态知识产权保护机制。完善市场准入负面清单动态调整机制和第三方评估机制，推动"非禁即入"普遍落实。完善社会信用体系，对市场主体开展全覆盖、标准化公共信用综合评价。

（二）保驾护航，加快数字园区建设，打造发展"云上平台"

一是强基础，推动制造业数字化升级。要坚定不移强化产业"第一支撑"，以"产业大脑+未来工厂"为核心，高水平推进数字经济时代产业创新集群建设，深化打造"4+6"特色产业体系，全力推进体系、规划、政策、模式的创新突破，在产业发展中厚植新优势、增创新动能。以工业互联网、数字贸易、未来产业先导区等建设为引领，推动数字经济核心制造业和服务业的双向赋能，通过做强基础硬件，支持数字经济平台和服务自主可控发展；发挥工业互联网建链效应，强化机械制造、新材料等优势产业生产性服务支撑，发展跨领域的数字经济集成服务解决方案。同时，前瞻布局新一代人工智能、区块链等数字经济未来增长点，深化新技术、新模式、新业态全面融合渗透。

二是聚合力，强化新型基础设施建设支撑。在各园区加快布局智能交通基础设施，加快智慧公交站点建设，推进停车场智慧化升级，加快推进智慧化道路升级项目落地实施。积极布设新能源终端和智能电网设施，推动氢能源等领域基础设施建设。完善智慧物流基础设施建设，推进快递物流智脑中心、智能物流认证与检测中心等平台合理布局和建设，开展仓储、分拣、配送、装卸等一体化集配设施智能化升级。

三是拓渠道，创新应用服务场景。高科技园区在科技自立自强中承担着重大而光荣的历史使命，要加强科技创新和产业创新对接，加强以企业为主导的产学研深度融合，提高科技成果转化和产业化水平，不断以新技术培育新产业、引领产业升级、塑造新型应用场景。推进以工业互联网、自动驾驶、智能城市感知、超高清视频应用等为重点的垂直行业场景应用示范。建立典型应用场景的市场化推进长效机制，定期发布场景机会清单，引导龙头企业牵头开展应用场景建设。发挥政府资金引导带动作用，吸引社会资本加大对场景项目的投资力度。

（三）多措并举，强化核心要素保障，形成发展"矢力同心"

一是出实招，深化金融保障。开展"纾困增效"专项行动，推动政府性融资担保、民营小微企业贷款风险补偿、多层次资本市场补助等政策支持园区小微企业融资。通过"个转小、小升规、规改股、股上市"，更多更快地进入多层次资本市场融资，大力推动再融资和发行企业债券。大力推动包括 REITs 等多种方式的资产证券化，大规模推动债务置换重组，培育引进私募股权基金。推动省级政府投资基金、政府专项债向园区倾斜，推动"潇湘财银贷"产品园区全覆盖。

二是下功夫，健全用能保障。在园区加快推进电力、天然气等领域改革，有序推进落实园区企业用水、用电、用气定额累进加价政策。完善再生水利用设施，鼓励纺织、造纸、化工等高耗水企业废水深度处理回用。对园区企业用电实行峰谷电价、错峰用电，支持大用户直购电。鼓励园区利用厂房屋顶开展分布式光伏系统建设。落实区域"煤改气"相关补贴政策，非居民用气大户的天然气价格在国家政策核定的价格基础上实行下浮。完善园区水、电、路、气等设施建设，持续提升园区承载能力和服务水平。加强能源保供，积极开展天然气大用户直供试点，鼓励企业利用自建厂房建设光伏、风能发电等新能源项目，降低用能成本。

三是求实效，推进用人保障。园区在未来的发展依靠的不仅仅是如数字化这样的技术革新或是如自贸区这样的政策革新，更多的要依靠自身的能力迭代。以芙蓉人才行动计划为总揽，大力壮大园区人才集群。支持园区与省内外高校优势学科合作，帮助企业培养高技能人才。对于管理型人才，要积极探索创新政府雇员模式，加大高素质管理型人才引进力度。大力推进园区人事薪酬制度改革，对特殊需要的高层次管理人才和招商人员实行特岗特薪、特职特聘。对于制造业重点人才，要编制发布重点产业人才图谱，向省内引进一批国际顶尖科学家、前沿领军人才和高层次人才团队，促进招商引资和招才引智有机结合，采取"项目+人才"模式集聚高层次人才，大力引进具有全球影响力，在新兴产业领域有重大突破的原创性、引领性、标志性顶尖人才团队项目。对于技术型人才，要深入推进产教融合和产学研合作，加快职业技能教育培训，鼓励大中专职业院校、职业培训机构与园区企业紧密合作，联合打造具有辐射引领作用的现代化产教融合基地，探索"订单培养""现代学徒制"等人才培养模式改革，为园区企业培养高素质技术技能人才。最重要的是要保证园区人才持久的自我学习，保证园区服务管理团队的长期稳定，在确保能力建设体系整体稳定的情况下，不断吸收新知识，发掘新思路。

（四）立竿见影，提升亩均效益效率，促进发展"硕果压枝"

一是播"集约"之种。坚定不移走国土空间集约高效利用之路，不断推动城市高质量可持续发展。牢牢守住开发建设刚性约束，提高土地利用效率，打造高品质的国土空间格局。通过加强整治旧工业区、清退建设用地、处置闲置土地、拆除违法建筑等措施，盘活生产用地，推广株洲清水塘老工业区的政治经验，为实体经济发展和公共服务配套提供发展空间。

二是繁"创新"之枝。创新土地使用方法，结合实际情况编制《产业用地指南》与《产业结构调整负面清单》，探索实行控制性详细规划和土地管理的动态调控机制，建立与综合用地相适应的分区规划、土地管理模式。结合城市功能定位、空间格局和工业用地实际，探索打造"产业发展单元+创新型产业用地"模式，在集中成片、有较高产业关联度和相应产业服务设施的产业集聚区设立"规模适宜、功能复合、邻里聚合、弹性控制、协同服务"的"产业发展单元"，实现生产、生活、生态"三生融合"，对省内园区经评估有条件的土地进行整合，申报为创新型产业用地，引入产业前景好、亩均效益高的优质项目，建立符合湖南产业发展特点和要求的科学化、差别化、精细化、生态化土地利用和管理模式。

三是结"持续"之果。在产业用地绩效管理上，坚定追求卓越、追求完美的发展取向，突出"产城人文"融合发展，全面营造宜居宜业典范，既关注经济发展指标，也强调科技创新和生态环保等指标。要瞄准未来发展方向，推进精明规划、精致建设、精细管理，推动空间重构、资源重组、品质重塑，高标准推进一批重大项目，让园区发展得以持续进行。

（五）广开门路，提高招商引资质量，铸就发展"温馨港湾"

一是引重点招商之"水"。追求最好水平，塑造更高品质环境，坚持世界眼光、国际标准、园区品质。要发挥重大开放平台牵引作用。重点对接"一带一路"建设，突出临空经济，打造全球高端装备制造基地、内陆地区高端现代服务业中心、中非经贸深度合作先行区，在机械制造、物流商贸领域进行重点招商。加快湘南湘西承接转移示范区建设，大力引进创新型企业和先进制造企业，建设粤港澳重要的科技产业配套基地、制造业转移承接基地。通过联合招商、共建园区等方式，引导长三角、珠三角地区拥有较大市场份额的企业优先向园区转移生产制造环节。

二是航特色招商之"船"，针对特定目标地域和群体，探索开展"政策说明会""恳谈会""圣诞酒会""早餐会"等多种形式招商推介。通过积极参加国际国内各类高端展会、领袖峰会、专家论坛以及博览会等，探索建立专业化、高端化招商模式。

三是造精准招商之"湾",根据全省产业布局和错位发展要求,结合本地功能定位和主导产业发展实际,研究确定招商引资方向。围绕"大智移云"战略性新兴产业、"3+3+2"产业集群和现代农业等重点领域,谋划一批多方共赢的产业项目。大力招引总部型、研发型、链主型、引领型项目和重要建链补链强链延链项目,大力推动央企及"三类500强"企业总部、区域性总部和功能性总部入湘。持之以恒抓好产业发展"万千百"工程重点项目精准对接。持续提升制造业比重,坚决遏制"两高一低"项目盲目发展,实现由引资向选资、由分散向集聚、由扩量向强链的转变。

展望未来,全体湖南园区上下要进一步提振"敢闯、敢干、敢首创"精气神,永葆"探路者"姿态,全面推进中国式现代化园区新实践。要迅速贯彻落实中国式现代化,确保将二十大等党和国家的重大会议精神学到深处、谋到新处、落到实处。要在全省全面兴起创先争优浓厚氛围,在新征程新赛道上跑出园区速度、园区效率、园区质量。要奋力夺取首季"开门红",全力以赴稳增长、强产业,千方百计促消费、保民生,不遗余力强服务、优环境,以开篇"月月红",带动"季季红",实现"年年红"。

参考文献

陈文晖、王婧倩:《产业园区高质量发展的战略思考》,《宏观经济管理》2021年第4期。

杜罗莎、张丹丹、陈驰:《产业园区转型升级过程中的政府职能定位》,《宏观经济管理》2019年第7期。

王彦庆:《产业园区服务体系创新发展研究》,《学习与探索》2016年第4期。

产业园区发展模式与规划策略探析》,《现代城市研究》2015年第7期。

陈海峰:《加强产业园区建设有序推进工业化进程》,《贵州社会科学》2011年第1期。

统筹"五水共治"守住湖北
流域安全底线研究

陈丽媛*

摘　要： 湖北省境内河流纵横，湖库星罗，水系发育，是南水北调中线工
程核心水源地。要坚决守住湖北流域安全底线，保护好水资源，
为中国式现代化建设提供坚实水安全保障。在分析湖北流域综合
治理取得的成效、存在问题的基础上，建议从水环境综合治理、
水生态健康、水旱灾害防御安全、水资源保障、水管理能力等方
面入手，坚持"五水共治"，多措并举，更好守护湖北江河湖库
安澜。

关键词： 综合治理　流域安全底线　湖北

中国式现代化是人与自然和谐共生的现代化，要像保护眼睛一样保护自
然和生态环境。河湖是大地之脉、生命之源、生产之要、生态之基，守住河
湖安全底线就是守住大地之脉、生命之源、生产之要、生态之基，为湖北中
国式现代化提供坚实的水安全保障。湖北省第十二次党代会报告指出，坚决
守住构建新发展格局的安全底线，并将"坚决守住流域安全底线"提到首
要位置。《湖北省流域综合治理和统筹发展规划纲要》明确提出实施流域综
合治理，坚决守住水安全、水环境安全等安全底线。长江自西向东横贯湖
北，流程1061千米，境内的长江支流有汉水、沮漳河、清江、东荆河、陆

---

　* 陈丽媛，湖北省社会科学院长江流域经济研究所副研究员，主要研究方向为流域经济。

水、府澴河、溾水、倒水、举水、巴水、浠水、富水等。据湖北省生态环境厅提供的数据：长江、汉江干流之外省内河长5000米以上的各级河流有4230条、总长6.1万千米，其中有1232条河流流域面积在50平方千米以上、长度约达4万千米；同时作为千湖之省，湖北省有755个天然湖泊，湖泊水面面积合计2706.851平方千米，淡水湖泊数量居全国第三，其中，洪湖、长湖、梁子湖、斧头湖四大湖泊水面面积达100平方千米以上。水的问题，表象在江河湖库，根子在流域，所以，流域安全在湖北发展中的地位非常重要。要坚持底线思维、系统思维、精准思维、改革思维等，从水环境综合治理、水生态健康、水旱灾害防御安全、水资源保障、水管理能力等方面入手，坚持"五水共治"，进一步推动流域综合治理，更好地守护湖北江河湖库安澜。

一 湖北省流域综合治理举措及取得的成效

多年来，湖北省坚持生态优先、绿色发展思路，深入实施碧水保卫战、长江大保护"双十工程"等，协同水环境治理、水生态修复、水资源保护、水利工程建设、水治理能力提升等，成效显著。

（一）流域治理的政策制度体系逐渐完善

一是有力的法治保障体系。近年来，湖北出台了《湖北省人民代表大会关于大力推进长江经济带生态保护和绿色发展的决定》、《湖北省水污染防治条例》（称为"湖北最严水法"的地方性法规）、《湖北省汉江流域水环境保护条例》、《湖北省清江流域水生态环境保护条例》、《关于加强磷石膏综合治理促进磷化工产业高质量发展的意见》（首部针对防治磷石膏污染的地方性法规）以及《关于推进长江保护法贯彻实施守护长江母亲河促进我省长江经济带高质量发展的决定》等十多部地方性法规，为保护流域生态环境铸牢了"法治盾牌"。

二是过硬的制度建设。2017年1月，湖北省在全国率先出台《关于全面推行河湖长制的实施意见》，实现河长制与湖长制一体化部署，完成县级以上 755 个湖泊、710 条河流（流域面积 50 平方公里以上）"一河（湖）一策"编制，全面建成省、市、县、乡、村五级河湖长制体系。[①] 2017 年底，湖北省公安厅印发《全省公安机关实施河湖警长制工作方案》，在全国率先设立省、市、县、乡四级"河流湖泊警长"制，配合同级河长、湖长履职，加大涉河湖环境违法犯罪打击力度。流域生态补偿机制不断探索和完善，全省有 81 个县区初步建立起流域上下游横向生态保护补偿机制。

三是实施系列重大行动。2018 年，湖北启动长江大保护十大标志性战役，集中力量开展长江干线非法码头整治、湖北省城市黑臭水体整治、城乡生活污水治理、饮用水水源地保护和专项治理、沿江化工企业关改搬转、船舶污染防治等项目整治，并且持续实施长江经济带绿色发展十大战略性举措。2022 年启动长江保护十大战役"升级版"，即全面推进长江高水平保护十大攻坚提升行动，包括深化开展六大污染治理、四大生态修复，其中国土空间生态修复、水资源保障、非法矮围整治等是新增的 3 个攻坚提升行动，升级启动长江高水平保护。2022 年，湖北积极实施"61835"重大工程，包括重点推动 6 个在建工程、18 个前期审批立项工程、35 个远期谋划工程，为推进流域综合治理提供了重要支撑。

（二）流域水环境质量明显改善

一是持续加强重点流域水污染治理。不断加强对汉江流域、清江流域、府澴河流域、天门河流域、洪湖流域、长河流域、斧头湖流域、梁子湖流域、黄盖湖流域、龙感湖流域等重点流域的水污染治理，水质有了明显改善。以汉江流域水污染治理措施为例，第一，完善污染治理。具体措施包括不断加强农村生活污水和生活垃圾收集处理，进一步完善汉江流域干流城镇污水管网建设，积极开展干流富营养化及水华成因与防控研究，并加强临江面源污染防治，深化企业污水处理等。第二，实施重点河流综合治理。包括

---

① 《湖北省水安全保障"十四五"规划》。

推动汉江的重点支流泂河、竹皮河、天门河等综合治理与修复；加强蛮河、南河、汉北河流域农业农村污染防治，优畜禽养殖布局；加强竹皮河、清河流域的河湖底泥、滩涂重金属治理；加快清河、唐白河流域不达标饮用水水源地环境综合整治；推进实施蛮河、东荆河、通顺河水资源优化调度；推进泂汉湖退垸还湖及水生态治理与修复；加强沉湖湿地保护与富营养化控制。① 第三，重点保护丹江口水质。通过进一步强化丹江口水库生态保护和水源涵养、加强库区及支流总氮控制以及推进实施南水北调中线水源区分区管理的举措保护好丹江口水库的水资源。2022 年，湖北省水环境状况方面良好，长江、汉江干流及丹江口水库水质持续保持为Ⅱ类，省控湖泊中无劣Ⅴ类水域；全省 190 个国控断面中，水质优良比例达 94.2%，劣Ⅴ类断面全面消除，武汉市、黄石市等 10 个城市国考断面实现优良率达 100%。县级及以上集中式饮用水水源地水质达标率持续保持 100%。

二是实施控源减污重点工程。为保护长江水质，湖北关停搬迁禁养区 1.28 万家畜禽养殖场，"一口一策"全面整治 12480 个江河排污口，"关改搬转"沿江化工企业 443 家，沿江 1 公里内实现"清零"；推进岸线整治，取缔各类码头 1810 个。② 长江入河排污口排查整治工作是长江保护修复攻坚战的一项重要任务，省生态环境厅作为牵头单位，已成立省长江入河排污口溯源整治攻坚提升行动专项指挥部，推进长江入河排污口溯源整治专项行动。至 2022 年 7 月，"查、测、溯"的任务已完成，各地均已制定了"一口一策"整治方案，已累计完成整治排污口 7298 个，其中 2022 年上半年就完成整治 2131 个。在长江流域率先制定《湖北省总磷污染控制方案》，在湖北省域开展总磷总量控制。2022 年，湖北又积极开展长江经济带工业园区水污染整治专项行动。严格管理船舶水污染物排放，港口码头的船舶水污染物收集转运处理能力不断提高，实施了防治船舶污染长江水域环境"十项严格"措施。推广船舶污染物接收、转运和处置联单制度，对不满足排

---

① 《湖北省生态环境保护"十四五"规划》。

② 《（中国这十年）湖北：始终把修复长江生态环境摆在压倒性位置》，中国新闻网，2022 年 8 月 19 日。

放要求的船舶全线限制航行。在 2020 年，船舶污染物港口接收设施基本实现全覆盖、全衔接，长江干线船舶水污染物联合监管与服务信息系统上线开始试运行，汉江电子航道图上线，湖北省长江汉江江段实现了电子航道图全覆盖。[①]

三是加强全流域水污染风险防范。实施常态化水质监测预警和会商机制，督导重点湖库水华防控、汛期水环境监管。积极保障饮水安全，基本实现县级以上水源地水质自动监测预警全覆盖。修订完善《湖北省突发环境事件应急预案》，逐步形成了政府、部门、企业全覆盖，总体与专项相配合的突发环境事件应急预案体系。全面启动省界周边县市、省内各地跨区域流域上下游突发水污染事件联防联控机制建设，如与江西省、湖南省签订建立长江经济带中游三省危险废物联防联控机制合作协议，与河南省、陕西省建立跨界河湖联防联治工作机制。省内跨流域治理合作加强，如荆门、襄阳和宜昌三市签订了《漳河水库跨流域突发水环境污染事件联防联控协议》。

（三）流域水生态状况持续好转

近年来，湖北省大力推进了基于水功能区管理的水生态环境保障体系建设，河湖水生态环境逐年改善。

一是实施水系联通工程。根据《湖北省水安全保障"十四五"规划》统计数据，"十三五"期间，湖北省完成退垸（田、渔）还湖面积 244.97 平方公里，大力推进黄冈、鄂州等 20 处重点区域河湖水系连通工程建设，河湖连通性、水体流动性明显增强，也增加了水环境容量。积极开展重要河湖生态流量、水量保障工作，建立 675 个水工程生态流量重点监管名录，河道减脱水现象得到明显好转，河湖水面萎缩趋势得到一定遏制，部分生态系统得到有效恢复。

二是实施长江"十年禁渔"。为恢复水生生物，2020 年 7 月 1 日，湖北在全国率先实施长江"十年禁渔"。随后，7 月 24 日，湖北省人大常委会表

---

① 《江豚吹浪立　沙鸟得鱼闲》，《湖北日报》2021 年 4 月 26 日。

决通过《关于长江汉江湖北段实施禁捕的决定》，通过地方立法明确推动禁捕退捕。湖泊生物多样性逐步恢复，如梁子湖水生植物多样性有所提高，龙感湖候鸟种类和数量逐年增多。

三是开展湖泊清淤及综合治理试点工作。包括：组织开展五大湖泊退垸（田、渔）还湖；在全省开展"清四乱"行动，全面取缔网箱养殖；综合运用截污治污、江湖连通、湖河清淤、湖水置换等措施，开展武湖、刁汊湖、南湖清淤治理，实施黄石磁湖、鲩子湖等湖泊水生态环境治理与生态修复工程。将一批湖泊如荆门的莫愁湖、武汉的金银湖、黄冈的遗爱湖等建成水利风景区，经济、社会和生态效益兼顾。

（四）流域水资源保障水平不断提高

一是加强水资源用水管理。湖北省牢牢守住水资源用水管理"三条红线"，包括水资源开发利用控制红线、用水效率控制红线、水功能区限制纳污红线，并将"三条红线"纳入政府绩效考核体系，对节约用水进行重点监管。同时，以水资源作为最大刚性约束，坚持"四水四定"（以水定城、以水定地、以水定人、以水定产），坚持"三先三后"原则，即先节水后调水，先治污后通水，先环保后用水，合理规划人口、城市和产业发展，推动经济社会发展全面绿色转型。

二是实施水资源配置工程。湖北省水资源分布不均，如山丘区、鄂北岗地等存在水源性缺水问题，人均水资源量不足全省的一半，约为全国平均水平的1/3。多年来，湖北省围绕水资源时空分布不均衡问题，大力实施以"蓄、引、提、调"相结合的水资源配置工程体系建设，供水保障程度提高。随着引江济汉、鄂北地区水资源配置等工程相继建成，全省的水资源空间调配能力显著增强。实施河流水量分配。"十三五"期间，开展20条跨市州江河流域水量分配工作，完成清江、府澴河等15条河流水量分配方案。2022年，调度鄂北一期工程从丹江口水库向襄阳、随州、孝感3市5县补水达2亿立方米，有力保障了92万亩农田的灌溉用水和77.5万群众的生活用水。

三是推进节水行动。大力实施国家节水行动，出台了《湖北省节约用水"十四五"规划》《湖北省节水行动实施方案》《湖北省节约用水条例》《湖北省农业灌溉用水定额（修订）》，对《湖北省县域节水型社会达标建设实施方案》进行修订，实施节水型公共机构的评定等。湖北省水利厅相继组织修订了包括钢铁在内的8种用水定额，编制水产养殖等4种用水定额及节水型灌区标准，和2019年颁布的《湖北省农业灌溉定额》一起，共同构成湖北节水标准定额体系。

（五）流域防洪减灾能力显著增强

"十三五"期间，实施了一大批水利工程，包括长江流域重要蓄滞洪区洪湖东分块、荆江分洪区近期工程等蓄滞洪工程，三峡后续工作长江中下游河势及岸坡影响处理工程，碾盘山水利水电枢纽工程，华阳河蓄滞洪区西隔堤整险加固工程以及荆南四河、汉北河等重要支流防洪治理、病险水库除险加固、五大湖泊湖堤加固等工程。目前，湖北基本形成了堤防挡水、湖库蓄水、蓄滞洪区分水、闸站排水的防洪除涝工程体系以及预报预警与工程调度相结合的防洪非工程体系，洪水预报预警和水利工程防洪调度能力显著增强，[1] 防洪能力处于历史最高水平。

（六）流域治理能力不断提升

湖北省不断推进水利改革与创新，实施五级河湖长制，执行最严格的水资源管理制度，实施水资源消耗总量和强度双控，主要河流的水量分配方案已经完成，对江河湖泊、水资源开发利用、水利工程建设和运行的监管能力不断加强。同时不断深化水利"放管服"改革，提高办事效率和服务质量，推动政务服务高效化，水治理能力得到明显提升。随着《湖北省流域综合治理和统筹发展规划纲要》以及各市（州）、县流域综合治理和统筹发展规划的出台，湖北明确负面清单和正面清单，以负面清单为指导坚决守住安全

---

[1] 《湖北省水安全保障"十四五"规划》。

底线，以正面清单因地制宜加速经济社会发展，实现高质量发展和高水平安全的良性互动，流域综合治理能力将进一步提高。

二 湖北省流域综合治理面临的问题

（一）中小河流、湖泊污染治理成效待提升

一是中小河湖水污染治理滞后。目前湖北水生态修复和环境治理多集中在重点河湖和城区河湖，仍有相当多的中小河湖水质较差。按照《湖北省水安全保障"十四五"规划》提供的数据，全省中小河流治理不足，"十三五"末，水质劣于Ⅲ类的河段长度占评价河长的29%。汉江支流神定河水质仍为Ⅳ类，水质提升空间较大。同时湖泊污染治理困难，易反复，水生态退化严重。2021年湖北省生态环境公报数据显示，24个省控湖泊的29个水域中，水质为Ⅳ类、Ⅴ类的水域分别占48.3%、20.7%，占比较大。如流域农业面源污染、内源污染等因素导致洪湖、长湖等湖泊水质长期不达标，水生态退化较为严重。二是水环境基础设施建设存有短板。2021年中央生态环保督察指出，"十三五"期间，湖北省规划的新增城镇污水处理厂项目、新增污水管网项目和老旧管网改造项目分别仅完成规划能力目标的61%、74%和63%。管网错接、漏接、混接等问题突出，武汉市探测出混错接点达3932个。

（二）流域水生态系统健康修复受阻滞

一是部分河流湖泊生态基流难以保障。河流湖泊被闸、坝和堤等工程人为阻隔，对水资源、水环境、水安全等的影响很大，"连接器"、"转换器"和"蓄水器"等功能受阻。如清江流域水资源梯级开发，下游生态流量保障压力加大；由于生态流量泄放不足，汉江中下游水资源供需压力加剧，唐河、仙桃等断面日均满足率较低；府澴河流域上游来水水量小，河流生态基流难以保障；一些湖泊如龙感湖、黄盖湖等生态水量保障不足，梁子湖水面

出现萎缩的现象，江湖连通性下降等；江汉平原骨干河湖生态需水难以保障，部分河流沟渠建有大量涵闸泵站，人为造成河湖水系连通不足，资源性、工程性及水质性缺水并存。虽然实施了鄂州、黄冈等20处重点区域河湖水系连通工程，但是一些工程仍在建、一些工程仍未开工且周期较长。二是生物多样性衰退等问题不同程度存在。长江鲟、胭脂鱼、"四大家鱼"鱼苗和产卵规模大幅减少，白鳍豚、白鲟已功能性灭绝，中华鲟濒临灭绝没有得到根本缓解。外来入侵动植物，如空心莲子草（水花生）、凤眼莲（水葫芦）、豚草、紫茎泽兰、牛蛙、巴西龟、鳄龟等严重影响本地动植物生存空间。

（三）流域防洪薄弱段加固迫在眉睫

当前湖北省流域水利基础设施仍存在突出问题。如长江、汉江局部堤段仍存在薄弱环节，蓄滞洪区及分蓄洪民垸建设总体滞后、启用困难；中小河流、重点涝区、山洪灾害"点多线长面广"，仍存在较多短板；部分水库大坝基础薄弱，除险加固不彻底，病险问题仍然突出，全省防洪形势仍不容乐观，流域安全有隐患。

（四）水资源分布不均且节水意识不强

中国水资源公报显示，2021年湖北省水资源总量1188.82亿立方米，在全国排第10位，但湖北省水资源人均占有量不高、降水时空分布不均。一是存在水源性缺水。《湖北省水安全保障"十四五"规划》提供的数据显示，鄂北岗地及鄂中丘陵区等"旱包子"地区人均水资源量不足全省的一半，约为全国平均水平的1/3。部分地区由于污染治理不达标存在水质性缺水。二是节水意识有待加强。一方面政府大力推广节水意识，另一方面企业、群众节水的积极性不高，在丰水地区表现得尤为明显。2021年湖北、浙江及全国水资源公报显示，湖北省万元国内生产总值用水量67.2立方米，全国为51.8立方米，浙江仅22.6立方米；万元工业增加值用水量湖北55立方米，全国28.2立方米，浙江仅13.3立方米。

（五）流域"协同"治理尚有不足

一是部门协同治理不足。不同的政府单位单独分管不同的治理工作，如水利部门管水的数量，环保部门管水的质量，单位间没有成立联动协调工作小组，综合治理各项工作的障碍依然存在，政府机构内部的协同动态性未完全实现。二是河湖长制权责划分不清晰。湖北在全国率先实现河长制与湖长制一体化部署，巡查河湖已成为各级河湖长的工作常态。但是，在"河湖长制"中，依然存在权力和责任不明确的问题，同级别的各个河长、民间河长与正式河长、河长与其联系部门的责任划分尚未完全清晰，导致越权办事或不及时办理等情况的出现。三是公众参与不够。在调动企业、公众、非政府组织的过程中，还没有建立起一套完善的参与机制，与利益相关者进行面对面深入的沟通和协商不足。四是智慧水利建设不足。如对一些小型的水库、堤坝、中小闸缺乏监测；河湖管理对排污、水生态、岸线开发、河道利用、涉水工程等监控设施不足。监控手段自动化程度不高，新的传感设备、智能视频摄像、定位和卫星无人机遥感等新技术还没有广泛应用。

三 坚持"五水共治"推动湖北流域综合治理

水资源、水生态、水环境、水安全、水管理等都是流域综合治理的重要内容，具有高度的关联性，单独追求某一个问题的解决是低效的、不可能的。湖北省要坚持系统思维、精准思维、底线思维、改革思维等，以促节水、治污水、净湖水、保江水、御灾害等为突破口，打好流域综合治理组合拳。

（一）坚持系统思维，实施流域系统管理与生态修复齐头并进

实施流域系统管理。严格落实省、市州、县流域综合治理和统筹发展规划纲要要求，按照3个一级流域（长江、汉江、清江）和16个二级流域片区（包括长江流域的9个二级流域片区，汉江流域的4个二级流域片区，清

江流域的 3 个二级流域片区）强化全省流域统筹，市县在细化三级、四级流域片区的基础上加强系统管理。划分流域综合治理的"底图单元"，不仅可以确定安全管控的"负面清单"，同时可以摸清流域家底，掌握河网水系、自然资源、水利工程、社会经济、产业发展、人口分布等基本情况，可以更好地统筹流域资源环境和区域发展，明确流域区域发展布局和发展重点。

统筹控源截污、内源治理以及生态修复。控源截污应从污染源头着手，推进江河湖库周边截污管网建设、排污口封堵工程、雨污分流管网建设、污水管网完善工程建设。内源治理包括实施河道淤泥清淤、淤泥原位处理、基底河槽整治、拆除河道建筑物等工作，打通河水流通通道，改善河水水质。生态修复包括加强生态岸线、生态景观提升等工程，实行上游下游、岸上岸下、城镇农村同步治理，彻底改善水生态、水环境，逐步恢复水体自净能力。

严格管控涉河涉湖项目。落实流域片区负面清单，严格管控可能影响防洪安全、供水安全和水生态安全的项目建设和活动，依法履行涉河建设项目和活动许可，切实落实流域生态环境影响评价制度。

（二）坚持精准思维，紧扣重点领域开展专项行动

抓好重点流域重大水生态修复工程。加强重要河流水生态修复，重点实施汉江流域、府澴河流域等江汉平原重要河流水生态保护与治理修复，长河黄州段、渔洋河五峰段等主要城市河段生态修复工程。实施重点湖泊水生态修复，包括四湖流域、鄂东南湖泊群水生态修复治理工程，武湖、汈汊湖、钟祥南湖等湖泊清淤及综合治理试点工程。加强对中小河流、湖泊的治理，省生态环境厅等相关部门要指导地方加快谋划建设一批综合治理、生态修复、再生水循环利用和污染减排工程项目，着力解决群众身边的水环境问题，增强群众水生态环境获得感、幸福感和安全感。

积极推进流域重大引调水工程。在鄂北、鄂中丘陵区，重点推进鄂北地区水资源配置二期工程、鄂中丘陵区水资源配置工程。在鄂西山区，重点实施引江补汉工程，加强引江补汉输水线路沿线补水工程方案研究。鄂东地区

要加快推进鄂东南水资源配置以及大别山南麓水资源配置等工程。为缓解局部缺水区的用水困难，要加快推进一批区域性引水工程，具体包括清江引水、引隆补水、鄂坪调水工程等。

补齐流域水利基础设施短板。着重解决环境敏感地区污水配套管网不足的问题，完善长江汉江堤防防洪保护圈，重点推进襄阳、荆门等汉江干流岸线保护与堤防加固工程，完善汉江干流防洪工程体系，提高汉江干流整体防洪能力。加强重点湖区排涝能力建设，加快江汉平原长湖、洪湖、斧头湖、梁子湖、大冶湖等重点湖区和汉北片、汉南片、武汉附近江北片等重点易涝区防洪治涝工程建设。对重要支流富水、府澴河、清江、沮漳河等实施河道疏浚、堤防加固、岸坡防护等系统治理。对荆竹河、拾桥河、淦河、滠水河、滚河等百余条中小河流要保障治理河道畅通、堤防达标。

（三）坚持底线思维，全面强化流域水资源刚性约束

坚持节水优先，细化落实"四水四定"举措，建立全省水资源承载力分区管控体系，实行水资源消耗总量和强度双控，全面实行取用水计划管理、精准计量。抓住节水、回用、再生关键环节，通过推进节水型载体建设、推动园区企业中水回用等举措，做好工业节水文章。以鄂北岗地为突破口大力推进节水灌溉，实现农业节水增效。进一步完善财政、税收等配套政策，通过激励措施更好地激励单位和个人节水，促进企业加大节水改造力度。湖北省的枝江、沙洋等地已建立起农业节水补贴及奖励制度，且效果明显，可进一步推广。

（四）坚持改革思维，提升流域水管理能力

进一步完善流域综合治理协调联动机制。树立"一盘棋"的思想，各部门既要各司其职，也要协同作战；对综合治理中涉及多个部门的任务，牵头部门要建立工作协调联动机制，参与部门要积极配合，部门之间形成工作合力，打造综合治水新格局。建立环保、水利等与水有关的各部门预防应急信息共享平台，如环保部门向水利部门及时通报水质监测和处置信息，水利

部门同样要及时向环保部门通报水文信息。要常态化开展水质测管联动预警提醒，健全重点水体水华预警响应机制，建立汛期污染排放强度排名和溯源机制，进一步提升监管水平。建立健全全省流域水生态考核机制，选择湖北长江干流及主要支流、重点湖泊和水库等具有代表性的水体，开展水生态考核试点，制定评分细则。

进一步完善河湖长制。各级河湖长是流域综合治理工作的第一责任人，要完善工作考核机制，防止"有制无治"的现象。实现"河湖长+检察长"机制全省覆盖，协助督办河湖长各项工作。针对跨界河湖的责任难界定、规划难统一、治理难同步等问题，充分发挥河湖长制平台作用，以"分段保护、全段合作"为原则，打破行政约束，联合提升防汛能力、联合治理流域污染、联合制定管护标准、联合强化常态管护、联合开展执法巡查、联合信息通报共享，做到协同管护、共同担责。定期通过交流、座谈，分析形势，让每项工作落细落实。

进一步完善流域综合治理的社会参与制度。流域综合治理也是政府、企业、公众的"共治"。第一，公众可直接参与到流域综合治理中，包括公众参与治水决策、专家参与治水咨询、居民参与治水听证、非政府组织参与水生态保护和水环境治理等。第二，公众可监督企业和政府的治水行为。积极借助智能产业助力水综合治理。学习杭州治理经验，开发建立湖北省"流域综合治理"之类的移动网络应用系统，每个人都可以通过诸如"河道水质"和"河道督查"手机 App，随时拍下在流域综合治理方面有问题的河道，并上传图片和具体位置，形成治水线上线下双向互动的模式，实现共同监督、共同治理。

进一步完善智慧水利建设。稳步推进湖北省智慧水利建设，打造数字孪生流域示范工程。以流域洪涝风险防控、区域水资源调配、水生态保护修复、水网公共服务"四大需求"为牵引，构建"透彻感知、全面互联、智能分析、精准'四预'、智慧调度、调控有序"的数字孪生水网，实现实体水网与数字水网的"两极融合"，全面提升水网监测感知能力，对水流态、水空间、水工程、水管理等进行透彻感知。

参考文献

彭佳学：《浙江"五水共治"的探索与实践》，《行政管理改革》2018 年第 10 期。

《碧水长流楚天舒——省人大及其常委会依法助力水生态环境保护纪实》，www. hppc. gov. cn/p/22244. html。

《践行"两山"理念　湖北为长江大保护交出合格答卷》，《中国妇女报》2022 年 3 月 2 日。

许光建、卢允子：《论"五水共治"的治理经验与未来——基于协同治理理论的视角》，《行政管理改革》2019 年第 2 期。

丛杭青、顾萍、沈琪：《杭州"五水共治"负责任创新实践研究》，《东北大学学报》（社会科学版）2018 年第 2 期。

B.11
湖北省工业碳生产率及绿色低碳转型对策研究

吴晗晗 *

摘 要： 工业是国民经济的主导产业，也是实体经济的主体。湖北省是老工业基地，新发展阶段，加快建设全国构建新发展格局先行区，离不开工业绿色低碳转型。本文采用 CEADs 碳排放数据，在对湖北省工业碳排放现状及特征分析的基础上，构建全要素碳生产率指数（MIC），对 2010～2019 年 38 个工业细分行业碳排放及 MIC 进行测算分解分析后认为：MIC 在 2016 年最低，处于无效状态，但随着长江大保护战略的实施，指数上升趋势明显；38 个工业细分行业中有 34 个行业 MIC 大于 1，其中煤炭开采和洗选业全要素碳生产率提高程度最显著；4 个 MIC 小于 1 的行业中有 3 个行业的指数年均增速为负，它们面临碳生产率下降和碳生产率提高难度加大的双重困境。应将不同类型行业碳生产率提升作为重要准则，从规模、技术、结构等角度推动工业绿色低碳转型。

关键词： 湖北省 工业行业 碳生产率 绿色低碳转型

随着我国工业化进程的加深，工业发展面临日益严重的资源短缺、环境污染与生态恶化等环境约束。如果工业不能走出一条可持续发展的转型之

---

* 吴晗晗，湖北省社会科学院长江流域经济研究所助理研究员。

路，经济发展就会落入生态环境陷阱。《"十四五"工业绿色发展规划》指出，工业要实现绿色低碳转型，就必须坚定走生态优先、绿色低碳的高质量发展道路。客观开展湖北省工业碳排放调查和碳要素生产率评价，进而指导湖北工业绿色低碳转型，是湖北统筹抓好发展和安全两件大事的本质要求，更是湖北加快建设全国构建新发展格局先行区的重要内容。

一 湖北省工业碳排放现状及特征分析

工业绿色低碳转型的前提是明晰现阶段碳排放现状及发展特征。因此，本文将对湖北省工业整体及工业细分行业化石能源消费带来的二氧化碳排放现状进行客观分析，并在此基础上厘清工业碳排放与经济发展的内在联系。

由于湖北省统计年鉴中工业能源的终端消费量没有细分行业数据，并且能源平衡表中细分行业能源消费量不是终端消费量，因此无法根据已有数据来测算工业细分行业的能源消费碳排放量，同时由于现有研究文献研究中碳排放量的计算口径，尤其是能源消费种类、碳排放系数等的不一致，会带来计算结果的较大差异。因此，为避免上述问题，本课题统一采用国家自然科学基金委员会、科技部国际合作项目等编纂的中国碳核算数据库（Carbon Emission Accounts &Datasets，CEADs）中基于 IPCC 分部门方法的省级碳排放清单 2010~2019 年湖北省分行业碳排放数据，对湖北省整体及工业碳排放现状与特征进行分析。

（一）工业碳排放总量先增后减再上升

作为湖北省碳排放量 70% 以上的来源，工业的节能减排和绿色转型是湖北省实现"双碳"目标和绿色崛起的关键。通过测算，湖北省工业碳排放量变化趋势与全省碳排放总量变化趋势高度吻合，即呈先增后减再上升的三阶段变化趋势（见图 1）。

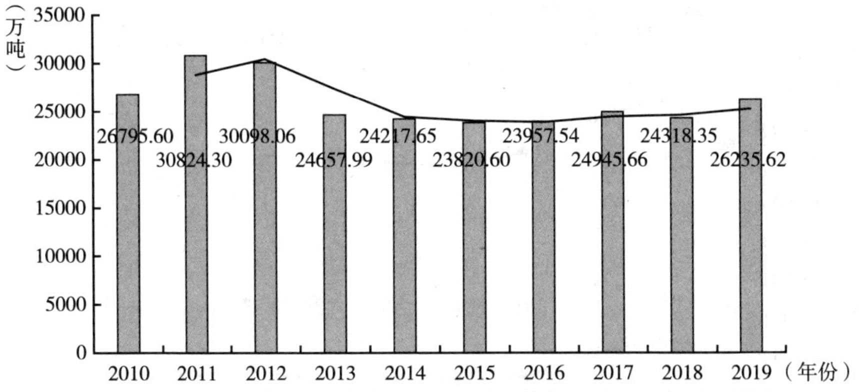
（万吨）
35000
30000
25000
20000
15000
10000
5000
0
26795.60
30824.30
30098.06
24657.99
24217.65
23820.60
23957.54
24945.66
24318.35
26235.62
2010
2011
2012
2013
2014
2015
2016
2017
2018
2019（年份）

图 1　2010~2019 年湖北省工业碳排放量变化趋势

（二）工业细分行业碳排放量变化特征各异

工业细分行业碳排放量存在较大差异，变化特征也不尽相同。按碳排放量的大小，可以将 38 个细分行业分为高碳排放、中等碳排放、较低碳排放和低碳排放四类。

第一类为高碳排放行业。该类行业在样本年间碳排放量均值在 1000 万吨以上，包括电力、热力的生产和供应业，非金属矿物制品业，黑色金属冶炼及压延加工业，化学原料及化学制品制造业 4 个行业，其碳排放量变化趋势如图 2 所示。总体来看，高碳排放的 4 个行业碳排放量在 2013 年下降特征明显，随后除电力、热力的生产和供应业碳排放量呈上升趋势外，另外 3 个行业碳排放量均在略微波动中保持相对平稳（见图 2）。

第二类为中等碳排放行业。该类行业在样本年间碳排放量均值在 62 万~400 万吨，包括通用设备制造业，交通运输设备制造业，石油加工、炼焦及核燃料加工业，有色金属冶炼及压延加工业等 8 个行业，其碳排放量变化趋势如图 3 所示。8 个行业中，除通用设备制造业和石油加工、炼焦及核燃料加工业两者碳排放量在波动中有所增长外，其他 6 个行业碳排放量总体均呈下降趋势，其中医药制造业碳排放量下降最为明显，样本年间年均下降

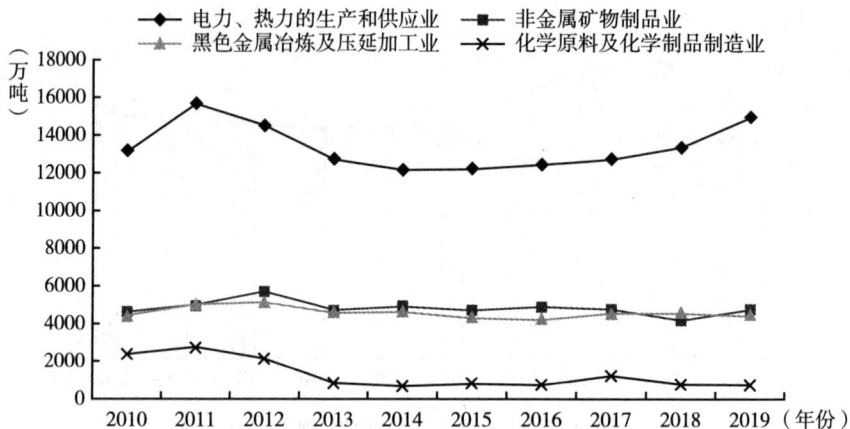

图2 高碳排放行业碳排放量变化趋势

28.71%，食品制造业、农副食品加工业、交通运输设备制造业分别年均下降14.91%、11.73%、11.36%（见图3）。

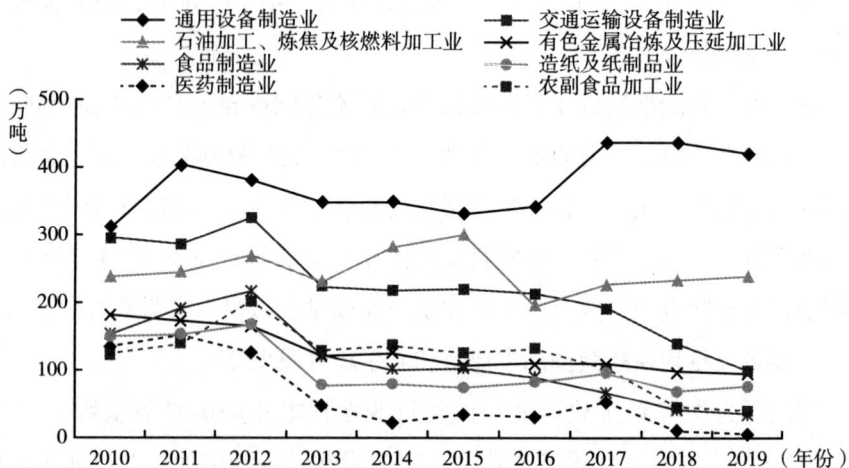

图3 中等碳排放行业碳排放量变化趋势

第三类为较低碳排放行业。该类行业在样本年间碳排放量均值在7万~61万吨，包括石油和天然气开采业、纺织业、饮料制造业、非金属矿采选业等

15个行业，其碳排放量变化趋势如图4所示。从图4中可以看出，较低碳排放行业碳排放量均呈较为一致且明显的收缩下降趋势，其中下降最为明显的是化学纤维制造业，该行业碳排放量由2010年的39.88万吨下降至2019年的0.76万吨，年均下降约36%，纺织业、饮料制造业、塑料和橡胶制品业以及木材加工及木、竹、藤、棕、草制品业年均下降率也达20%左右。

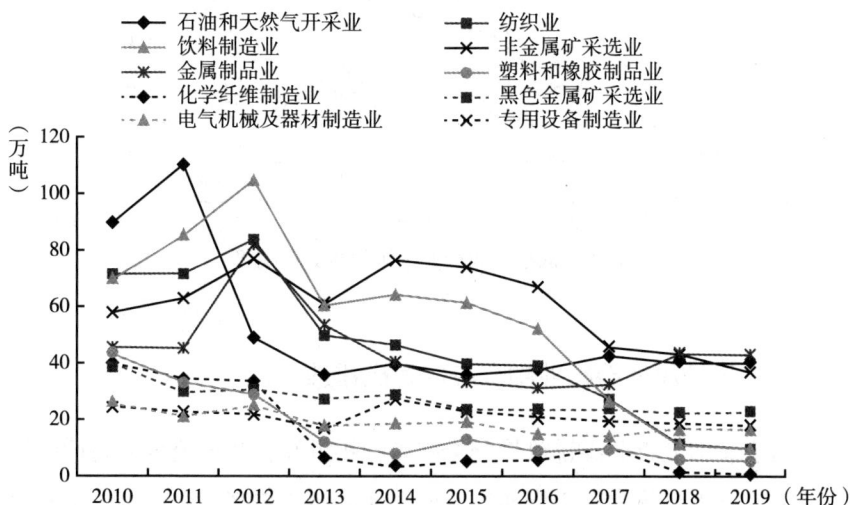

图4　较低碳排放行业碳排放量变化趋势

注：因较低碳排放行业及低碳排放行业个数较多，为较好展示行业碳排放趋势，并与高碳排放和中等碳排放行业进行比较，图4和图5中仅列出部分行业碳排放量变化趋势。

第四类为低碳排放行业。该类行业在样本年间碳排放量均值在6万吨以下，包括工艺品及其他制造业，印刷业和记录媒介的复制，通信设备、计算机及其他电子设备制造业，有色金属矿采选业等11个行业，其碳排放量变化趋势如图5所示。由于该类行业碳排放量基数小，样本年间行业碳排放量较小的变化幅度就会带来明显的波动，因此行业碳排放变化趋势相对凌乱，但从整体来看，除印刷业和记录媒介的复制、文教体育用品制造业、燃气生产和供应业、废弃资源和废旧材料回收加工业这4个行业碳排放量在波动中有所增长以外，其他7个行业碳排放量均呈下降趋势（见图5）。

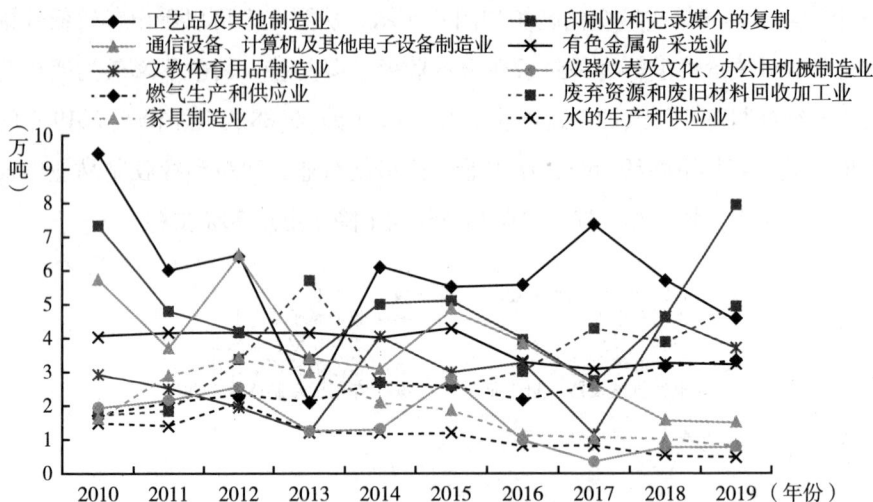

图5　低碳排放行业碳排放量变化趋势

（三）传统高耗能行业中存在中等碳排放行业

根据上文细分行业碳排放量分类结果分析可知，在传统六大高耗能行业中，湖北省电力、热力的生产和供应业，非金属矿物制品业，黑色金属冶炼及压延加工业，化学原料及化学制品制造业4个行业碳排放量均值在1000万吨以上，仍属于高碳排放行业。但石油加工、炼焦及核燃料加工业（2019年碳排放量245.98万吨）及有色金属冶炼及压延加工业（2019年碳排放量129.01万吨）与4个高碳排放行业碳排放量差距较大，属于中等碳排放行业。这也表明湖北省"双碳"目标的有效实现，并不是一味地限制高耗能工业行业的发展，高耗能行业里的中等碳排放行业可以作为降污减排的有效着力点。

二　湖北省工业碳要素生产率测算分析

碳生产率是将"低碳"与"经济"有机融合的概念，它将二氧化碳视作与劳动、资本同等重要的生产要素，会对经济的增长产生影响。对于碳生产率的测算主要集中于单要素和全要素两种分析方法。全要素碳生产率的测算表现更加多元化，如张丽峰基于 DEA 模型测算了 M 指数下的全要素碳生产率；杨翔等除了测算单要素碳生产率外，分别计算了 M 指数、ML 指数和 GML 指数下的中国制造业全要素碳生产率；李银荣运用 ML 指数法对西南地区绿色全要素碳生产率进行测算；白雪洁和孙献贞采用基于 SBM 的 GML 指数测算了中国区域全要素碳生产率。本文将采用全要素分析方法对湖北省工业碳生产率进行分析，以解释产出数量不能归因于生产要素的那部分原因。

（一）全要素碳生产率测算方法及数据说明

1. DEA-Malmquist 指数测算方法

在测度效率模型中 DEA 为最常用的分析方法，该方法无须假定函数的形式。作为一种非参数方法，DEA 虽然不能计算 TFP，但可以计算 TFP 指数。Malmquist 全要素生产率指数（Malmquist Total Factor Productivity Index，MI）是基于投入导向或产出导向型的距离函数计算得到的指数，由于我们将二氧化碳作为一种生产要素归为投入指标，并不需要对期望产出和非期望产出进行对称处理，选择 Malmquist 全要素生产率指数进行效率评价直观有效。具体 Malmquist 指数表达式如下：

$$
\begin{aligned}
M^k(x_{t+1}^k, y_{t+1}^k; x_t^k, y_t^k) &= \sqrt[2]{\frac{D_t^k(x_{t+1}^k, y_{t+1}^k)}{D_t^k(x_t^k, y_t^k)} \times \frac{D_{t+1}^k(x_{t+1}^k, y_{t+1}^k)}{D_{t+1}^k(x_t^k, y_t^k)}} \\
&= \frac{D_{t+1}^k(x_{t+1}^k, y_{t+1}^k)}{D_t^k(x_t^k, y_t^k)} \times \sqrt[2]{\frac{D_t^k(x_{t+1}^k, y_{t+1}^k)}{D_{t+1}^k(x_{t+1}^k, y_{t+1}^k)} \times \frac{D_t^k(x_t^k, y_t^k)}{D_{t+1}^k(x_t^k, y_t^k)}}
\end{aligned}
$$

其中，D_t^k 表示第 k 个决策单元第 t 期的产出距离函数，D_{t+1}^k 表示第 k 个决策单元第 $t+1$ 期的产出距离函数，$k=38$，表示湖北省工业 38 个细分行业，$t=10$，表示样本时间截面为 2010~2019 年。

由于我们将二氧化碳作为投入指标，故将此时的 Malmquist 指数称为全要素碳生产率指数（MIC）。

2. Malmquist 指数分解

根据 Malmquist 指数表达式，在不考虑规模效率问题时，R. Färe 等将全要素生产率指数分解为技术效率变化（EC）和技术进步变化（TC）的乘积，同样我们对全要素碳生产率指数进行分解：

$$MIC_k = EC_k \times TC_k$$

其中，*MIC*、*EC* 及 *TC* 分别是全要素碳生产率指数、技术效率变化指数和技术进步变化指数，均表示各指标从 *t* 期至 *t*+1 期的变化。此时，当 *MIC*、*EC* 和 *TC* 大于 1 时，则表示全要素碳生产率提高，技术效率提高和技术进步；当 *MIC*、*EC* 和 *TC* 小于 1 时，则表示全要素碳生产率下降，技术效率恶化，技术停滞不前。

当考虑规模效率时，*MIC* 指数可以进一步分解。R. Färe 等在 R. Färe 等分解方法的基础上，通过 VRS Malmquist 和 CRS Malmquist 模型得出不同的效率变化值，将 *EC* 继续分解为纯技术效率变化（Pure Efficiency Change，PEC）和规模效率变化（Scale Efficiency Change，SEC），即：

$$MIC_k = EC_k \times TC_k = PEC_k \times SEC_k \times TC_k$$

Zofio 在 R. Färe 等分解方法的基础上，继续将 *TC* 分解为纯技术变化（Pure Technical Efficiency Change，PTC）和规模技术变化（Scale Technical Efficiency Change，STC），即：

$$MIC_k = EC_k \times TC_k = PEC_k \times SEC_k \times PTC_k \times STC_k$$

此时，当各指数值大于 1 时，表示全要素碳生产率提高，技术效率和规模效率提高，纯技术和规模技术进步；反之，则全要素碳生产率下降，技术效率恶化，技术停滞不前。

3. 数据与指标选取

基于湖北省工业及 38 个细分行业实际情况，在实证分析中投入与产出指标①主要包括以下几个。

---

① 我们考虑传统的劳动力、资本要素的投入，并将二氧化碳排量作为投入要素，但没有将能源要素作为投入要素，是因为能源消费增加是二氧化碳排放量增加的一个主要原因，从统计性质来讲，二者之间存在高度相关性。

（1）工业产出指标。采用湖北省规模以上工业企业各细分行业总产值来衡量。通常工业行业的经济增长以工业增加值来衡量，但由于自 2008 年起，全国分省分行业增加值数据不再公开发布，湖北省工业分行业工业增加值数据亦不可获取，我们以工业分行业总产值替代增加值，并采用工业生产者出厂价格指数，以 2010 年为基期，对历年的工业总产值进行平减，消除不同年份价格因素的影响。

（2）资本存量投入指标。采用湖北省规模以上工业企业各细分行业的固定资产净额来衡量。固定资产净额已经扣除了累计折旧，因此可以直接作为存量指标用于计算。同样，为了保持数据的可比性，以 2010 年为基期，利用固定资产投资价格指数对数据进行不变价处理。

（3）劳动力投入指标。采用湖北省规模以上工业企业各细分行业全部从业人员年平均人数来衡量。

（4）二氧化碳投入指标。采用二氧化碳排放量来衡量。鉴于湖北省统计年鉴中工业能源的终端消费量数据中没有细分行业数据，而能源平衡表中细分行业能源消费量不是终端消费量，因此无法测算工业细分行业的能源消费碳排放数据，同时为避免计算口径的不一致，本文统一采用 CEADs 数据库中基于 IPCC 分部门方法的省级碳排放清单 2010~2019 年湖北省分行业碳排放数据。

（二）全要素碳生产率测算结果分析

采用基于 DEA-Malmquist 全要素生产率指数的测算方法，分析湖北省资源要素对碳生产率的影响。通过测算，2011~2019 年，湖北省工业 38 个细分行业全要素碳生产率指数如表 1 所示。

1. 工业整体全要素碳生产率指数变化呈 "W" 形

由测算结果得到，2011~2019 年湖北省工业全要素碳生产率指数变动趋势如图 6 所示。从图 6 中可以看出，样本年间，湖北省工业全要素碳生产率指数波动情况表现出三个阶段性变化规律：第一阶段是在 2011~2013 年，其间全要素碳生产率指数变化为 "W" 左侧形态，呈先降后增趋势；第二阶段

表1 2011~2019年湖北省工业细分行业全要素碳生产率率指数

行业名称	2011年	2012年	2013年	2014年	2015年	2016年	2017年	2018年	2019年	均值
煤炭开采和洗选业	1.5463	0.7981	1.0611	1.1051	1.0621	1.2180	2.2664	4.3750	1.0367	1.6077
石油和天然气开采业	0.5549	1.1101	1.0243	0.9361	0.5588	0.8971	1.5883	1.9554	0.3785	1.0004
黑色金属矿采选业	1.5818	1.1281	0.9266	0.9222	0.8109	0.9501	0.8750	0.7878	1.0132	0.9995
有色金属矿采选业	0.9068	1.0599	0.9506	1.7494	0.5962	1.1188	1.5901	0.8873	1.9601	1.2021
非金属矿采选业	1.1517	1.1748	1.0896	0.9634	0.9350	1.4057	0.8809	0.9534	1.2284	1.0870
其他采矿业	2.3089	0.6507	1.1415	0.7626	1.3237	0.0730	1.6744	1.7481	1.0853	1.1965
农副食品加工业	1.3493	1.1552	1.1927	1.0397	1.1207	1.1025	0.9022	0.9916	1.1515	1.1117
食品制造业	1.0881	1.0754	1.0246	1.0715	1.2138	1.1278	0.8692	0.8375	1.0370	1.0383
饮料制造业	1.3469	1.0703	1.2339	1.1127	1.0485	1.1341	0.7375	1.1219	1.2523	1.1176
烟草制品业	1.0337	1.2533	1.3929	1.0470	1.2806	0.4833	0.9391	1.2936	0.9094	1.0703
纺织业	1.2896	1.0842	1.2522	1.1665	1.0384	1.0737	1.0820	0.9193	1.0337	1.1044
纺织服装、服饰业	1.3487	1.0259	1.2546	1.0906	1.1027	1.1820	1.0664	0.8096	1.0668	1.1053
皮革、毛皮、羽毛(绒)及其制品业	1.6921	0.6372	1.6972	1.1314	1.0846	1.1498	1.1222	1.0546	1.4434	1.2236
木材加工及木、竹、藤、棕、草制品业	1.2773	1.0671	1.4414	1.2196	1.1937	1.1074	0.9744	1.0447	1.0691	1.1550
家具制造业	0.7942	0.7699	0.8124	0.7600	1.1127	1.3864	1.2388	0.7304	0.3093	1.0016
造纸及纸制品业	1.2250	1.0814	0.9306	1.0815	1.0928	0.9424	0.9736	0.9429	1.0070	1.0308
印刷业和记录媒介的复制	1.4687	1.1252	1.3904	0.9932	1.1397	1.1610	1.0757	0.8136	1.0559	1.1359
文教体育用品制造业	1.0206	0.9782	1.4224	0.6433	2.0355	0.3475	1.1495	0.6940	1.2558	1.0608
石油加工、炼焦及核燃料加工业	1.2788	0.9272	1.1410	1.0471	0.8793	1.0395	1.2126	0.9307	0.7763	1.0258

续表

行业名称	2011年	2012年	2013年	2014年	2015年	2016年	2017年	2018年	2019年	均值
化学原料及化学制品制造业	1.3795	1.1736	1.1414	1.1548	1.1149	1.0978	0.7954	0.9774	1.1438	1.1087
医药制造业	1.1779	1.0274	1.2396	1.2773	1.0522	1.1512	0.8482	1.2468	1.1250	1.1273
化学纤维制造业	1.2913	1.1253	1.2751	2.3664	0.6570	1.8705	1.1176	1.3108	1.2596	1.3637
塑料和橡胶制品业	1.2587	1.2716	1.2658	1.1695	1.0613	1.0791	1.0672	0.9127	1.1011	1.1319
非金属矿物制品业	1.3844	1.1602	1.1965	1.1570	1.1065	1.1035	0.9456	0.9417	1.1317	1.1252
黑色金属冶炼及压延加工业	1.1981	0.9864	0.9767	0.8793	0.9928	1.0232	1.3183	1.0551	1.0378	1.0520
有色金属冶炼及压延加工业	1.4583	0.9815	1.1049	0.9370	0.9710	1.1263	0.8578	1.1783	1.0932	1.0787
金属制品业	1.3055	1.0135	1.2843	1.2633	1.0966	1.1080	0.9933	1.0087	1.1017	1.1305
通用设备制造业	1.1295	1.1578	1.0806	1.0838	1.1405	0.8994	1.4130	0.9584	1.1369	1.1111
专用设备制造业	1.3732	1.1210	1.1477	1.0510	1.1222	1.1163	0.9901	1.0928	1.0687	1.1203
交通运输设备制造业	1.0900	1.0941	1.3404	1.0642	1.0807	1.1520	1.0597	1.0431	1.0971	1.1135
电气机械及器材制造业	1.1013	1.1173	1.2546	1.0746	1.1062	1.1155	1.0096	0.9677	1.0772	1.0916
通信设备、计算机及其他电子设备制造业	1.2205	0.7541	1.9449	1.3289	0.8896	1.1230	1.0929	1.1074	1.0996	1.1734
仪器仪表及文化、办公用机械制造业	0.8600	0.7127	1.6135	1.0448	0.4430	3.0857	1.9407	0.7253	1.0815	1.2786
工艺品及其他制造业	0.8560	1.1387	1.5208	0.6517	1.3468	1.0719	0.9279	1.5400	1.3097	1.1515
废弃资源和废旧材料回收加工业	1.2467	0.9947	0.7295	0.9193	0.8812	0.7099	1.0795	1.0087	1.0642	0.9593
电力、热力的生产和供应业	0.8430	1.1055	0.8897	0.9873	1.0397	1.0638	1.0363	1.0580	1.3818	1.0450
燃气生产和供应业	0.9024	0.9856	1.1451	0.8925	1.3476	1.0503	0.6761	0.8812	1.0382	0.9910
水的生产和供应业	1.8449	0.2113	3.2432	1.8138	0.9606	3.6091	0.8177	2.8231	1.0636	1.8208

183

是在 2013~2016 年，其间全要素碳生产率指数均值逐年下降，至 2016 年，指数均值下降为最低 0.9916；第三阶段为 2016~2019 年，全要素碳生产率指数均值呈逐渐上升趋势，至 2019 年指数均值提高到 1.0541。

湖北省工业全要素碳生产率指数的这种变化趋势也与工业发展实际情况是相符的。2013 年以来，由于长江经济带高耗能行业的无序发展，环境污染及产能过剩问题严重，到 2016 年，全要素碳生产率指数达到最低，处于无效状态。在这种情况下，习近平总书记提出"共抓大保护，不搞大开发"的长江经济带发展战略决策，湖北省化工行业相继"关停并转搬"，工业绿色发展成效显著，全要素碳生产率也在随后表现出上升趋势。

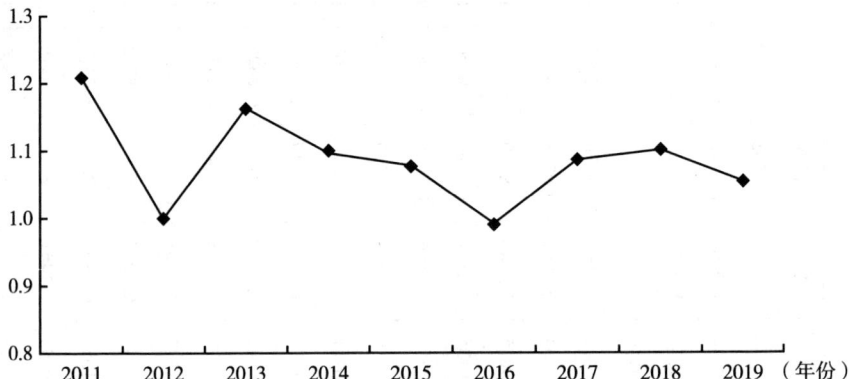

图 6　2011~2019 年湖北省工业全要素碳生产率指数变动趋势

注：工业整体全要素碳生产率指数取值为工业 38 个细分行业全要素碳生产率指数均值。

2. 细分行业中仅4个行业全要素碳生产率下降

从细分行业来看，2011~2019 年，湖北省工业细分行业全要素碳生产率指数均值如图 7 所示。

从图 7 中可以看出，煤炭开采和洗选业、非金属矿采选业、农副食品加工业等 34 个行业全要素生产率指数均大于 1，表明样本年间，这些细分行业的全要素碳生产率总体上均在不断提高，其中煤炭开采和洗选业全要素生产率指数位居首位，其碳生产率提高程度最显著；而石油和天然气开采业、黑色金属矿采选业、有色金属矿采选业和造纸及纸制品业 4 个行业全要素碳生产率

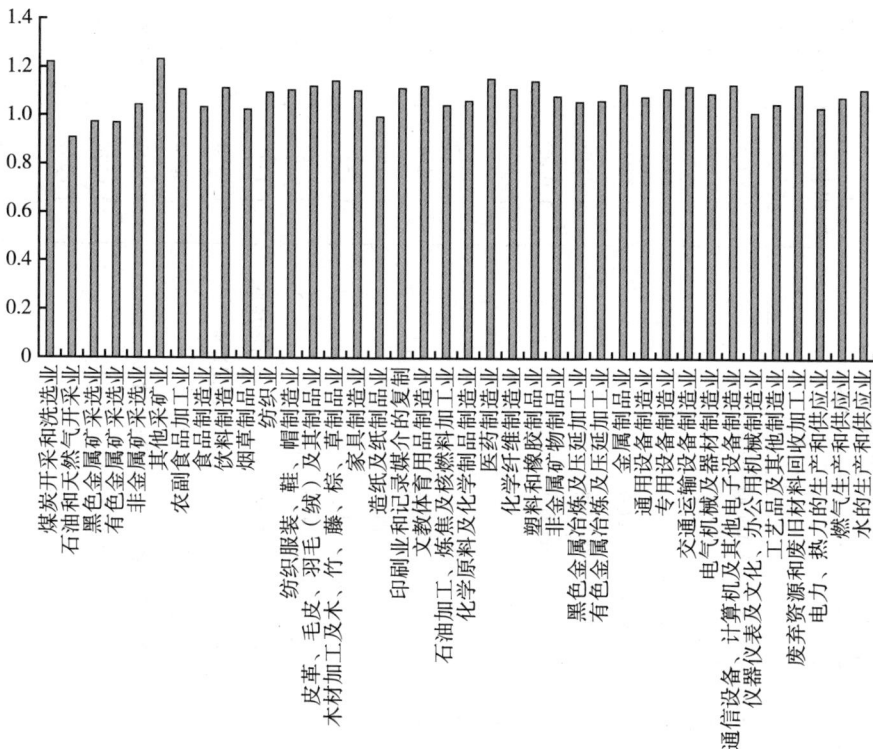

图7　湖北省工业细分行业全要素碳生产率指数均值

指数低于 1 (分别为 0.9083、0.9731、0.9704 和 0.9952),样本年间的全要素碳生产率有所降低,但降低程度不多 (全要素碳生产率指数在 0.9 以上)。

3. 细分行业全要素碳生产率提高越来越难

前述结果显示,38 个细分行业中有 34 个行业的全要素碳生产率指数均值大于 1,说明其全要素碳生产率在提高。但进一步对细分行业全要素碳生产率指数年均增速进行分析 (见表 2),绝大多数行业的全要素碳生产率年均增速却在下降,说明这些行业的全要素碳生产率提高越来越难。

具体来看,煤炭开采和洗选业、石油和天然气开采业、黑色金属矿采选业等 31 个行业全要素碳生产率提高越来越难,表现在这些行业的全要素碳生产率指数年均增速均为负值。

表 2 湖北省工业细分行业全要素碳生产率指数均值及年均增速

行业	MI 指数均值	指数年均增速	行业	MI 指数均值	指数年均增速
煤炭开采和洗选业	1.2210	-4.08	化学原料及化学制品制造业	1.0624	-2.43
石油和天然气开采业	0.9083	-10.36	医药制造业	1.1550	-0.02
黑色金属矿采选业	0.9731	-5.85	化学纤维制造业	1.1120	-1.41
有色金属矿采选业	0.9704	0.60	塑料和橡胶制品业	1.1460	-0.71
非金属矿采选业	1.0454	1.35	非金属矿物制品业	1.0819	-2.33
其他采矿业	1.2338	2.58	黑色金属冶炼及压延加工业	1.0595	-1.38
农副食品加工业	1.1082	-0.89	有色金属冶炼及压延加工业	1.0637	-5.13
食品制造业	1.0347	0.68	金属制品业	1.1312	-2.22
饮料制造业	1.1150	-0.45	通用设备制造业	1.0814	-2.14
烟草制品业	1.0254	-1.26	专用设备制造业	1.1154	-3.09
纺织业	1.0978	-4.12	交通运输设备制造业	1.1249	-0.83
纺织服装、鞋、帽制造业	1.1081	-2.75	电气机械及器材制造业	1.0958	-0.45
皮革、毛皮、羽毛(绒)及其制品业	1.1230	-1.99	通信设备、计算机及其他电子设备制造业	1.1327	-1.52
木材加工及木、竹、藤、棕、草制品业	1.1448	-2.42	仪器仪表及文化、办公用机械制造业	1.0168	4.19
家具制造业	1.1049	-1.41	工艺品及其他制造业	1.0530	2.51
造纸及纸制品业	0.9952	-2.95	废弃资源和废旧材料回收加工业	1.1326	-1.86
印刷业和记录媒介的复制	1.1147	-3.74	电力、热力的生产和供应业	1.0379	8.78
文教体育用品制造业	1.1241	-7.85	燃气生产和供应业	1.0808	-0.77
石油加工、炼焦及核燃料加工业	1.0435	-4.70	水的生产和供应业	1.1129	-1.98

其中，石油和天然气开采业全要素碳生产率指数年均降速达到10%以上，是所有工业细分行业中全要素碳生产率提升最难的行业；煤炭开采和洗选业，黑色金属矿采选业，纺织业，文教体育用品制造业，石油加工、炼焦及核燃料加工业，有色金属冶炼及压延加工业6个行业全要素碳生产率指数年均降速在4%~8%区间；仅农副食品加工业、饮料制造业、医药制造业、塑料和橡胶制品业、交通运输设备制造业、电气机械及器材制造业、燃气生产和供应业等7个行业全要素碳生产率指数年均降速在1%以下。

此外，在4个全要素碳生产率指数小于1的行业里，石油和天然气开采业、黑色金属矿采选业和造纸及纸制品业3个行业的指数年均增速也为负值，说明三者面临全要素碳生产率下降和碳生产率提高难度加大的双重困境。

有色金属矿采选业、非金属矿采选业、食品制造业等7个行业全要素碳生产率指数年均增速为正值，说明这些行业全要素碳生产率在逐年提高。其中电力、热力的生产和供应业全要素碳生产率指数年均增速最高，为8.78%，表明该行业全要素碳生产率提高最容易取得显著效果。此外，有色金属矿采选业年均增速虽然为正值（0.6%），但全要素碳生产率指数均值0.9704是小于1的，表明该行业全要素碳生产率虽然在样本年间表现为下降趋势，但9年间的全要素碳生产率下降的趋势是放缓的。

（三）全要素碳生产率分解分析

根据Zofio分解方法，我们进一步对湖北省工业全要素碳生产率进行分解，以期了解工业全要素碳生产率变动的原因。

1. 纯技术进步是工业全要素碳生产率提升的主要原因

通过计算，2011~2019年湖北省工业全要素碳生产率分解结果如表3所示。

表3　2011~2019年湖北省工业全要素碳生产率分解情况

项目	MIC	PEC	SEC	PTC	STC
2011年	1.2085	1.0653	1.1506	1.1298	0.8726
2012年	0.9998	0.9655	0.9815	1.0096	1.0449
2013年	1.1632	1.0009	0.8644	1.2109	1.1104

续表

项目	MIC	PEC	SEC	PTC	STC
2014 年	1.0963	1.0219	0.9367	1.0704	1.0699
2015 年	1.0780	0.9517	0.9588	1.0727	1.1012
2016 年	0.9916	1.1825	1.3189	0.8743	0.7271
2017 年	1.0865	0.9919	1.0663	1.0812	0.9501
2018 年	1.1011	1.0374	0.9307	1.0448	1.0916
2019 年	1.0541	1.0001	1.0357	1.0934	0.9307
均值	1.0846	1.0222	1.0194	1.0616	0.9805

通过表 3 结果分析可知，2011~2019 年湖北省工业全要素碳生产率增长了 8.46%，其中纯技术进步平均增长 6.16%，是全要素碳生产率增长的主要原因，而由技术进步带来的规模技术效应反而恶化了 1.95%；纯技术效率增长 2.22%，是全要素碳生产率增长的第二大原因，同时，在技术水平一定的条件下，要素及资源的聚集也在一定程度上带来了规模效率 1.94%的增长。

2. 2016年全要素碳生产率变化更多依赖环境的约束

为更清楚地了解样本年间全要素碳生产率分解情况，绘制图 8。

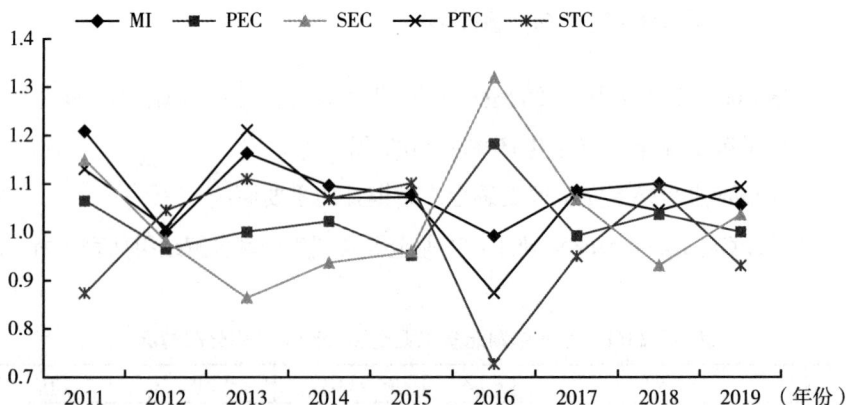

图 8　2011~2019 年湖北省工业行业全要素碳生产率指数分解情况

对图 8 中各指数变化情况进行分析可以发现 2016 年这个特殊年份。在该年纯技术进步和规模技术变化与全要素碳生产率变化趋势保持一致，均为无效状态，指数值分别为 0.8743 和 0.7271，二者合力带来技术进步的无效（指数均值为 0.6358）；纯技术效率和规模效率在 2016~2017 年表现出与全要素碳生产率完全相反的变化趋势，规模效率指数值在 2016 年出现了 31.89% 的快速增长，纯技术效率指数值也增长了 18.25%，但二者合力产生的技术效率的增长，在纯技术进步和规模技术无效条件下，未能带来全要素碳生产率的提高（全要素碳生产率指数均值 0.9916）。这说明在此期间湖北省工业未能充分发挥技术进步的作用，反而更多地依赖节能降耗减污、生态环境保护措施等约束条件来实现，这与 2016 年及之后长江经济带发展战略实施情况是相符的，也从侧面证明本研究数据计算结果的可靠性。

3. 规模技术无效阻碍了各行业全要素碳生产率的提升

从 38 个工业细分行业全要素碳生产率分解结果（见表 4）中可以看出，纯技术效率、规模效率、纯技术进步和规模技术等 4 个指数无效的行业数分别为 6 个、9 个、3 个、29 个，占细分行业总数比分别为 15.79%、23.68%、7.89% 和 76.32%（见图 9）。其中，规模技术指数小于 1 的行业比例最高，绝大多数细分行业规模技术效率恶化，阻碍了全要素碳生产率的提升。相比之下，纯技术进步指数小于 1 的行业仅 3 个，说明行业全要素碳生产率的提升主要归因于科技创新带来的技术进步。

表 4　2011~2019 年湖北省工业细分行业全要素碳生产率分解

行业	MI	PEC	SEC	PTC	STC
煤炭开采和洗选业	1.2210	1.1714	1.0028	1.1858	0.8766
石油和天然气开采业	0.9083	0.8276	1.0453	1.0746	0.9770
黑色金属矿采选业	0.9731	0.9673	1.0078	1.0113	0.9871
有色金属矿采选业	0.9704	1.0490	0.9053	1.0750	0.9507
非金属矿采选业	1.0454	1.0430	1.0032	1.0312	0.9688
其他采矿业	1.2338	1.0000	1.1104	0.9036	1.2297
农副食品加工业	1.1082	1.0000	1.0555	1.1052	0.9500

续表

行业	MI	PEC	SEC	PTC	STC
食品制造业	1.0347	1.0113	1.0188	1.0205	0.9841
饮料制造业	1.1150	1.0319	1.0508	1.0700	0.9610
烟草制品业	1.0254	1.0000	1.0000	1.0289	0.9967
纺织业	1.0978	1.0254	1.0338	1.0719	0.9661
纺织服装、鞋、帽制造业	1.1081	1.0596	0.9934	1.0339	1.0182
皮革、毛皮、羽毛(绒)及其制品业	1.1230	1.0000	1.0601	1.1793	0.8983
木材加工及木、竹、藤、棕、草制品业	1.1448	1.1013	0.9986	1.0418	0.9992
家具制造业	1.1049	1.0206	1.0399	1.0322	1.0085
造纸及纸制品业	0.9952	1.0033	1.0037	1.0235	0.9656
印刷业和记录媒介的复制	1.1147	1.0758	1.0021	1.0418	0.9924
文教体育用品制造业	1.1241	0.9890	1.1175	0.9634	1.0557
石油加工、炼焦及核燃料加工业	1.0435	0.9806	0.9997	1.0342	1.0293
化学原料及化学制品制造业	1.0624	1.0192	1.0189	1.0774	0.9495
医药制造业	1.1550	1.0451	1.0443	1.0712	0.9880
化学纤维制造业	1.1120	1.1470	0.9483	1.1254	0.9085
塑料和橡胶制品业	1.1460	1.0623	1.0376	1.0600	0.9808
非金属矿物制品业	1.0819	1.0329	1.0451	1.0827	0.9256
黑色金属冶炼及压延加工业	1.0595	1.0000	0.9918	1.0452	1.0222
有色金属冶炼及压延加工业	1.0637	1.0201	1.0520	1.0459	0.9477
金属制品业	1.1312	1.0346	1.0479	1.0871	0.9598
通用设备制造业	1.0814	1.0366	1.0529	1.0642	0.9310
专用设备制造业	1.1154	1.0399	1.0243	1.0733	0.9756
交通运输设备制造业	1.1249	1.0000	1.0630	1.1105	0.9530
电气机械及器材制造业	1.0958	1.0032	1.0351	1.0855	0.9722
通信设备、计算机及其他电子设备制造业	1.1327	1.0000	1.0000	1.1365	0.9967
仪器仪表及文化、办公用机械制造业	1.0168	1.0000	1.0000	1.0888	0.9339
工艺品及其他制造业	1.0530	1.0584	0.9590	1.0511	0.9870
废弃资源和废旧材料回收加工业	1.1326	1.0000	1.0487	0.9453	1.1425
电力、热力的生产和供应业	1.0379	0.9937	0.9897	1.0423	1.0125
燃气生产和供应业	1.0808	0.9518	1.0356	1.0243	1.0705
水的生产和供应业	1.1129	1.0991	0.9266	1.2658	0.8633

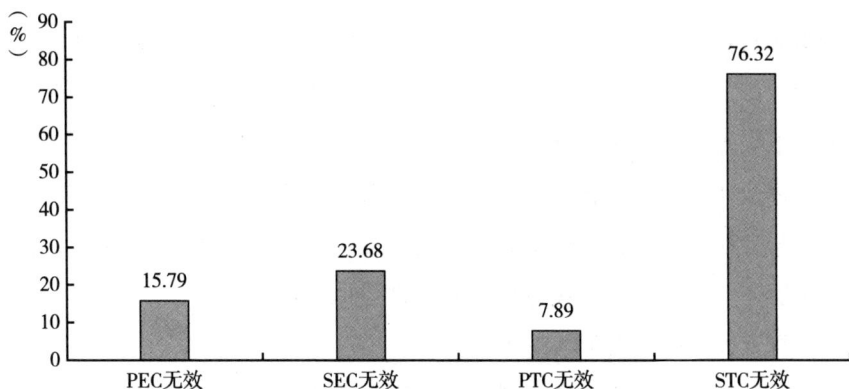

图9 工业细分行业4个分指数无效行业数占比情况

三 推动湖北省工业绿色低碳转型的对策建议

湖北省要着力强化创新驱动力、深度调整产业结构、加快优化能源结构、促进能源资源利用效率，充分发挥工业全要素碳生产率作用，推动全省工业绿色低碳转型步伐跻身全国前列，加快推动全国制造强国高地建设，努力建设全国构建新发展格局先行区。

（一）以自主创新促进工业绿色低碳转型升级

创新是工业绿色低碳转型发展的基础，深入实施创新驱动发展战略，强化以科技创新为核心的全面创新，有效提升湖北省工业经济的核心竞争力。应持续在创新平台打造、协同创新体制机制探索、绿色低碳技术创新和推广运用等方面重点突破。

1.协同打造区域创新平台

一方面，发挥自主创新示范区的示范引导作用，要以东湖国家自主创新示范区、国家创新型城市（包括试点城市）（如武汉、宜昌、襄阳等）等为引领，以国家级、省级等各类高新区、经开区等为重点，加快推动全国科技

191

创新高地建设；另一方面，合力打造大科学装置集群，充分发挥大科学装置的"磁吸效应"，以武汉为中心，辐射带动"鄂黄黄咸"高端制造业和仪器产业的发展。研究制定大科学装置及其科研仪器建设发展的产业引导和支持政策，依托光谷科创大走廊，加快突破一批"卡脖子"关键核心技术，着力提升创新能力以及创新成果转化和产业化能力。鼓励仪器企业、高校、科研院所与大科学装置建设单位共建"联合实验室"或"联合研究院"，打造高端仪器产业链，形成产业与科研平台的良性互动。

2. 探索完善科技创新体制机制

一是推动财税利益分享机制。推行黄石（武汉）离岸科创中心的做法，支持"鄂黄黄咸"在武汉设立"科创飞地"，通过政策机制、优质服务、创业投资等长效机制促进飞地成果向本地转化。鼓励光谷黄冈科技产业园、中国光谷·咸宁产业园等按照税源协商研究跨区域投入共担、利益共享的税收征管协调机制，形成可复制、可推广的经验。

二是建立协同创新服务机制。依托武汉东湖、黄石大冶湖、黄冈、咸宁等国家高新区和葛店、黄石国家级经开区，采取"园区整合""一区多园""合建园区"等方式加强合作，统筹和优化重点产业布局。研究制定企业精准化服务举措，包括大型仪器共享、工业互联网服务、科创资源对接、品牌园区优先入驻、异地投资服务等。

3. 加快绿色低碳技术创新和推广运用

一是加强绿色低碳技术发展布局。培育和组建一批省级绿色技术研发中心，设立"湖北省碳中和关键技术研究与示范重大专项"，推动绿色低碳技术实现重大突破。

二是推进能源清洁低碳技术和装备发展。聚焦光伏光热、煤炭清洁高效综合利用、页岩气勘查开发、燃料电池、新型储能氢能、碳捕捉等重点领域，加大产业关键技术、共性技术和前沿性技术研发攻关，推动能源技术与新材料和先进制造技术深度融合，形成一批自主知识产权成果，培育一批能源装备研发制造企业。

三是推广节能低碳技术产品应用。推动规模化碳捕捉、封存和利用技术研发、示范。探索节能降碳技术推广机制，遴选发布绿色技术推广目录，创建一批绿色科技资源共享服务、绿色技术（产品）交易、绿色技术推广等公共平台。

（二）加快工业能源结构优化与能效提升

能源是湖北工业经济安全运行和经济社会发展支撑的基础保障。加快清洁能源开发利用、升级能源消费方式、提高能源利用效率是实现湖北工业绿色低碳转型最直接、最有效的路径。

1.大力发展非化石能源

一是加大宜昌、恩施页岩气勘探开发，推进煤制天然气、生物天然气项目建设，建设潜江、武汉、鄂东三大储气基地，推进西气东输三线湖北段、川气东送湖北段及增压工程等国家干线，加快省内支线天然气管道和储气设施接入城市管网管道建设。

二是按全省Ⅰ、Ⅱ、Ⅲ三类消纳区指引，新增风电、光伏等新能源装机，有序推进风电和光伏发电等新能源项目建设，提高可再生能源电力消纳比重，加快工业重点行业和领域电能替代，提升终端电气化率。

三是加快能源低碳智慧转型和低碳技术应用，推进大型高效电源项目、金沙江上游至湖北±800千伏特高压直流输电工程建设，加强火电灵活性改造，加快应急备用和调峰电源建设，加快全省可靠电网建设，武汉市建成世界一流电网，加快储能规模化发展，推进"风光水火储"和"源网荷储"一体化项目，大力推进充换电基础设施建设，建设以新能源为主体的新型电力系统。

2.转变用能方式和结构

严格控制煤炭消费增长，新增煤炭消费项目除省级以上审批（核准、备案）之外全部实施等量减量替代，强化大气污染防治重点城市煤炭消费总量控制，加快淘汰工业中小燃煤锅炉，严格落实2023年执行国Ⅵ车用汽油B阶段标准，推进油品质量升级，加快天然气产供储销体系建设，实施"气化长江"、"气化乡镇"工程和"燃气下乡"，加快终端用电气化。完善能耗双控，严格控制能耗强度，合理控制能源消费总量，科学分解各市州及工业行业能耗双控目标，确立以重大项目能耗为主要依据的分配原则，对于能耗强度达标而发展较快的城市，在总量分配时给予适度倾斜。

（三）提升工业绿色化水平

产业结构的优化是生产率提升的根本，应从工业生产自身出发，加快高耗能的煤石油化工产业绿色转型和绿色低碳制造业发展，大力培育发展绿色低碳产业，构建绿色低碳现代化工业产业体系。

1. 加快煤石油化工产业绿色转型

一是延伸产业链，提升产品附加值。贯彻落实湖北省制造业产业链链长制实施方案，加强延链补链强链，提升煤、石油等化工产业链竞争力；大力发展基础材料下游产品、精细化学品和化工新材料，推进产业向价值链高端延伸，不断提升产品附加值。二是改造增效。强力推进技术改造，加快沿江化工产业关改搬转复绿，全面推广清洁生产，建设绿色工厂、绿色园区、绿色供应链，利用综合标准推动落后产能退出。三是坚决遏制"两高"项目盲目发展。对"十四五"拟投产达产的"两高"工业项目，由所在市州综合平衡，保重点、压一般，鼓励施行能耗指标竞争性配置。争取炼油、石化、煤化工重大工业项目纳入国家相关产业布局规划和能耗单列。

2. 加快绿色低碳制造业发展

大力发展交通运输设备制造业，电气机械及器材制造业，通信设备、计算机及其他电子设备制造业，仪器仪表及文化、办公用机械制造业等全要素碳生产率较高行业。发挥湖北汽车产业基础优势，抢抓世界汽车产业向中国集聚、国家汽车产能向中西部转移的机遇，发挥东风公司、上汽通用、小鹏汽车、吉利路特斯等龙头企业的牵引作用，以新能源汽车、智能网联汽车为重点，持续做强湖北汽车产业优势，提升产业集中度，打造以"汉孝随襄十"为重点的万亿级汽车产业走廊，建设全国汽车产能基地。加快建设全国性汽车数据、交易、检测、后市场等服务平台，推动中国电动汽车百人会武汉基地建设。实施产业跨界融合发展工程，推动汽车产业与新一代信息通信、新能源、新材料、人工智能、大数据等新兴产业深度融合。

3. 大力发展绿色低碳产业

强化发展战略性新兴产业，加快把信息技术、生物技术、新能源、新材料等战略性新兴产业培育成为支柱产业；突破性发展未来产业，包括生命健康、海洋经济、航空航天、智能装备、机器人和可穿戴设备等，将其发展成为新经济发展的主力军；推动新一代数字信息技术与绿色低碳产业深度融合，借助新经济发展模式，让大数据、云计算、物联网、移动互联网新技术与工业深度融合，以信息物理融合系统为基础，构建智能工厂、实现智能制造，优化工业制造业的生产方式、投资方式、管理方式和商业模式，促进传统优势产业与新技术、新模式的融合，进而推进传统工业经济绿色低碳转变。

参考文献

张丽峰：《基于 DEA 模型的全要素碳生产率与影响因素研究》，《工业技术经济》2013 年第 3 期。

杨翔、李小平、周大川：《中国制造业碳生产率的差异与收敛性研究》，《数量经济技术经济研究》2015 年第 12 期。

李银荣：《西南地区全要素碳生产率测算及影响因素研究》，《中国管理信息化》2020 年第 3 期。

白雪洁、孙献贞：《互联网发展影响全要素碳生产率：成本、创新还是需求引致》，《中国人口·资源与环境》2021 年第 10 期。

史丹：《中国工业绿色发展的理论与实践》，《当代财经》2018 年第 1 期。

袁富华：《低碳经济约束下的中国潜在经济增长》，《经济研究》2010 年第 8 期。

Zofio J. L. , "Malmquist Productivity Index Decompositions: a Unifying Framework", *Applied Economics*, 2007, 39 (18): 2371-2387.

Färe R. , Grosskopf S. , Lindgren B. , Roos P. , "Productivity Changes in Swedish Pharamacies 1980-1989: A Non-parametric MALMQUIST Approach", *Journal of Productivity Analysis*, 1992, 3 (1-2): 85-101.

Färe R. , Grosskopf S. , Norris M. , Zhang Z. , "Productivity Growth, Technical Progress, and Efficiency Change in Industrialized Countries", *American Economic Review*, 1994, 84 (1): 66-83.

B.12
武汉城市圈两型社会建设评价研究

刘陶 彭锦*

摘 要： 两型社会建设是武汉城市圈的一张特色名片，科学评价武汉城市圈两型社会建设现状，对新发展格局下武汉城市圈加快推进绿色同城化发展具有重要参考意义。本文在构建两型社会评价指标体系的基础上，运用主成分分析法对2017～2021年武汉城市圈两型社会建设成效进行了测度评价与分析，研究显示，武汉市在武汉城市圈中"一家独大"的局面仍较为显著，其余城市在两型社会建设中同武汉市的发展协调程度较低，未来应从发挥中心城市带头作用、加强城市圈内部合作、重视科技创新引领等方面提升武汉城市圈两型社会协同发展效能。

关键词： 武汉城市圈 两型社会 同城化

自2007年武汉城市圈获批"全国资源节约型和环境友好型社会建设综合配套改革试验区"（简称"两型社会"）以来，武汉城市圈积极围绕两型社会建设要求，强化规划引导，健全推进机制，不断促进经济发展与人口、资源、环境相协调，取得了较好的成效。党的二十大报告提出，要协同推进降碳、减污、扩绿、增长，推进生态优先、节约集约、绿色低碳发展，为武汉城市圈推进两型社会建设提出并指引了新的要求与方向。评价武汉城市圈

---

* 刘陶，湖北省社会科学院长江流域经济研究所副研究员，主要研究方向为区域经济与可持续发展；彭锦，湖北省社会科学院长江流域经济研究所硕士研究生，主要研究方向为区域可持续发展。

两型社会建设现状，对客观总结建设成效、找准问题与短板、明晰未来着力方向具有一定的参考价值与指导作用。

一 两型社会评价指标体系构建

学术界关于两型社会建设评价已有部分研究，评价指标构建方式较为类似，均设立如经济发展程度、资源节约程度等少数一级指标，并详列若干二级指标进行体系构建，但评价方法略有不同。游达明等构建了包括资源节约度、环境友好度、经济结构、社会和谐度、科技创新力五个一级指标及相应若干二级指标的评价体系，通过加权指数计算评价了 2009 年中部六省的两型社会建设水平。李新平等基于熵值法，从四个主要因素出发对武汉、长沙、株洲与湘潭四市"两型"社会建设状况进行综合评价，结果表明，2009 年长沙与武汉两市的综合建设程度相对较好。王茜茜等采用投影寻踪法评价武汉市两型社会发展情况，为克服评价指标权重主观性强、不易处理高维数据等问题提供一种可行路径。

整体而言，对于长株潭城市群两型社会评价的研究内容偏多，未考虑长株潭城市群范围扩展为"3+5"后，三市对岳阳、常德等周边城市两型社会建设的带动与辐射情况。同样地，针对武汉城市圈两型社会建设评价的研究多数聚焦于武汉市，对武汉城市圈的整体关注度稍显不足；而且评价年份略早，对现有武汉城市圈两型社会建设情况的参考程度有限。在评价指标的选取中一般对水环境指标的关注度不足，未体现湖北省作为"千湖之省"的特色。因此，对武汉"1+8"城市圈两型社会建设的最新情况重新开展评价与研究，对加快推进武汉城市圈两型社会建设、积极响应湖北省流域综合治理、践行党的二十大精神具有重要意义。

综合上述两型社会建设评价研究相关成果，结合武汉城市圈实际与国际国内发展环境，本文从"经济增长"、"科技创新"、"资源节约"、"环境友好"与"社会事业发展"五个子系统构建评价指标体系，如表 1 所示。

表 1 两型社会评价指标体系

评价子系统	评价指标	指标性质
经济增长	GDP 增长率	正指标
	人均 GDP	正指标
	城市居民人均可支配收入	正指标
	农村居民人均可支配收入	正指标
	第三产业产值占 GDP 比重	正指标
科技创新	每万人专利授权量	正指标
	每万人 R&D 人员数	正指标
	R&D 经费占 GDP 比重	正指标
	高新技术产业增加值占 GDP 比重	正指标
资源节约	万元工业增加值用水量	逆指标
	万元 GDP 电耗	逆指标
	一般工业固体废物综合利用率	正指标
	单位 GDP 能耗增长率	逆指标
环境友好	全年空气质量优良率	正指标
	地表水考核断面水质达标率	正指标
	污水处理厂集中处理率	正指标
	建成区绿化覆盖率	正指标
	人均公园绿地面积	正指标
	生活垃圾无害化处理率	正指标
社会事业发展	城镇化率	正指标
	人均地方财政收入	正指标
	固定资产投资增幅	正指标
	城市市政公用设施建设固定资产投资占 GDP 比重	正指标

二 评价方法与计算说明

（一）主成分分析法

进行综合评价的统计学常用方法有主成分分析法、熵值法及层次分析法等。熵值法在计算权重时对指标间的独立性要求较高，权重易受指标间的相关性影响；层次分析法需要对指标间的相对重要关系进行主观排序打分，对本次指标体系的适用性较差。考虑到本次模型涉及指标数量较多，而主成分分析法可通过降维的方式，用少数几个主成分代表初始变量的大部分信息，可以实现对数据的浓缩凝练，并计算出评价指标的综合得分，较为满足本次研究的目的，故采用主成分分析法进行两型社会评价指标体系的构建与得分的计算。

为保证主成分分析结果的稳定性，对部分逆指标数据进行同向化处理。后利用 SPSS 软件对数据进行标准化及主成分分析。按照"特征值大于 1、累计方差贡献度大于 80%"的原则提取主成分。

如表 2 所示，提取主成分后可以用 6 个新综合变量来表示原先 23 个指标所代表的信息，且累计方差贡献率达到 80.871%，对原有评价指标的解释程度较好。故本次综合得分的计算选取前 6 个主成分值进行加权汇总；其余主成分特征值小于 1，方差累计贡献率趋于平缓，代表性较差，不提取作为主成分。

表 2　主成分分析结果与总方差解释

成分	总方差解释					
	初始特征值			提取载荷平方和		
	特征值	方差百分比（%）	累积百分比（%）	特征值	方差百分比（%）	累积百分比（%）
1	7.601	33.047	33.047	7.601	33.047	33.047
2	3.995	17.368	50.415	3.995	17.368	50.415
3	2.837	12.336	62.751	2.837	12.336	62.751
4	1.622	7.053	69.803	1.622	7.053	69.803
5	1.374	5.975	75.779	1.374	5.975	75.779
6	1.171	5.093	80.871	1.171	5.093	80.871
7	0.866	3.765	84.636			
8	0.832	3.618	88.255			
……	……	……	……			
21	0.019	0.083	99.954			
22	0.006	0.027	99.980			
23	0.004	0.020	100.000			

（二）综合得分计算

根据 SPSS 软件得出的成分矩阵（见表 3），将矩阵中的每个元素同所对应主成分特征值的平方根相除，得到该元素代表的指标在相应主成分中的组合系数。各主成分得分值可采用组合系数与标准化后的指标值逐一相乘并求和得到。再将各主成分得分按贡献率计入权重并汇总，就构建得到主成分表达式。将标准化后的原始数据代入表达式计算便得到各城市样本的两型社会建设综合得分。

综合得分表达式为：

$$F = \sum a_{ij}^* Z_i \lambda_j (i = 1,2,3,\cdots,23; j = 1,2,3,4,5,6)$$

其中，a_{ij}^* 表示第 i 个指标在第 j 个主成分中的组合系数，Z_i 表示第 i 个指标数据标准化后的值，λ_j 表示第 j 个主成分的贡献率权重。

表 3　主成分组合系数矩阵

评价指标	主成分1	主成分2	主成分3	主成分4	主成分5	主成分6
GDP 增长率	0.011	0.101	0.461	0.357	0.203	0.033
人均 GDP	0.223	0.328	−0.167	0.161	−0.024	0.026
城市居民人均可支配收入	0.352	−0.042	−0.027	0.039	0.047	0.017
农村居民人均可支配收入	0.315	0.056	−0.092	0.141	0.092	−0.071
第三产业产值占 GDP 比重	0.315	−0.018	−0.122	−0.004	0.116	−0.017
每万人专利授权量	0.327	−0.019	−0.005	−0.122	0.198	0.066
每万人 R&D 人员数	0.238	−0.250	0.087	0.154	−0.304	0.121
R&D 经费占 GDP 比重	0.132	−0.337	0.092	0.051	−0.294	0.320
高新技术产业增加值占 GDP 比重	0.296	−0.093	−0.068	−0.151	0.007	0.083
万元工业增加值用水量	0.040	0.385	−0.247	0.150	−0.053	0.115
万元 GDP 电耗	0.065	0.418	−0.112	−0.031	0.078	−0.048
一般工业固体废物综合利用率	0.051	0.246	0.125	−0.228	0.398	−0.119
单位 GDP 能耗增长率	−0.003	0.200	0.442	−0.046	−0.114	0.066
全年空气质量优良率	−0.034	−0.057	−0.346	0.192	0.347	0.415
地表水考核断面水质达标率	−0.059	−0.141	0.127	−0.488	0.162	0.122

评价指标	主成分1	主成分2	主成分3	主成分4	主成分5	主成分6
污水处理厂集中处理率	0.142	-0.198	-0.015	0.289	0.287	0.285
建成区绿化覆盖率	0.013	-0.312	0.032	-0.189	0.467	-0.158
人均公园绿地面积	0.085	-0.168	-0.052	0.220	-0.041	-0.583
生活垃圾无害化处理率	-0.056	-0.232	-0.117	0.319	0.131	-0.399
城镇化率	0.337	-0.052	0.098	-0.132	-0.060	-0.033
人均地方财政收入	0.325	0.040	0.147	-0.125	-0.003	-0.125
固定资产投资增幅	0.002	0.077	0.490	0.314	0.200	0.095
城市市政公用设施建设固定资产投资占GDP比重	0.311	0.127	0.074	-0.082	-0.167	-0.113

（三）数据说明

2017~2021年是武汉城市圈两型社会建设与同城化发展较为快速时期，因而本文选取武汉城市圈2017~2021年数据进行分析研究。本次研究所用数据取自2017~2021年所对应的《湖北统计年鉴》、武汉"1+8"城市圈9市的统计年鉴、住建部发布的《城市建设统计年鉴》、国家统计局发布的《中国城市统计年鉴》以及省生态环境厅发布的公报。部分数据存在缺漏，采取插值法补充。

三 武汉城市圈两型社会建设评价

（一）武汉城市圈两型社会建设总体成效呈稳步上升态势

表4为武汉城市圈9市2017~2021年两型社会建设的综合得分情况。武汉城市圈9个城市两型社会建设综合得分走向较为一致，在2017~2021年呈稳步上升的趋势，在2020年受新冠疫情影响有较为明显的回落，但在2021年又迅速上升并维持了较为稳定的年平均增长率（见图1）。虽然综合

得分变化趋势较为相似，但在综合得分值，即发展水平上，武汉市与其余 8 个城市拉开了明显的差距，且这种差距在该 5 年内没有缩小的趋势，反映武汉城市圈在两型社会建设中虽然由武汉市发挥了较为明显的带动作用，但城市圈两型社会建设整体发展不够均衡协调，且这种不均衡的情况暂未得到较好的改善。

表 4　2017~2021 年武汉城市圈 9 市两型社会建设综合得分

城　　市	2017 年	2018 年	2019 年	2020 年	2021 年
武　汉	2.074	2.442	2.682	2.145	3.151
黄　石	-0.485	-0.465	-0.258	-1.123	0.261
鄂　州	-0.345	-0.322	-0.129	-1.053	0.261
孝　感	-0.539	-0.316	-0.199	-0.656	0.381
黄　冈	-0.825	-0.715	-0.896	-1.212	-0.436
咸　宁	-0.596	-0.420	-0.165	-0.673	0.313
仙　桃	-0.057	0.176	0.128	-0.635	0.658
天　门	-0.320	-0.555	-0.223	-0.929	0.126
潜　江	-0.138	0.048	0.132	-0.619	0.269

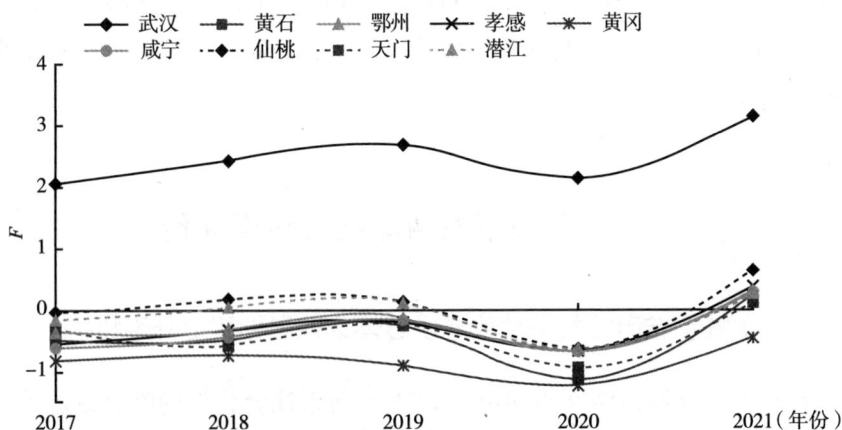

图 1　武汉城市圈 9 市两型社会建设综合成效走势

新冠疫情对两型社会建设的影响。2020年湖北省受新冠疫情冲击较为严重，抗疫工作占据了部分工作重心，导致湖北省各城市在该年的经济增长速度显著降低，投资与建设都在较长的一段时间内处于停滞。虽然新冠疫情对高新技术产业发展现状与生态环境状况等存量指标的影响较小，经济发展增速相关指标的降低仍不可避免地影响了该年两型社会建设的得分情况。但疫情并未对两型社会建设的发展造成长期的不利影响，在2021年随着新冠疫情态势的好转，武汉城市圈两型社会建设很快又恢复到往年的增长水平。

（二）中心城市武汉与周边城市经济增长协同效益较为显著

经济增长子系统中，各个城市得分走向趋势较为一致，如表5与图2所示，反映了武汉城市圈各城市经济增长目标与速度相对接近。同时，武汉市与其余8市的经济增长子系统得分有进一步缩小的趋势，体现了武汉城市圈作为以武汉为中心的经济联合体协同发展的潜力，武汉市的高速发展也形成溢出效应，带动周边城市的产业发展与经济增长。

表5　武汉城市圈"经济增长子系统"得分情况

城　市	2017 年	2018 年	2019 年	2020 年	2021 年
武　汉	0.622	0.820	1.075	0.756	1.293
黄　石	-0.440	-0.339	-0.117	-0.375	0.159
鄂　州	-0.384	-0.264	-0.008	-0.382	0.197
孝　感	-0.271	-0.109	0.013	-0.207	0.303
黄　冈	-0.456	-0.357	-0.204	-0.460	0.105
咸　宁	-0.343	-0.211	-0.021	-0.282	0.238
仙　桃	-0.220	-0.041	0.150	-0.001	0.343
天　门	-0.360	-0.254	-0.080	-0.308	0.204
潜　江	-0.187	-0.034	0.126	-0.133	0.445

（三）中心城市武汉带动武鄂黄黄协同创新发展成效初现

科技创新子系统中，武汉城市圈9个城市的得分走向均处于稳步上升状

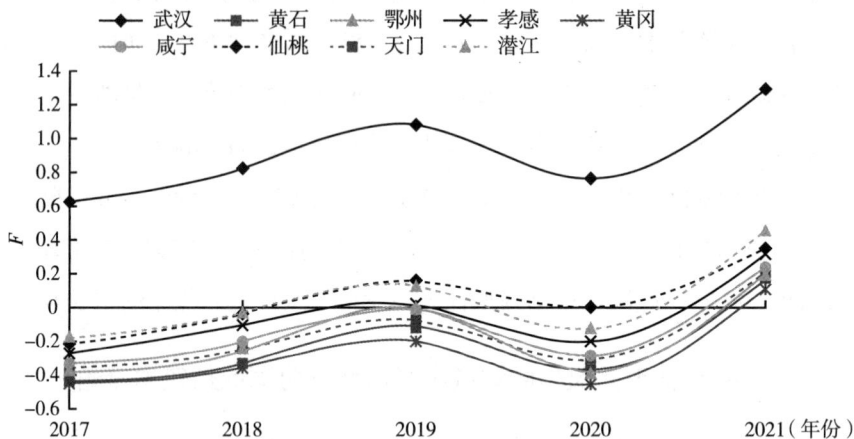

图2　武汉城市圈"经济增长子系统"得分走势

态（见表6与图3）。其中，武汉市在科技创新领域的龙头作用仍然显著，同其余各市的得分差距仍然明显，增长速度也明显较其余城市更高。这得益于武汉市丰富的高校资源与科研人才；同时，如光谷、武汉东湖国家自主创新示范区这样的科技创新产业集群也为武汉市科创发展提供了不竭动力。科技创新是推动资源节约、转变资源利用方式的有效手段，科技创新能力的领先也进一步奠定了武汉市在两型社会建设中的领头地位。值得注意的是，在其余8市中，黄石市的科技创新子系统得分显著突出，近年来，黄石市积极构建"政产学研金服用"的协同创新体系，统筹推进"黄石市企校联合创新中心""黄石市科技创新中心"等平台建设，成效斐然。2023年第一季度，黄石市高新技术产业增加值占 GDP 比重达 25.4%，稳居全省前列。

表6　武汉城市圈"科技创新子系统"得分情况

城　市	2017 年	2018 年	2019 年	2020 年	2021 年
武　汉	0.217	0.283	0.391	0.510	0.676
黄　石	−0.042	0.022	0.140	0.180	0.256
鄂　州	−0.063	0.056	−0.025	0.026	−0.004
孝　感	−0.102	−0.079	−0.052	0.009	0.061

城　市	2017 年	2018 年	2019 年	2020 年	2021 年
黄　冈	-0.203	-0.216	-0.200	-0.129	-0.121
咸　宁	-0.177	-0.149	-0.047	0.032	0.086
仙　桃	-0.157	-0.158	-0.072	-0.003	0.072
天　门	-0.209	-0.196	-0.073	-0.107	-0.085
潜　江	-0.121	-0.069	-0.093	-0.049	-0.022

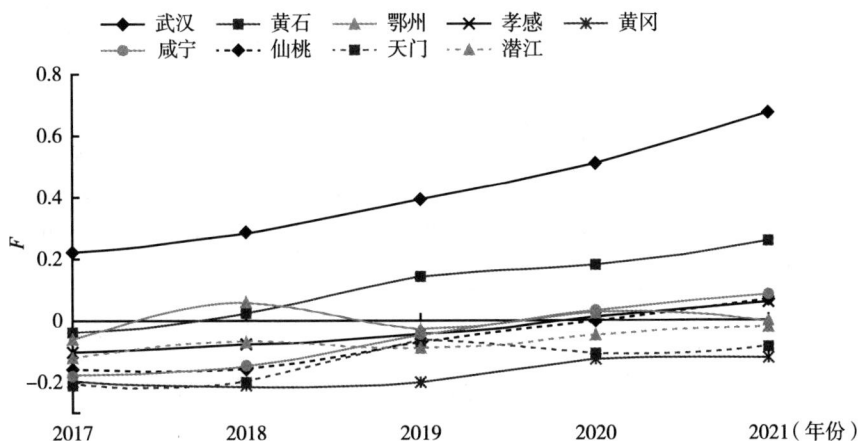

图 3　武汉城市圈"科技创新子系统"得分走势

（四）武汉城市圈9市节能降耗发展总体呈现均衡稳定局面

资源节约子系统中，9 座城市的发展趋势较为稳定，得分处在较为接近的区间，且有收拢的趋势（见表 7 与图 4）。9 座城市在资源节约子系统中可分为两个梯队，天门、武汉、咸宁、潜江与仙桃 5 市处于第一梯队，资源节约子系统得分较高，节能降耗发展状况较好；鄂州、孝感、黄冈与黄石四市位列第二梯队，节能降耗发展略微落后。其中天门市与黄石市在资源节约子系统中的得分情况分别位于首尾。天门市主推纺织服装、机电汽配、生物医药等低耗能产业集群发展，党的十八大以来，天门市深耕节能降碳能力建设，优化产业和能源结构，在资源节约与节能降耗方面成效显著。黄石市矿产资源丰富，作为典型的资源型城市与老工业基地，"高能耗、高污染、高排放"问题对黄石市的工业经济发展也会造成一定的不利影响，必须进一步加快落后产能淘汰、清洁生产与循环经济的发展。

表7 武汉城市圈"资源节约子系统"得分情况

城　市	2017 年	2018 年	2019 年	2020 年	2021 年
武　汉	0.255	0.253	0.226	0.278	0.155
黄　石	−0.111	−0.217	−0.266	−0.598	−0.292
鄂　州	−0.042	−0.106	−0.136	−0.461	−0.157
孝　感	−0.095	−0.053	−0.113	−0.147	−0.198
黄　冈	0.100	0.080	0.025	−0.088	−0.242
咸　宁	−0.058	0.071	0.031	0.038	0.092
仙　桃	0.239	0.250	−0.058	−0.297	0.034
天　门	0.249	0.250	0.235	0.084	0.310
潜　江	0.230	0.154	0.151	−0.112	0.058

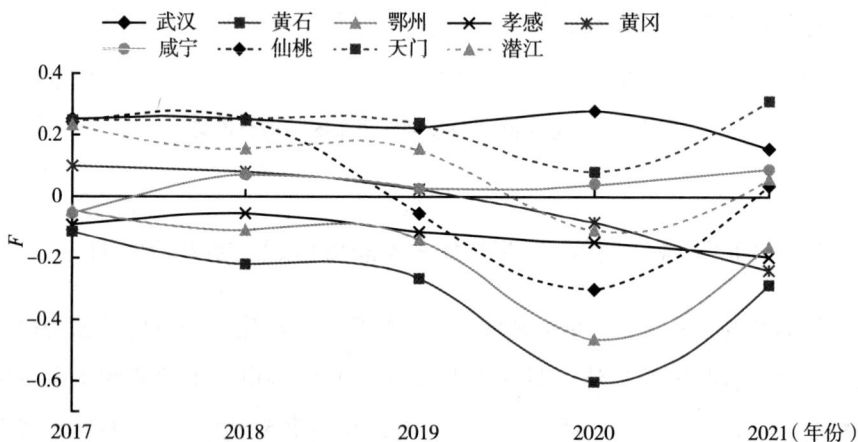

图4 武汉城市圈"资源节约子系统"得分走势

（五）武汉城市圈环境友好系统还处于波动不稳定状态

环境友好子系统中，除武汉、孝感、仙桃三市得分呈上升趋势以外，其余城市均表现为不同波动水平的下降趋势（见表8与图5），且不同城市间的得分水平呈发散趋势，未来武汉城市圈各市环境友好层面的差距存在进一步拉大的可能性。从原始数据分析，各城市在"生活垃圾无害化处理率""污水处理厂集中处理率"两项指标上差别较小，"地表水考核断面水质达标率"、"建成区绿化覆盖率"与"人均公园绿地面积"对环境友好子系统得分的影响较大。由图5观察到，黄冈市2019年得分显著较低，主要由于黄冈市2019年建成区绿化覆盖率仅为23.57%，与全省38.88%的平均水平差距较大，但在随后两年差距显著缩小。

表8 武汉城市圈"环境友好子系统"得分情况

城　　市	2017 年	2018 年	2019 年	2020 年	2021 年
武　汉	0.061	0.150	0.049	0.098	0.217
黄　石	0.031	−0.020	−0.092	−0.139	−0.063
鄂　州	−0.047	−0.105	−0.112	−0.123	−0.046
孝　感	0.024	0.044	0.035	0.023	0.168
黄　冈	0.040	0.036	−0.266	−0.030	−0.040
咸　宁	0.099	0.011	0.000	−0.087	−0.098
仙　桃	0.035	0.123	0.096	0.009	0.086
天　门	0.179	−0.150	−0.112	−0.130	−0.201
潜　江	0.036	0.105	0.066	0.075	−0.035

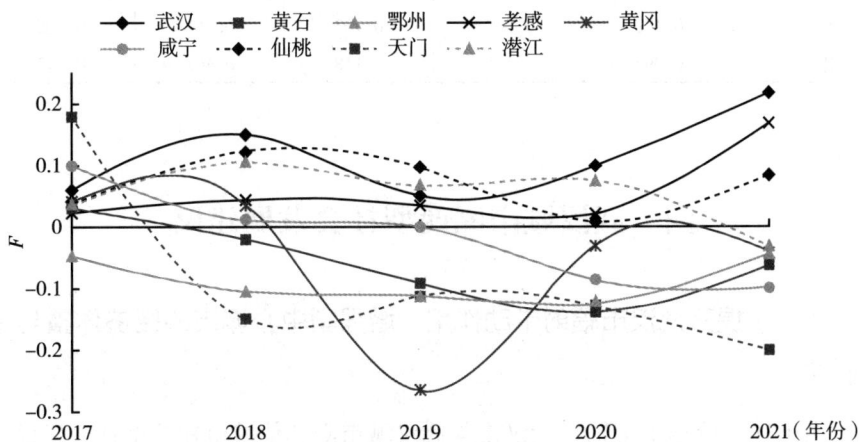

图5 武汉城市圈"环境友好子系统"得分走势

（六）武汉城市圈9市社会事业发展稳中向好

社会事业发展子系统中，各城市在 2017～2021 年内除受新冠疫情影响以外，波动较为平稳，略有上升趋势，反映了武汉城市圈的社会事业发展情况较为均衡与稳定，仅武汉市的得分情况显著领先，其余城市发展情况较为接近，与武汉市的得分差距有进一步缩小的趋势（见表 9 与图 6）。考虑到武汉市道路桥梁、供排水等市政建设情况较为完善，社会事业发展也已经处于较为良好的水平，随着其余 8 所城市推动新型城镇化建设步伐不断加快，与武汉城市圈一体化发展动能不断增强，其余城市社会事业发展有望达到同武汉市相近水准。

表 9　武汉城市圈"社会事业发展子系统"得分情况

城　市	2017 年	2018 年	2019 年	2020 年	2021 年
武　汉	0.918	0.936	0.940	0.503	0.808
黄　石	0.077	0.089	0.077	-0.191	0.201
鄂　州	0.192	0.096	0.153	-0.113	0.269
孝　感	-0.094	-0.119	-0.081	-0.334	0.047
黄　冈	-0.305	-0.257	-0.252	-0.505	-0.138
咸　宁	-0.117	-0.142	-0.129	-0.374	-0.004
仙　桃	0.045	0.002	0.012	-0.343	0.123
天　门	-0.179	-0.205	-0.193	-0.467	-0.102
潜　江	-0.097	-0.108	-0.118	-0.402	-0.177

四　武汉城市圈两型社会发展建议

（一）提升武汉市辐射带动作用，增强副中心城市的经济体量与带动能力

由上述评价结果可知，武汉市与武汉城市圈其他城市在两型社会建设上存在较大差距，呈现武汉市"一家独大"的局面。为促进武汉城市圈两型

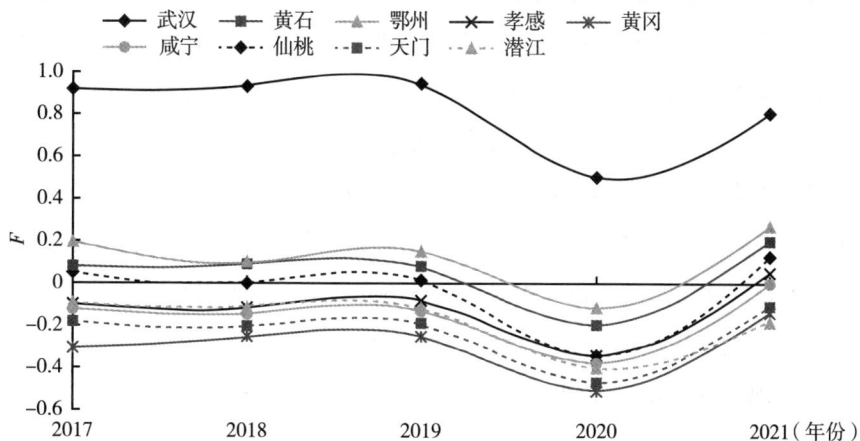

图6　武汉城市圈"社会事业发展子系统"得分走势

社会整体建设的均衡发展，必须在保持武汉市良好发展势头的同时缩小其余城市与其的差距。可通过功能疏解、产业扩散、调整人口居住的郊区化和区域化方式，适当控制武汉市人口密度，加快资源要素跨行政边界流动，促进武汉城市圈内部大中小城市和小城镇协调协同发展。

由于中心城市对外围地区的辐射也会随着距离的增加而衰减，对于覆盖范围较广的城市群，副中心城市的设立有助于更好地带动城市群整体均衡性发展。黄石市经济发展基础扎实，新兴产业布局合理，发展潜力较好，作为武汉城市圈副中心城市可在一定程度上缓解武汉城市圈发展过度中心极化的情况，可考虑进一步实施政策倾斜，引导要素在黄石市的聚集，带动周边县市发展，加强与武汉中心城市的相互协作。与此同时，黄冈与孝感两市正争创武汉城市圈区域中心城市，若成功争取武汉城市圈副中心城市的战略定位，对武汉城市圈的整体发展将起到更好的带动作用。

（二）推进武汉城市圈在生态环境领域加强合作，共商共建

环境友好子系统评价显示，武汉城市圈各市环境系统水平呈现参差不齐的状态，未来应加大生态环境共建共享力度，提升城市圈整体生态水平。武

汉城市圈 9 市应在 2022 年 8 月 24 日签署生态环境合作框架协议的基础上，积极开展系列探索与合作，推动跨界协同治理。完善大气环境、污染源以及跨界水体水质等监测信息的共享工作，推动污水处理、生活垃圾、危险废物、医疗废物等基础设施共建共管共享。以信息资源共享为基础，联动协同共商为途径，优势互补共赢为目标，生态环境共治为核心，进一步提高武汉城市圈生态环境整理治理能力。提高武汉市的辐射与带动作用，缩小其余城市两型社会建设同武汉市的差距，构建生态环境同城化、一体化发展新格局。

湖北省正在积极推进流域综合治理，将流域作为协同协作的治理单元，遵循流域内山水林田湖草沙的内在生态机理，进行流域生态系统一体化保护。在此背景下，武汉城市圈应以流域为纽带，加强上下游城市间环境保护、水资源管理和生态修复等方面的合作。以定期交流、合作研究、资源共享及跨区补偿的形式，促进两地间的信息交流和经验分享，共同推动流域的生态环境治理与可持续发展。

（三）以科技创新为引领，助力节能降碳

资源节约是两型社会建设的重要主题，在前述评价中武汉城市圈节能降耗发展势头较好，未来可以科技创新为引擎进一步推动城市圈节能降碳绿色发展，充分发挥武汉城市圈碳排放权交易试点和"中碳登"落户基础的良好优势。

一是在产业转型升级上，重点发展第三产业或高新技术产业，使经济发展逐步从要素驱动向创新驱动转变。鼓励高耗能行业生产过程中的节能技术研发，通过优化设备结构、改良生产技术、提高工艺流程和增进能源转化效率等方式推动传统产业绿色化升级改造，提高资源利用效率。通过技术创新实现工业废料废水高效转化，促进资源的循环利用；并大力发展新能源，提升新能源所占的能源消耗比重。在以政府为主导提倡技术创新的同时，充分激发市场主体活力，强化企业主体地位，完善激励引导、监督考核等各项机制与奖补政策，在财税、金融、用地等方面为发展绿色低碳技术创新的企业提供优惠政策，并推动节能降碳技术的落地实施。

二是在城市建设与发展上，积极推进智慧城市建设，以智能化技术手段实现污染防治、节能降碳与生态保护的协同发展。通过大数据分析和智能控制手段来动态实现污染的监测以及排污的处理，以及对城市环境维护和能源利用的精细化管理，从而提高城市的可持续发展能力。将"智慧城市"作为新型城镇化建设的一个重点，增强城市运行管理、决策辅助和应急处置能力，提高城市治理科学化、精细化、智能化水平，打造更安全、更绿色、更宜居的城市环境。

参考文献

游达明、马北玲、胡小清：《两型社会建设水平评价指标体系研究——基于中部地区两型社会建设的实证分析》，《科技进步与对策》2012 年第 8 期。

李新平、申益美：《基于熵值法的"两型社会"经济建设评价体系的构建》，《统计与决策》2011 年第 13 期。

王茜茜等：《基于投影寻踪法的武汉市"两型社会"评价模型与实证研究》，《生态学报》2011 年第 20 期。

刘翔、曹裕：《两型社会视角下的区域协调发展评价研究——基于长株潭城市群的实证分析》，《科技进步与对策》2011 年第 6 期。

袁莉、李明生：《长株潭城市群"两型社会"建设成效的系统评价》，《系统工程》2013 年第 3 期。

吴娟：《长株潭城市群"两型社会"产业评价体系及政策研究》，湖南师范大学硕士学位论文，2008。

曾翔旻等：《"两型社会"综合评价指标体系建设和实证分析——基于武汉市的实证研究（一）》，《科技创业月刊》2008 年第 5 期。

李仁安、胡敏红：《基于模糊综合评价的武汉市两型社会建设研究》，《武汉理工大学学报》2010 年第 6 期。

B.13
襄阳都市圈科技创新驱动力提升研究

——基于科创企业培育视角*

任征宇　王　翔　简　政**

摘　要： 《襄阳都市圈发展规划》提出要增强科技创新策源能力，大力提升
科技创新驱动力。科创企业是襄阳市建设区域性科技创新中心的
重要创新主体，在推动襄阳都市圈经济转型、产业升级、实现高
质量发展上发挥着重要作用。本课题基于科创企业培育的视角，
从襄阳都市圈科创企业发展现状出发，通过分析科创企业演进规
律、剖析科创企业培育中存在的问题，探寻加强科创企业梯队培育
体系建设的对策措施，以期促进襄阳都市圈科技创新驱动力的提升。

关键词： 科创企业　科技创新　襄阳都市圈

　　科创企业是以创新和技术创新为导向，以创新业务模式和创新技术服务
于社会经济发展的企业。由于科创企业具有科技含量高、人才集聚多、发展潜
力大、行业颠覆性强等特点，随着新一轮科技革命的飞速发展，其在科技创新
和产业创新上的战略意义更加凸显，已成为推动我国科技创新的"新引擎"。

---

* 本报告系湖北省高校哲学社会科学研究一般项目"湖北工业高质量发展面临的突出问题及实
现路径研究"（21Y197）、湖北省高校人文社科重点研究基地湖北文理学院鄂北区域发展研究
中心 2023 年度基地课题"襄阳都市圈科技创新驱动力提升研究——基于科创企业培育视角"
（2023JDA05）的阶段性研究成果。

** 任征宇，湖北文理学院经济管理学院讲师，主要研究方向为高新技术企业与科技创新；王翔，
博士，教授，湖北文理学院鄂北区域发展研究中心主任，主要研究方向为区域科技创新；简
政，国家税务总局襄阳市税务局办公室副主任，主要研究方向为经济税收与税源产业分析。

一　科创企业的基本概念

（一）科创企业的定义

目前，我国对科创企业尚无统一的明确定义。但在经济发展中，科创企业有其鲜明特征，主要是指依托重点领域关键核心技术攻坚突破，以市场化运作方式不断推进技术创新、技术应用或转移转化的企业。从企业发展的实践角度看，通常包括科技型中小企业、高新技术企业、科创"新物种"企业、科技领军企业等四大类。

1. 科技型中小企业

依托一定数量的科技人员从事科学技术研究开发活动，取得自主知识产权并将其转化为高新技术产品或服务，从而实现可持续发展的中小企业。

2. 高新技术企业

在《国家重点支持的高新技术领域》内，持续进行研究开发与技术成果转化，形成企业核心自主知识产权，并以此为基础开展经营活动，在中国境内（不包括港、澳、台地区）注册一年以上的居民企业。

3. 科创"新物种"企业

包括"瞪羚""潜在独角兽""独角兽""驼鹿"等类别。"瞪羚"企业是指创业后迈过死亡谷，以科技创新为支撑进入高成长期，增长速度很快，在市场竞争中有较强竞争力的企业。"潜在独角兽"企业是指通过科技创新进入高速增长期，技术创新能力较强，主导产品市场竞争力较大，资本市场估值较高的企业。"独角兽"企业是指通过科技创新进入高成长期，综合效益突出，核心竞争力强，行业影响力大，资本市场估值高的企业。"驼鹿"企业是指在创业初期就爆发式增长，竞争优势突出，具有显著的行业带动能力，主导产品市场占有率位居全国同行业（细分）前列的企业。

4. 科技领军企业

是指科技创新能力强，具有与之相适应的研发投入、研发人员，主导高新技术产品市场占有率位居全国或全球前列，具有较大经济规模和良好成长性的高新技术企业。

（二）发展科创企业的意义

在互联网经济、数字经济时代，科创企业是推动先进技术、先进产品商业化的主体，其涉及的行业分布较广，主要包括新一代信息技术、生物医药、高端装备、新材料、新能源、节能环保等高新技术产业和战略性新兴产业，既是我国构建现代化产业体系的重要组成部分，也是加快创新型国家建设的重要载体，代表着未来新经济新业态的前进方向，能够为推动经济社会高质量发展持续提供强劲动力。

世界各国对科创企业十分重视，纷纷把发展科技创新型公司列为高新技术产业发展和经济持续增长的重要内容。比如，国际经济合作与发展组织（OECD）对高新技术公司的评价标准涉及研发（R&D）总费用占总产值的比重、直接研发经费占产值比重和直接研发经费占增加值比重，3%以上的为高技术产业企业。

美国商务部的认定标准也十分严格，包括 R&D 支出占销售额的比重，科学家、工程师和技术工人占比和产品主导技术属于所确定的高新技术领域等项目。

（三）地方政府对科创企业的定位

作为科教大省，湖北省始终高度重视科创企业发展，大力推进科技强省建设，打造全国科技创新高地，先后出台了《湖北省自主创新促进条例》《关于加强人才发展激励促进科技创新的若干措施》《湖北省科创企业全生命周期培育计划（2023~2025 年）》等政策，在全国率先探索将"全生命周期"理论引入科创企业培育，积极支持鼓励科创企业发展，全力做大做强科创企业。2023 年 4 月，湖北省政府出台《关于加快建设全国构建新发展格局先行区的实施意见》，提出大力实施科创能级提升行动，从加强区域创新体系建设、实施"尖刀"技术攻关工程、推进产学研用深度融合、强化教育人才支撑等方面打造全国科技创新高地，着力打造生机勃勃的"科创企业森林"。

湖北省第十二次党代会将大力发展襄阳都市圈作为全省加快建设构建新发展格局先行区的重要组成部分。作为入选第二批"科创中国"的试点和连续12年荣获"全省科技创新先进市"的城市，襄阳始终高度重视科技创新在企业发展、产业升级、城市能级提升中的重要作用，全市上下紧紧围绕《襄阳都市圈发展规划》确定的2025年经济总量突破7000亿元、力争8000亿元的奋斗目标，持续强化科技创新引领支撑作用，健全以企业为主体的"政产学研金"创新体系，大力培育"投研领航，雁阵齐飞"的科创企业梯队，构建覆盖科创企业初创、成长、发展等不同阶段的政策扶持体系，全力打造层次分明、规模庞大的科创企业集群，为推进襄阳都市圈区域性科技创新中心建设注入新动能。

二 科创企业的成长规律

长期以来，湖北省在科创企业引进、培育和壮大等方面进行了大量探索，坚持用"全生命周期"的理论扶持科创企业发展，于2023年4月专门发布《湖北省科创企业全生命周期培育计划（2023~2025年）》，对科创企业培育的探索研究走在全国前列。结合"全生命周期"理论，参考发达国家和国内先进城市科创企业的发展经验，可将科创企业划分为种子期、初创期、成长期、成熟期等4个阶段，针对企业不同的成长阶段，需要把握好"科技型中小企业—高新技术企业—科创'新物种'企业—科技领军企业"的阶梯式发展规律，有的放矢、精准发力予以培育扶持，打通"源头创新—技术开发—成果转化—产业聚集"的科创成果转化链条，提升襄阳都市圈科技创新驱动力。

（一）种子期

此阶段是企业至关重要的生存期，大致处于科技型中小企业发展阶段。中国人民银行《中国小微企业金融服务报告（2018）》数据显示，我国中小企业平均寿命在3年左右，成立3年后的小微企业能保持正常经营状态的仅占1/3，而美国中小企业的平均寿命为8年左右，日本的中小企业平均寿命为 12 年。科创企业作为科技密集型企业，无论是技术研发、创新投入，还是引进人才、留住人才，都需要持续不断的资金投入，而部分企业缺乏稳定的资金投入来源，也无法分散科技创新的风险。因此，企业在种子期最重要的任务就是明确自身创新特点，找准市场定位，探索商业模式，结合市场需求加强研发投入，找到产品"杀手锏"，努力达到投资人预期，争取在激烈的市场竞争中存活下来。

（二）初创期

此阶段是企业实现快速发展的突破期，一般处于高新技术企业发展阶段。从相关企业的发展经验看，这一时期的企业存在商业盈利模式不清晰、发展态势不稳定、持续创新能力不强、自身管理水平不到位等问题，受国内政策和国际环境影响较大。在发展方向上，企业需要发掘自身优势，深度洞察市场，抓住一切机遇，扎根技术创新，专注于熟悉的产品、市场及领域，避免盲目扩产和多元化。在内部管理上，企业在加强科技研发和技术创新的同时，需要加强规范化建设，完善制度机制，防范内部管理风险。特别要高度重视产品质量问题，处理好规模与质量的关系，切忌一味地追求规模增长而忽视了产品、技术、管理质量的提高。

（三）成长期

此阶段是企业奠定市场地位的攻坚期，通常处于科创"新物种"企业和新三板、科创板上市企业发展阶段。经过种子期和初创期的发展，企业在这一阶段已经解决了基本的生存问题，处在快速拓展期，但在市场深度开发、影响力辐射、创新迭代加速等方面仍存在问题。企业需要进一步加强产学研合作，持续提升自主创新能力，强化在行业内的创新特色，提升产品核心竞争力，拓展市场规模，扩大行业影响力，争取行业话语权。同时，要科学用好资本的力量。从 2019 年到 2021 年，随着上交所科创板、北交所新三板的设立，我国在金融领域对科创企业的扶持力度持续加大，通过资本市场注册制试点改革，重点支持符合国家战略、突破"卡脖子"技术的科创企业快速发展。企业也应紧跟发展大势，抓住战略机遇期，借助资本力量，实现各种创新资源的快速融通聚集。

（四）成熟期

此阶段是企业完成上市、迈向龙头企业的飞跃期，处于科技领军企业发展阶段。随着成功上市，企业拥有了长期稳定的融资通道。随着企业在行业内领军和龙头地位的确定，科技创新引领作用应得到更充分彰显，一方面，加强对基础共性技术的研发投入，加强与各类科创企业的资源共享，在全行业营造良好的创新生态，塑造更有凝聚力的行业文化。另一方面，发挥领军优势，可通过兼并重组、强强联合等方式获取创新资源，牵头组建创新联合体，推动产业链上下游融通创新，形成集群化竞争态势，并掌握一定的行业控制权，实现产业链、资金链和创新链的融合互动，推动全产业链优化升级和生态体系建设，构建科创企业完整的成长路径（见图1）。

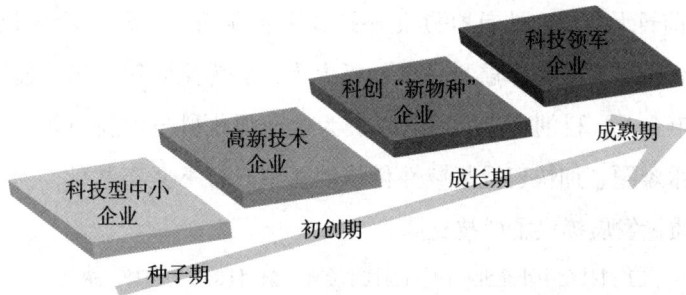

图1 科创企业成长演进过程

三 襄阳都市圈科创企业发展现状

多年来，襄阳坚持把发展以科创企业为代表的高新技术企业摆在科技创新和经济发展的重要位置。2023年3月，《襄阳都市圈发展规划》正式出台，并配套制定了《加快推进襄阳都市圈高质量发展三年行动方案（2023~2025年）》，明确提出"全力打造创新驱动产业体系"，而培育壮大科创企业就是实现这一目标的重要载体。当前，襄阳市正深入实施高新技术产业链技术创新规划和高新技术企业培育工程，科创企业队伍不断壮大、产业快速发展。本课题选取了襄阳全域的科技型中小企业、高新技术企业、科创"新物种"企业、科技领军企业等数据作为襄阳都市圈科创企业的统计口径。截至2022年底，全市拥有科创企业3033家，2022年全市实现高新技术产业增加值1359.5亿元。具体来看，主要有以下特点。

（一）企业数量持续增长

如图2所示，全市科创企业总数保持了稳定增长的良好势头，科创企业由2020年的1389家增长到2022年的3033家，增幅达118%。"科技型中小企业—高新技术企业—科创'新物种'企业"的梯队持续壮大，2020~2022年，高新技术企业由641家增加至1250家，年均增长39.7%，科技型中小企业由748家增加至1745家，年均增长52.7%，入库省科创"新物种"（瞪羚）企业38家，目前暂无企业入选首批湖北科技领军企业培育计划（全省仅11家）。襄阳"新物种"企业超卓航科在科创板上市，成为全省第9家、襄阳第1家科创板上市企业。科创企业的蓬勃发展为全面强化科技创新引领、攻关"卡脖子"技术难题、加快建设区域性科技创新中心打下坚实基础，为推动襄阳都市圈高质量发展提供了科技支撑。

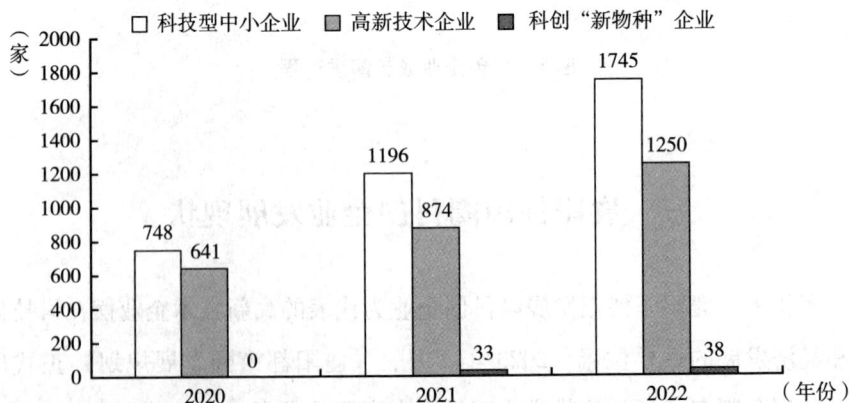

图2 2020~2022年全市科创企业发展情况

资料来源：襄阳市科技局统计数据。

（二）科创能力持续提升

2022 年，全市规上高新技术产业增加值达到 1359.5 亿元，占 GDP 的比重达到 23.33%；武汉理工大学襄阳示范区交付使用，湖北隆中实验室挂牌运营，中国电动汽车百人会在襄阳设立创新中心，襄阳成为工信部批准的全国第 5 个国家级车联网先导区。襄阳市联合省科技厅设立省自然科学基金襄阳创新发展基金，46 个项目立项并开展基础研究；出台《加快推进关键核心技术攻关的实施意见》，遴选攻关 12 项"卡脖子"技术；湖北隆中实验室汽车高强轻质构建高性能精确成型技术、功能陶瓷材料成型加工技术等标志性成果，达到国际先进水平，并在台基半导体、回天新材料等企业及军工航天领域推广应用。大力引导金融机构重点支持科技型中小微企业。截至 2022 年末，全市科技型企业贷款余额 86.43 亿元，同比增长 30.71%；累计发放再贷款、再贴现政策资金 59.69 亿元，组织金融机构向上争取科技创新再贷款支持 11.66 亿元；为 13 条先进制造业产业链企业提供融资支持 188.14 亿元，同比增长 47.91%。全市研发投入保持较强的增长态势，近三年来，科创企业研发投入年均增长 48.2%，研发投入占销售投入的比例由 2020 年的 4.85%上升至 2022 年的 8.08%（见表 1）。

表 1　全市科创企业研发投入情况

单位：亿元，%

年份	研发投入	销售收入	研发投入占销售收入的比例
2020	13.08	269.76	4.85
2021	18.47	317.56	5.82
2022	28.74	355.73	8.08

资料来源：襄阳市科技局统计数据。

（三）区域协调持续加强

一方面，"引擎"驱动更加强劲。高新区作为科技创新的"主阵地"，初步构建了科创主体梯次培育体系，形成了科技型中小企业铺天盖地、高新技术企业做大做强、科创"新物种"企业持续涌现、科技领军企业顶天立地的创新主体格局。2022年，襄阳市高新区内的科创企业达到568家，占全市科创企业的28.23%；超卓航科成为全市首家在科创板上市的企业，无忧车管家成为襄阳首家独角兽企业。另一方面，科创企业分布呈协调发展的趋势，高新区作为全市科创企业的龙头，占比达到28.23%，樊城区、枣阳市、襄州区紧随其后，占比分别达到14.46%、11.03%、10.79%。科创企业在全市形成了龙头引领、多点辐射的发展局面（见表2）。

表2 全市科创企业分区域分布情况

单位：家，%

区域	2020年企业数量	占全市科创企业比例	2021年企业数量	占全市科创企业比例	2022年企业数量	占全市科创企业比例
高新区	271	26.54	376	25.88	568	28.23
东津新区	7	0.69	14	0.96	24	1.19
襄城区	110	10.77	144	9.91	167	8.30
樊城区	222	21.74	250	17.21	291	14.46
枣阳市	79	7.74	154	10.60	222	11.03
老河口市	46	4.51	72	4.96	122	6.06
宜城市	59	5.78	82	5.64	106	5.27
谷城县	67	6.56	111	7.64	166	8.25
南漳县	28	2.74	52	3.58	78	3.88
保康县	21	2.06	31	2.13	50	2.49
鱼梁洲开发区	1	0.10	1	0.07	1	0.05
襄州区	110	10.77	166	11.42	217	10.79
合计	1021		1453		2012	

注：由于部分企业同时具备科技型中小企业、高新技术企业、科创"新物种"企业这3项认定中的2项或3项认证资格，故在分类型时需分开统计，而在分地域统计时虽然企业拥有多资质，但只算作一个企业，否则就会出现科创企业总数大于该区域企业数量的问题。因此，2022年全市科创企业总数为3033家，而在分区域表中，2022年科创企业总数为2012家。

资料来源：襄阳市科技局统计数据。

（四）成果转化持续发力

高新技术产业增加值占 GDP 的比重稳步增长，占比由 2020 年的 21.78% 上升至 2022 年的 23.33%（见表 3）。2022 年，襄阳在全省率先推出重大科研项目"赛马制"和同行评议，实施"揭榜挂帅"攻关机制，3 个项目获立项支持，11 个项目被成功揭榜，争取省级以上科技计划项目 75 项，完成技术合同登记额 300 亿元，襄阳成为国家知识产权强市建设试点城市。推出"1+7"人才新政，引进高层次创新创业团队 70 个、高层次人才 1600 名。如表 4 所示，襄阳有 6 个团队入选 2022 年湖北省"科技创新团队"项目立项清单，数量仅次于武汉，在全省占比 7.6%，立项数占申报数 21.4%，为历年之最。

表 3　全市高新技术产业增加值占 GDP 的比重

单位：亿元，%

项目	2018 年	2019 年	2020 年	2021 年	2022 年
产业增加值	965.5	1022.2	1002.08	1207.4	1359.50
全市 GDP	4309.8	4812.8	4601.97	5309.43	5827.81
增加值占 GDP 比重	22.4	21.2	21.78	22.74	23.33

资料来源：襄阳市科技局统计数据。

表 4　襄阳科创团队入围 2022 年湖北省"科技创新团队"立项情况

团队名称	项目类别	获得湖北省经费支持
仿生预应力陶瓷基复合材料科技创新团队	新遴选	220 万元
新能源汽车车身件焊接智能化技术科技创新团队		
时速 400 公里高速列车永磁同步牵引电机技术研究及产业化科技创新团队		
新型混合动力汽车铝合金压铸件科技创新团队		
轻质防弹复合材料一体化驾控舱团队	B 类自主创业战略	
应用于医药领域的高端水溶性高分子的研发及产业化团队		

资料来源：襄阳市科技局统计数据。

四 襄阳科创企业发展中存在的问题

（一）体量较小，层级不高

科创企业数量相对偏少，2022年，全市新增高新技术企业、科技型中小企业入库总数在全省的占比分别为6.3%、7.3%，低于全市GDP在全省的占比；全市规模以上高新技术产业增加值为1355.5亿元，比上年增长9.7%，比全省平均增幅低0.4个百分点。同时，科创后备企业培育及数量储备不足，"培育—储备—申报"的梯次滚动发展体系还需进一步健全。全市规上（销售收入2000万元以上）科创企业（1157家）占规上工业企业总数（1925家）的比重为60%，在规上工业企业中的引领优势还不够突出。如表5所示，年销售收入在1亿元及以上的科创企业只有287家，10亿~50亿元的59家，50亿元及以上的仅有4家，龙头企业还不够强。

表5 全市科创企业规模

单位：家

销售收入规模	企业数量
50亿元及以上	4
10亿~50亿元	59
2亿~10亿元	116
1亿~2亿元	108
5000万~1亿元	108
2000万~5000万元	248
500万~2000万元	411

资料来源：襄阳市科技局统计数据。

（二）投入不足，创新乏力

虽然襄阳不断提高全社会研发投入，但占GDP比重仍不足2%，低于全国、全省平均水平。全市仅有1家国家重点实验室，而GDP与襄阳相当的洛阳则有 7 家国家重点实验室。产学研合作效果未能充分彰显，汽车产业 11 家省级创新平台仅有 3 家属新能源汽车领域，推动引领产业转型升级能力不强。科技创新产出效率有待提升。2022 年，全市万人高价值发明专利拥有量仅为 2 件，低于武汉的 28.1 件、宜昌的 4.1 件。2020~2022 年，襄阳市获得湖北省科学技术奖励由 12 项降至 5 项，低于全省平均水平，2022 年，由科创企业作为创新主体的科技奖励占比仅为 20%（见表 6）。

表 6　襄阳市科创企业科技奖励情况

单位：项，%

年份	湖北省科技奖励数量		
	科创企业	全市	占比
2020	8	12	66.67
2021	5	9	55.56
2022	1	5	20

注：此表科技奖励统计范围仅限项目第一完成单位属地为襄阳地区的湖北省科学技术奖励。
资料来源：襄阳市科技局统计数据。

（三）人才缺乏，资源外流

人才资源匮乏已经成为阻碍科创企业发展的主要问题。襄阳市产业人才支撑不足，创新型、复合型、实用型的人才不多，一线操作工的工匠型人才不足，专业技术能力不强。科技人才多数集中在少数高校和科研院所，经济效益一般的中小企业不但不能引进人才，还经常流出人才。产学研一体化创新体系还不够健全。特别是在科创基础领域，5G 人才、互联网人才、数字经济人才以及能够独立开展原始创新的人才较为紧缺，"1+7"的人才招引力度虽大，但效果不明显。同时，由于科创企业技术标准要求高、前期投入大、资金回转慢，襄阳在招商时无法给出企业明确的投资回报率，专业人才来襄发展的意愿不够强。

（四）关联不强，互补不足

龙头企业较少，龙头企业带动作用不足。2022 年襄阳增值税开票金额在 1.5 亿元以上的仅有 18 家，开票金额在 2 亿元以上的仅有 7 家，开票金额 3 亿元以上的仅有 2 家。由于龙头企业数量较少，对本地其他科创企业带动有限。同时，全市大中小科创企业融通发展较为滞后。产业集中度较低，产业布局整体分散，还未形成上、中、下游紧密关联的产业集群。

五　构建襄阳都市圈科创企业梯队培育体系

发达城市和地区的经验表明，科创企业不能以"单打独斗"的状态生存，必须形成有成长性、规模化的集群发展效应，才能逐步发展壮大。具体到襄阳都市圈科创企业，应围绕襄阳主导产业发展方向，完善全生命周期梯度培育链条，打造"初创企业—成长企业—成熟企业—领军企业"的科创企业梯队培育体系。

（一）聚焦科技创新赋能，打造平台支撑体系

1. 围绕科创企业布局研发平台

科创平台是吸引科技人才、集聚科创企业的孵化器。应坚持建设高能级科创平台，为企业发展壮大赋能添力。支持科创企业申报建设重点实验室、技术创新中心、校企共建研发中心等研发平台，支持以科创企业为主体建设产学研协同创新平台、产业技术创新联盟、产业技术研究院等新型研发机构，支持科创企业与企业、企业与科研院所开展联合攻关、共同开发。比如，科创企业可以高水平运营建设隆中实验室为依托，全面加强与武汉理工大学等高校院所合作，参与到大型关键构件机器人电弧增材修复再制造技术、全自动新能源电池壳整体式 SMC 技术、先进陶瓷材料等关键技术的研发突破上。

2. 围绕科创企业建设服务平台

围绕科创企业打造创新平台。建立"线上、线下、服务机构、政策"四位一体的资源共享服务体系，进一步完善科技成果转化线上交易系统，打通科创企业与科研院所、产业与创新成果、企业家与创新创业团队无缝对接的"最后一公里"。健全和完善科技服务体系，大力培育和壮大科技中介服务机构，提升为高新技术企业服务能力。比如，持续优化营商环境，拓展以高新区为创新驱动核，高新科技城、东津科技城、尹集大学城为引擎的"一核三城"区域科创版图，为科创企业做好全生命周期服务。

3. 围绕科创企业搭建知识产权保护平台

加大对科创企业开展专利工作的支持力度，打造一批具有自主知识产权和核心技术的科创示范企业。积极引导企业加强对专利技术的重视和激励力度，切实提高企业负责人和相关技术人员的技术创新热情和申请发明专利的意识，全面提升企业技术创新和专利保护工作的能力和水平，引导专利创新与襄阳产业深度融合、互促发展。

（二）聚焦核心技术突破，打造技术支撑体系

1. 助力企业完善核心技术攻关机制

企业是技术创新的主体，技术创新是企业生存与发展的原动力。没有技术攻关，企业就没有核心竞争力。当前，应全力支持科创企业攻关"卡脖子"技术难题。按照襄阳市《加快推进关键核心技术攻关的实施意见》，进一步完善核心技术攻关机制，建立重点产业关键核心技术常态化征集和动态调整机制，重点推进新能源汽车、智能网联汽车、新能源新材料、高端装备制造、现代化工等重点产业攻关。将"揭榜挂帅""平时赛马"等制度向更多领域、更深层次推进，构建企业出题、政府牵线、院所答题、市场阅卷的市场需求导向型科技攻关机制。

2. 助力企业提升基础研究应用水平

聚焦区块链、物联网、大数据、人工智能等领域，支持科创企业布局前沿基础研究和应用基础研究，推动产业链创新链深度融合。聚焦襄阳"144"

产业集群发展（发展1个4000亿级汽车产业，新能源新材料、食品饮料、装备制造、纺织服装4个1000亿级产业，电子信息、节能环保、医药健康、现代化工4个500亿级产业）的共性技术需求，每年开展技术攻关10项左右，积极对接省科技成果转化"轻骑兵行动"，推动湖北·汉襄宜国家科技成果转移转化示范区襄阳片区建设，开展"千企千亿"技改提质行动，助力更多科研成果在襄阳科创企业实现从"1到N"、有中生优的产业化应用。

3. 助力企业提升重大项目联合攻关能力

加快产学研用一体化发展，推进规模以上企业自建或与高校、科研机构合建研发机构，支持科创企业牵头承担重大科技计划项目。支持引导13条先进制造业产业链、十大重点农业产业链上科创企业发挥引领带动作用，打造核心优势，加强技术革新，牵头组建创新联合体，承担国家和省科技重大专项，开展体系化、任务型技术攻关。

（三）聚焦分类分步培育，打造政策支撑体系

1. 制定不同成长阶段的扶持政策

科创企业在不同发展阶段有不同的需求，所需匹配的政策要素也有显著区别。除了企业自身努力，政府和社会层面也应针对企业不同的发展阶段、不同层次的需求，帮助其创造良好的成长环境。我国于2008年和2017年分别出台了《高新技术企业认定管理办法》《科技型中小企业评价办法》，明确了认定条件，配套了普惠性的研发投入加计扣除税收优惠政策，有效提升了广大中小企业的创新积极性。各地政府应将科技型中小企业和高新技术企业作为区域创新的重要考核指标，全力营造创新创业环境。具体来说，在种子期，政府需要提供基础性的创业孵化政策，加强企业标准认定工作，为部分创新特色突出的企业引入天使投资。在初创期，要加强资金扶持类政策供给，积极支持企业科研项目的开展，帮助产品应用推广，匹配信用贷款产品，推动各类公共服务资源对其开放共享。在成长期，出台有针对性的人才引育政策，帮助企业对接高层次的高校院所、创新平台和人才团队，加强技术和项目储备，不断开拓新业务领域。在成熟期，制定更多支持企业向高端

发展及"走出去"相关政策，引导企业通过行业协会、联盟或资金纽带等形式，主动引领产业链向价值链高端发展，推动行业创新变革，提高实体经济的核心竞争力，实现经济体系优化升级。

2. 制定分类别的市场主体培育政策

在科技型中小企业发展上，加快完善支持科技型中小企业创新发展的培育机制，对符合条件的科技型中小企业做到"应评尽评"，全力集聚优质企业，做大科技型中小企业基本盘。在高新技术企业发展上，深入实施高新技术企业倍增计划，全面落实高企税收减免等重点科技创新政策，切实加强科创企业的培育和申报，提高新申报成功率，做好培训辅导等服务工作，增强其对全市"144"现代产业集群的技术引领和创新支撑作用。在科创"新物种"企业发展上，发挥大数据作用，在全市科学遴选一批有较快成长潜力、有部分技术优势、有盈利前景、有新经济新业态新模式加持的"新物种"企业进行重点培育，引导社会资本进行重点投资，帮助企业尽快发展壮大。在领军企业发展上，加强对企业的分类指导与培育，支持企业开展重大科技攻关，建立科创企业上市培育库，推荐优质科创企业进入省上市后备"金种子""银种子""科创板种子"等企业库，在多层次资本市场开展上市挂牌、发行债券、并购重组、再融资等活动。

3. 制定扶持科创企业发展的金融政策

融资难一直是制约科创企业健康发展的难题。因此，政府有必要加大科技创新再贷款资金支持力度，制定科创金融税收优惠政策，营造良好的科创金融发展环境。比如，进一步完善科技创新再贷款资金支持举措，扩大科技创新再贷款的政策惠及面，建立完善科创金融资本补充机制，允许更多的商业银行发行科创金融专项债、可转债、二级资本债等，多渠道补充资本金。符合条件的地区，可探索建立科创金融发展的差异化监管机制，完善敢贷、愿贷机制。对投资比较偏好的对象，可匹配信用贷款产品，引入风险投资，帮助企业借助多种金融工具进行快速扩张，打造竞争优势。

4. 制定有利于科创企业链式集群发展的产业政策

创新链是产业链发展的动力之源，产业链是创新链发展的核心载体。政府必须加强产业规划，围绕产业链部署创新链，围绕创新链布局产业链，推进产业链、创新链深度融合。特别是在资源有限的情况下，应科学进行顶层设计和规划布局，对资源进行系统梳理和优化配置，把科技孵化、创新平台搭建等打基础、管长远的基础性工作做牢做实，有步骤地推动区域空间载体、创新平台、服务体系等建设，有针对性地加强链上企业的培育、对接、招引等工作，避免资源的浪费和重复性配置，使惠及的企业面更广、资源的利用更充分。

5. 制定吸引科创企业落地襄阳的营商环境政策

科创企业要步入良性发展的轨道，离不开良好的营商环境。政府部门应围绕科创企业的成长规律，明确自身职责定位。首先，进一步明确服务边界、对象、重点以及与其他部门协作的结合点，打造不同的创新服务产品，努力为科创企业构建全生命周期的服务体系。其次，建立公平的市场准入规则，减少行政性垄断，营造各种所有制企业公平竞争、平等获得资源的市场环境，加快资源价格形成机制改革及产业组织调整，健全反映稀缺性和环境影响的资源价格机制和税收体系，形成促进企业创新的市场倒逼机制。最后，可通过政府购买服务等形式，广泛动员社会力量，让更多的中介服务机构参与进来，满足企业专业化、个性化、多样化的需求。

（四）聚焦市场需求导向，打造内生支撑体系

1. 最大限度减少行政干预

充分激发企业内生动力，坚持科技创新市场导向，使科创企业真正成为科技创新决策、技术路线选择、科技研发投入、创新成果转化的主体。将创新从纯科研活动转换为经济活动，建立以科创企业需求为导向的科研立项和经费分配机制，在资源配置、技术攻关上，鼓励支持科创企业牵头选择高校院所合作、选聘业内专家顾问，减少不必要的政府干预。开展科创企业上市培育行动，建强上市培育库，以良好的创新环境推动企业由"要我创新"变为"我要创新"，形成以市场为导向的开放式技术驱动创新模式。

2. 以市场导向强化科创企业担当

脱离市场的科技创新是没有生命力的，只有把科技创新与市场需求紧密结合，企业才能生存发展。党的二十大报告提出"强化企业科技创新主体地位"，科创企业应找准科技创新的发力点，面向市场、围绕用户，专注市场价值创造，以富有竞争力的科创产品、服务和商业模式创新赢得市场。

（五）聚焦人才引育选用，打造人才支撑体系

1. 增强人才在襄阳创新创业的吸引力

人才是科技创新的第一资源。应通过建立常态化科创人才培养机制，大力实施隆中人才计划，认真落实"1+7"人才政策，加大高层次人才引进力度，积极争取省"楚天英才计划""产业领军人才培育计划"等重大人才工程支持，加快构筑襄阳科创发展的"强力磁场"，吸引国内外高层次人才来襄创新创业。

2. 注重引才工作系统性和延续性

完善市场化引才用才、薪酬激励、科技人才跨体制流动等政策，加强对科创企业急需的技术研发和技能人才的引进和培育。强化科技人才住房、医疗、教育等服务保障，解除人才的后顾之忧。

3. 积极打通人才流动渠道

创新引才用才方式，鼓励设立企业飞地研发中心、孵化中心，健全柔性引才模式，探索"科创飞地""双跨机制""周末专家""假日教授"等新模式，灵活运用"订单式培养""现代学徒制"等方式培养技术技能型人才，引导年轻科技人才参与科创企业产品研发和重大技术改造工作，确保人才引得来、留得住。

六 相关建议

科创企业培育是一项系统工程，应树立"育新攀高"的理念，加强全市层面的组织领导，优化资源配置，形成支持科创企业梯度发展的工

作合力，以科创企业的发展壮大带动襄阳都市圈科技创新能力的整体提升。

（一）建议健全科创企业发展的组织保障

坚持党的全面领导是科技事业的根本政治保证。建议各级党委、政府把科技创新纳入重要议事日程，由党政"一把手"肩负起科技创新"第一责任人"责任，并成立襄阳市服务支持科创企业发展的工作领导小组，由市政府分管领导任组长，科技、财政、税务、发改委、经信委等部门参加，定期召开专题工作会议，研究协调解决科创企业发展遇到的重点难点问题。支持各县（市、区）加大对科创企业发展的支持力度。

（二）建议加大对科创企业发展的财政投入

进一步扩大科创企业的奖励支持范围。对于纳入科技型中小企业评价平台系统中的企业，给予一定额度的补助资金；对于被认定为瞪羚、驼鹿、独角兽企业的高成长性企业，给予一定额度的奖励资金；对从事科创企业申报、认定和服务工作的科技中介机构，给予一定额度的奖励资金。

（三）建议加强对科创氛围的营造和培育

在全市积极弘扬科技创新文化，大力培育科创精神、科创意识和科创文化，营造尊重劳动、尊重知识、尊重人才、尊重创造的良好氛围，树立崇尚创新、宽容失败的价值导向。主动传播科创文化"正能量"，加强对重大科技成果、杰出科技工作者、创新型企业等先进典型宣传，建好具有襄阳特色的科普基地，增强城市对各类科创人才的吸引力。

（四）建议拓宽科创企业的融资渠道

2023 年 3 月，湖北省设立 100 亿元规模的楚天凤鸣科创天使基金。作为省域副中心城市，襄阳市应主动对接、积极争取、及时跟进，进一步完善科技创新金融体系，设立市本级科技创新基金和科技创业风险投资补偿基金，大力发展天使投资、创业投资、股权投资，设立不低于 5 亿元的科技创新基金，撬动社会资本，做大资金池。鼓励引进风险投资机构，开辟多渠道风险投资来源，引进民间资本、国外资本等通过风险投资渠道投资科创企业。支持科创企业在国内主板、中小企业板、创业板、"新三版"、科创板以及境外资本市场上市、挂牌，运用多层次资本市场资金做大做强。

参考文献

《省科技厅关于印发〈湖北省科创企业全生命周期培育计划（2023～2025 年）〉的通知》，湖北省科学技术厅网站，2023 年 4 月 17 日，https：//kjt. hubei. gov. cn/kjdt/tzgg/202304/t20230417_ 4626892. shtml。

《〈襄阳都市圈发展规划〉重磅发布!》，襄阳市发展和改革委员会网站，2023 年 3 月 15 日，http：//fgw. xiangyang. gov. cn/zwgk/xxgkml/ghjh/202303/t20230315_ 3168796. shtml。

《〈加快推进襄阳都市圈高质量发展三年行动方案（2023～2025 年）〉解读》，襄阳市人民政府网网站，2023 年 4 月 23 日，http：//zt. xiangyang. gov. cn/2022/jtys/lsqk_ 35588/202304/t20230421_ 3202634. shtml？ eqid＝bfc38e9800080317000000464637972。

《襄阳市国民经济和社会发展第十四个五年规划和二〇三五年远景目标纲要》，襄阳市人民政府网网站，2021 年 5 月 6 日，http：//www. xiangyang. gov. cn/zxzx/jrgz/202105/t20210506_ 2462583. shtml。

《市人民政府关于印发襄阳市科技创新"十四五"规划的通知》，襄阳市人民政府网网站，2021 年 12 月 10 日，http：//xxgk. xiangyang. gov. cn/szf/zfxxgk/zc/gfxwj/xzf/202112/t20211210_ 2661643. shtml。

《襄阳市 2022 年国民经济和社会发展统计公报》，襄阳市人民政府网网站，2023 年 3 月 30 日，http：//xxgk. xiangyang. gov. cn/szf/zfxxgk/fdzdgknr/tjxx/tjgb/202303/t20230330_ 3183632. shtml。

《市人民政府关于印发襄阳区域科技创新中心建设方案的通知》，襄阳市人民政府网网站，2021 年 5 月 6 日，http：//zt. xiangyang. gov. cn/2020/hqzc/sbj/zcfb/202110/t20211012_ 2600755. shtml。

《襄阳市科技创新大会召开——全力推进区域性科技创新中心建设　强化襄阳都市圈高质量发展科技支撑》，襄阳市人民政府网网站，2023 年 4 月 27 日，http：//www. xiangyang. gov. cn/zxzx/jrgz/202304/t20230427_ 3206748. shtml。

《超卓航科登陆科创板　王祺扬视频祝贺企业上市》，襄阳市人民政府网网站，2022 年 7 月 2 日，http：//www. xiangyang. gov. cn/zxzx/jrgz/202207/t20220702_ 2854028. shtml。

《关于转发省科技厅关于印发〈湖北省科创"新物种"企业培育计划实施方案〉的通知》，襄阳市科学技术局，2023 年 9 月 27 日，http：//kjj. xiangyang. gov. cn/zwgk/gkml/qtzdgknr/tzgg/202109/t20210927_ 2590112. shtml。

孙启新、刘承、陈思岑：《高新技术企业认定：国家级孵化器"认证"效应的实证研究》，《南方经济》2022 年第 1 期。

武鑫、冯华：《科技企业孵化器生态系统的构建与发展》，《科技管理研究》2021 年第 8 期。

原长弘、张树满：《以企业为主体的产学研协同创新：管理框架构建》，《科研管理》2019 年第 10 期。

B.14
关于推动民营经济发展 助力武汉
国家科技创新中心建设的思考

操玲娇*

摘 要: 中国式现代化背景下,我国经济已由高速增长阶段转向高质量发展阶段。大力发展民营经济,推动民营企业科技自立自强,对于建设具有全国影响力的科技创新中心、勇担国家"制造强国、质量强国"的历史使命有着重要的现实意义和长远的战略意义。武汉要以实现高水平科技自立自强为核心抓手,以提升民营企业数字化水平抢占新领域新赛道为着力点,通过推动民营经济自主创新发展、创建自主品牌、创制自主标准、提升自主控制能力、营造自主发展生态,助力武汉国家科技创新中心建设,推动武汉高质量发展。

关键词: 科技创新中心 民营经济 高质量发展 武汉

民营经济是推进中国式现代化的生力军,是高质量发展的重要基础,是推动我国全面建成社会主义现代化强国、实现第二个百年奋斗目标的重要力量。[①] 民营经济发展不足仍是武汉经济社会发展的短板。大力发展民营经济,推动民营企业科技自立自强,对于武汉建设具有全国影响力的科技创新中心、勇担国家"制造强国、质量强国"的历史使命有着重要的现实意义和长远的战略意义。

---

* 操玲娇,武汉市社会科学院区域所副研究员。

① 中共中央、国务院:《关于促进民营经济发展壮大的意见》,新华社,2023年7月19日。

一　民营经济是推进中国式现代化的生力军

中国式现代化是人口规模巨大、全体人民共同富裕、物质文明和精神文明相协调、人与自然和谐共生、走和平发展道路的现代化。在构建新格局的征途上要大力促进民营经济做大做优做强，在全面建设社会主义现代化国家新征程中做出更大贡献。

（一）推动中国经济稳中求进开新局，需要大力发展民营经济

改革开放以来民营经济快速发展的实践充分证明，民营经济是社会稳定发展的"压舱石"，民营企业是经济社会发展的重要根基。我国的民营经济具有"五六七八九"的特征，即贡献了 50% 以上的税收、60% 以上的国内生产总值、70% 以上的技术创新成果、80% 以上的城镇劳动就业、90% 以上的企业数量。[①] 2021 年，我国民营上市公司数量突破 3000 家，民营经济税收贡献达 59.6%。在构建新发展格局中，民营企业在坚持"两个统筹"、落实"六稳""六保"中，勇担使命，展现出强大的韧性和潜力，已成为推动我国发展不可或缺的力量。

相对于国有企业而言，民营经济没有国资背景，对外投资灵活自由度更大，是拓展我国海外发展空间、推进经济全球化的重要力量。高质量发展对民营经济发展提出了更高要求。传统民营经济因为处在全球制造业的末端，无法在全球经济治理中获得更多话语权，以阿里巴巴、百度、腾讯、华为等为代表的新一代民营经济通过专利申请、国际并购等多种方式，逐步占领全球经济供应链、产业链、贸易链的顶端。中国要获得与全球第二大经济体相适应的全球经济治理主导权，就需要更多的新型民营经济企业站出来，显示中国硬实力、展现中国新形象，代表中国引领新一轮全球化浪潮。

---

① 胡金焱：《扎实推进民营经济健康发展、高质量发展》，《理论导报》2023 年 4 月 30 日。

（二）实现高水平的科技自立自强，需要大力发展民营经济

"加快实现高水平科技自立自强"是党的二十大报告作出的重大部署，加快实现高水平科技自立自强，必须强化企业科技创新主体地位，特别是民营企业的科技创新主体地位。从历史上每一轮科技产业变革的规律来看，民营经济是引领产业变革的先导和核心力量。从 18 世纪英国的蒸汽机革命，到 19 世纪末 20 世纪初德国、美国引领的电子技术革命，再到当前的信息科学、生命科学等新一轮科技产业革命，在推动基础研究、科学发现加快向技术、产业变革转化的过程中，一些重大颠覆性技术创新，往往都是由创新意愿、创新动力最强烈的，起初还是中小微企业的民营经济所发起、所推动、所主导的。目前我国民营科技企业占全国高新技术企业数量的 50% 左右，成为创新舞台上越来越活跃的角色。以大数据、人工智能、物联网、5G 等数字技术为支撑的新领域新赛道，在培育新动力、研发新技术、形成新产业、催生新业态、开发新区域、孵化新模式、创造新品牌等方面，也都是民营创新创业企业最活跃、最拼搏、最能异军突起的。2021 年，民营企业 500 强国内外有效专利合计为 633922 项，较上年增长 53.60%。

（三）构建以实体经济为支撑的现代化产业体系，需要大力发展民营经济

现代化产业体系是现代化国家的物质技术基础，是高质量发展的主承载体。构建以实体经济为支撑的现代化产业体系必须以产业基础高级化、产业链现代化为着力点，实施好产业基础再造和重大技术装备攻关等战略工程。要抢抓新一轮科技革命和产业变革的新机遇新要求，突破发展一批核心基础零部件、基础元器件、基础材料、关键基础软件和先进基础工艺技术。这就需要鼓励形成"龙头企业+专精特新+中小微"企业合作生态，在技术攻关、生产验证、标准制定等方面加强合作，形成特色鲜明、大中小企业协同发展的优势产业集群。创新链、产业链、资金链、人才链深度融合，科学、技术

与产业联系更加紧密，创新范式深刻调整，场景创新、数据驱动在新一轮科技革命和产业变革中的作用日益凸显，不断催生大量民营经济新领域、新业态、新模式。[①] 2022 年中国新经济企业 500 强中，民营企业数量为 407 家，占比为 81.4%；国有企业数量为 93 家，占比 18.6%。榜单前 10 强中，民营企业占据了 8 席，民营经济已成为新经济发展主力军。[②]

（四）向共同富裕社会迈进，需要大力发展民营经济

中国式现代化是全体人民共同富裕的现代化，共同富裕是时代命题，是发展的机遇，也是责任。民营经济是扎实推进共同富裕的重要力量，发展壮大民营经济是实现共同富裕的有效途径。改革开放初期，邓小平同志提出让一部分人、一部分地区先富起来，先富帮后富、先富带动后富，最终实现共同富裕。在这一政策指导下，无数普通中国人依靠勤劳致富，通过创新创业致富，不少民营企业家不仅实现了自己的财富梦想，也推动了企业发展、员工富裕和经济繁荣。党的十八大以来，国家出台多项政策鼓励"大众创业、万众创新"，许多创新创业者通过充分发挥自身优势和能力，不仅自己实现了富裕，也帮助共同参与创新创业的群体实现了富裕。与此同时，民营经济在推动普遍富裕，促进光彩事业、慈善事业蓬勃发展，积极履行社会责任等方面亦发挥重要作用。

二 民营经济的新内涵、新特征

随着新一轮科技产业变革孕育兴起，经济全球化面临新局面，中国经济发展呈现数智化、平台化、生态化的新趋势，民营经济发展进入新阶段。主要表现在新主体、新治理结构、新产业领域、新发展动力、新集聚区域和新价值追求等方面，正在经历深刻的转型升级。

---

① 盛朝迅：《把握好新一轮科技革命和产业变革机遇》，《经济》2023 年第 21 期。
② 数据来源：中国企业评价协会。

（一）新主体

随着经济高质量发展，民营经济主体出现一些新的变化。

一是知识化、专业化、年轻化的民营企业创新创业团队。首先，从企业创始人来看，"创二代""民营企业家二代"正快速成长为掌舵人，新生代80后、90后正成为创业主力军，他们带有较强的互联网色彩和创新服务的精神、更为完备前沿的知识体系、更为现代化的观念体系、更具国际化的阅历能力等。其次，从企业管理层来看，体现时代风范的职业经理人成为管理层的主力，他们具有高学历、高技术、年轻化的特征，同时具有国际视野和创新意识，熟悉国际规则。最后，从普通员工来看，中高等学历者所占比例越来越高，一大批专业人才和技术工人进入私营企业，员工整体素质有了很大的提高。

二是社会组织成为民营经济的有机组成部分，成为社会领域"大众创业、万众创新"的重要主体。目前，全国社会组织总量已超过76万个，吸纳就业人员高达860余万人，服务领域涵盖社会服务、科教文卫体等众多领域。

（二）新治理结构

在新时代推进和实现社会治理现代化条件下，民营企业进入现代公司的科学治理阶段。

一方面，随着外部治理结构的发展和变化，企业内部治理结构也出现一些新的特点。从外部治理结构来看，随着多层次资本市场结构日益完善，越来越多的民营企业与外资实行股权合作、品牌并购；越来越多的国企和民企相互融合甚至变成股份制公司、上市公司。从企业内部治理结构来看，民营企业治理结构正逐渐走向规范，许多民营企业进行了股份制改造，建立了股东大会、董事会和监事会，股权结构和管理模式向现代企业制度靠拢。[1]

---

[1]　张家琪：《转变经济发展方式　推动民营企业加快发展》，《发展》2011年第5期。

另一方面，数字经济时代下，随着大数据和人工智能的蓬勃发展，互联网平台企业建构出大规模、复杂性的商业生态体系，[①] 平台企业治理结构开始出现。平台治理从内外层面上，包括自治理和他治理两种；从治理范围和手段看，包括外部的公共治理、平台企业对自身的价值治理、兼具准公共治理属性和经济属性的结构治理，以及基于生态的对平台参与者的关系治理。平台本身就是企业。因此，天然存在如公司治理等企业层面的治理；平台治理的显著特征是海量参与者和互补者的自治理。

（三）新产业领域

新时代民营经济以高新技术产业、现代服务业、都市农业等为主体，聚焦 5G、人工智能、生物制造、云计算、工业互联网、智能网联汽车、绿色低碳等重点的战略性新兴产业领域。布局高效储能、人形机器人、元宇宙、量子科学、6G、脑科学、基因编辑等未来产业领域。拓展以动漫游戏、电竞直播、VR/AR、数字传媒等为重点的数字文娱行业；以体外诊断、基因科技、细胞治疗、医疗大数据为基础的精准医疗行业；以电子商务、跨境电商、金融服务、物流服务、中介服务等为代表的现代商贸行业；以城市文化创意、场景 AI、乡村民俗为主体的旅游康养行业；以智慧交通、智慧教育、智慧社区的智慧城市建设领域等新兴服务业为重点方向。

（四）新动能

新时代民营经济主要是以认知驱动、场景驱动、数据驱动的跨界融合经济。新型民营企业主要为创新型、科技型企业，它们通过技术创新、产品创新、品牌创新、产业组织创新、商业模式创新以及文化科技融合、文化与数字融合等形成新业态、新模式、新赛道，实现由"制造"向"创造"迈进，核心竞争力和可持续发展能力大为增强。数字经济已经成为企业高质量发展

---

① 梁正：《互联网平台协同治理体系构建——基于全景式治理框架的分析》，《人民论坛·学术前沿》2021 年第 21 期。

的"新引擎"，利用数字化技术（大数据、云计算、物联网、区块链、人工智能和 5G 通信等），通过与互联网科技相结合，最终为企业和商户提供一站式服务。

（五）新集聚空间

民营经济的集聚空间特征出现了城市外围的产业园区（开发区、高新区）与城市中心的创新街区（园区、楼宇）相结合，实体空间与虚拟空间相结合的特征。

一方面，产业园区（开发区、高新区）作为经济创新和发展的重要载体，是新民营经济的主要聚焦区。最初的产业园担负着聚集创新资源、培育新兴产业、推动城市化建设等一系列的重要使命，以促进某一产业发展为目标，大多在城市外围。全球新一轮科技革命和产业变革加速城市发展范式的变革，创新回归中心城区的潮流和趋势凸显，中心城区的创新街区（园区、楼宇）、未来社区越来越成为新民营企业特别是小微企业的首选集聚地。

另一方面，随着互联网平台的出现，新空间更加强调构建线上线下一体化、虚实结合、生态协同的孵化空间。突破物理空间限制的虚拟孵化器、无墙孵化器和引导支持专业孵化载体构建"全国资源为我所用"的创业孵化网络大量出现，实现在线虚拟孵化。

（六）新价值追求

传统民营经济创业者一代，生活在物质较为匮乏的改革开放前的时代，创业主要是财富驱动。而新时代民营经济中的多数创业者，成长在中国经济市场化改革、财富不断扩张的时代，物质生活已经很富足，财富或金钱不再作为衡量人生价值和成就的标准，需要的是更高层次的尊重与自我实现的需求，追求被社会承认的个人能力和价值的彰显。弘扬优秀的企业家精神，也是高质量发展，包括构建高水平的社会主义市场经济体系中的应有之义。

三　大力推动武汉民营经济跨越式发展

武汉应以提升民营企业数字化水平抢占新领域新赛道为着力点，通过推动民营经济自主创新发展、创建自主品牌、创制自主标准、提升自主控制能力、营造自主发展生态，助力武汉国家科技创新中心建设，实现武汉经济高质量发展。

（一）推动自主创新发展

加快构建产业链创新链深度融合、紧密协同的"产业—创新链"，集聚培育一批行业领军型、创新引领型民营企业，打造形成若干具有全球影响力的战略性新兴产业和创新型企业集群。

一是着力培育集聚一流民营创新平台载体。坚持企业化、市场化导向，支持科技领军型民营企业联合武大、华科大、中科院武汉分院等知名高校院所，重点围绕推进信息技术、生命健康、智能制造等产业创新，创建若干世界级产业研发机构和一批跨国企业研发中心、新型孵化器。支持国内知名院校、领军企业与世界知名高校、科研机构合作，采取独立创办分校或联合办学方式，在武汉创办一批国际性大学和实验室，重点补齐国际商学院、政经学院、影视学院、航空航天学院等方面的短板。

二是加快发展壮大民营高科技企业规模。鼓励支持民营企业紧跟新一轮科技产业变革步伐，大力开辟新领域新赛道。大力发展"互联网+"、元宇宙、大数据、人工智能、共享经济等新技术、新产品、新模式、新业态，积极开展个性化定制、柔性化生产，加快向智能化、高端化、时尚化转型升级。尽快催生一批"小巨人""独角兽""瞪羚"等专精特新企业，培育形成若干在国际国内具有重要引领作用的科技领军型企业。

三是进一步强化对民营企业创新激励引导。加大落实中央及省市一系列对民营经济的帮扶政策力度。鼓励支持民营企业不断加大研发投入，积极参与承担国家和省市各类重大科研项目。大力创造有利于民营企业引进高端人才、急需人才的政策环境。大幅扩大政府母基金规模，引导激励民营资本天使投资、风险投资、产业创新基金投资。

（二）推动自主品牌创建

深入贯彻国家"制造强国""质量强国"战略，大力实施"品牌提升计划"和"名企名品名家"工程，政府应大力推动社会力量参与，充分发挥市场在自主品牌创建中的决定性作用，激发企业主体力量，构建社会化市场化的品牌服务体系，提升武汉产品与服务的质量水平和品牌影响力。

一是支持企业打造国际自主品牌。鼓励支持企业瞄准国际标杆，在全球范围内"引智、引才、引资"，与国际品牌企业开展合作，不断提升产品、品牌国际竞争力和影响力。支持引导品牌企业"走出去"，通过国际贸易、海外生产、跨国经营等形式，积极开拓海外市场，逐步融入全球产业体系。推进商标海外注册，支持中小企业参加国际一流展会，积极发展跨境电商、外贸综合服务等面向海外的线上公共服务平台，让更多的武汉企业、武汉品牌走向世界。

二是推进集群品牌建设。以武汉支柱产业、优势产业为依托，在高新技术、工程建设（桥梁、地铁）、生产性服务业（工业设计）等领域遴选一批在国内同行业具有较强竞争实力和较高知名度的企业，由政府牵头为企业进行整体形象设计、抱团宣传，从品质、标准、安全等多个方面为"武汉品牌"背书，培育打造"世界光谷"、"中国车都"、"设计之都"和"桥梁制造之都"等国内外知名的行业性品牌集群。支持品牌企业和集群充分利用产品市场优势建立平台，发布行业指数，通过大数据掌握市场定价权，不断提升影响力和控制力。

三是强化政府对品牌建设的支持引导。把品牌设计产业作为重要的新兴产业给予大力支持，加快培育壮大一批品牌，建设中介服务企业，打造一批品牌设计、营销、咨询等专业化服务平台，培养造就一批具有国际视野的高层次品牌运营管理人才。设立市级品牌培育专项基金，带动更多社会资本投入，支持自主品牌发展。推动政府采购项目优先考虑"武汉知名品牌"产品。制定实施"武汉知名品牌"认证制度，着力培育引进若干世界级的品牌研究和第三方评价、认证机构，建立与国际互认的武汉品牌价值测算指标体系和发布机制。

（三）推进自主标准创制

牢固树立抓质量就是抓发展、谋质量就是谋未来的工作理念，以标准建设起步，以新民营经济领域为突破口和重点，实施"一流标准引领工程"，大力推动"品质革命"。

一要建设标准供给集聚发展区。充分发挥国家技术标准创新基地（中国光谷）集聚作用，建立与技术升级和产业变革相匹配的标准动态调整和快速响应机制。重点扶持一批具有行业影响力、运行规范、消费者认可的社会团体和新创企业制定团体标准，推动技术水平高的团体标准转化为国家标准、国际标准。① 创新标准化服务模式，推动标准化组织机制、标准化人才培养和科研交流机制创新，探索跨行业标准化协调，推动产业（技术）联盟标准化协同。

二要创新质量标准服务。推动"一站式"质量服务延伸到每一个产业园区和双创平台。整合政府部门、市场协会等质量技术基础资源，建立公共质量服务信息平台，为企业提供标准和专利文献在线查询、质量问诊、网络培训等服务。加大提升中小企业质量标准扶持力度，补齐中小企业质量管理能力短板。

三要加大标准升级政策支持力度。在"市长质量奖"中设立民营企业奖励专项，激励和支持企业积极主导和参与研制国际、国家与行业标准，打造更多的名企、名家。探索开展标准符合性和先进性评价以及标准认证，强化标准升级的正向激励。

---

① 《国务院办公厅关于印发消费品标准和质量提升规划（2016~2020 年）的通知》（国办发〔2016〕68 号），中国政府网，2016 年 9 月 16 日。

（四）推动形成自主控制能力

实施"产业价值链中高端升级计划"，支持有实力的本地民营企业培育高端要素，向产业价值链中高端攀升，向"微笑曲线"两端迈进，提高产业链供应链现代化水平，提高本地民营企业控制产业链关键环节、终端出口和最终定价的能力。

一要发展高端商务服务。要着力培育资产评估、信用评级、产权交易、会计审计、法律服务、人力资源、文体经纪类等现代高端中介服务业态，积极引进贸易结算、产品认证、管理认证、咨询服务、法律仲裁、品牌代理、信用服务等高端商务服务机构，形成中部地区品牌中介服务集聚高地。

二要发展供应链管理服务。要围绕国际性综合交通枢纽、长江中游航运中心、国际陆运中心、国际门户枢纽、国家多式联运枢纽建设，依托现有国内电商配送中心平台，集聚国内外大型电商、跨国采购商、供应链集成商，建设全国性电商快递物流分拨中心。支持有实力的本土民营企业向综合服务商转变，向供应链上下游延伸，打造项目型、平台型、生态型供应链，努力形成以供应链和价值链为核心的产业集聚发展态势，加快建设国内供应链管理中心、全球供应链管理中心的重要功能节点。

三要创新金融服务。大力推动金融与科技深度融合，以开展科技金融、绿色金融创新改革为契机，组建金融科技专家委员会，联合金融科技企业组建金融科技孵化器，搭建金融云和智能算法平台等公共服务平台，健全科技金融产业生态。设立绿色发展基金，建设全国性碳交易市场，探索区块链技术应用。

（五）营造自主发展良好生态

着力构建"亲清"的政商关系，实施民营企业发展"沃土计划"，扩大企业、社会行业组织的话语权，探索建立企业、社会、政府三方合作、共同参与推动民营经济发展的新模式。

一要不断增强民营企业发展的自豪感、荣誉感、获得感。在全社会大力弘扬勇于创新、敢于拼搏的企业家精神，依法保障民营企业和民营企业家的人身权、财产权，使企业家安心经营、放心投资。让一切合法经营并为武汉改革发展做出贡献的民营企业家有更大的安全感、荣誉感和更高的社会地位。

二要充分发挥社会组织的桥梁纽带作用。研究出台支持行业协会、商会、产业联盟发展的专项指导意见，扶持行业协会、商会、产业联盟发展，完善行业信息平台构建。要发挥在汉异地商会和异地武汉商会的作用，依托它们积极为武汉民营企业"走出去"投资和回汉发展，牵线搭桥、做好服务。要加快推进社会信用体系建设，加强信用信息公开和共享，促进依法诚信经营，维护市场正常秩序，营造诚信社会环境。

三要加快转变政府职能。深入落实支持民营经济发展的政策措施，推动形成"产业链+创新链+资金链"服务组织平台。探索动态包容审慎监管制度，主动改变不适宜的监管理念、管理模式和政策体系。强化公共数据资源共享，实现政府大数据互联互通，在保证安全的前提下，鼓励企业对政务数据资源进行增值业务开发。制定民营企业产品和服务采购支持政策，争当民营企业产品和服务的"领先用户"。

参考文献

樊志宏、张巍：《论超大城市治理的三个关键词》，《科学发展》2020 年第 12 期。

郭朝先：《民营经济发展 30 年》，《中国工运》2009 年第 12 期。

贾蕾：《从制度变迁探究我国民营经济发展》，《现代商贸工业》2009 年第 5 期。

赵玉金：《民营经济发展回顾与启示》，《中华工商时报》2021 年 7 月 22 日。

胡金焱：《扎实推进民营经济健康发展、高质量发展》，《理论导报》2023 年第 4 期。

盛朝迅：《把握好新一轮科技革命和产业变革机遇》，《经济》2023 年第 Z1 期。

张家琪：《转变经济发展方式 推动民营企业加快发展》，《发展》2011 年第 5 期。

梁正：《互联网平台协同治理体系构建——基于全景式治理框架的分析》，《人民论坛·学术前沿》2021 年第 21 期。

B.15
新时期宜昌长江大保护典范城市
建设实践与对策研究*

黄琦　潘方杰**

摘　要: 水对城市的建设发展影响至深,新时期如何处理好流域城市水生态保护和经济发展的关系仍是流域沿岸各级政府面临的棘手难题。本文以长江大保护"立规矩"的重要论述为基础,以"水"为主线,在对流域城市建设中水循环、水约束、水融合进行分析的基础上,探索并构建了"保护—发展—育人"长江流域城市建设规约表达框架,并针对湖北宜昌长江大保护典范城市建设实际,从构建荆楚安澜的宜昌水网体系、构建优势明显的绿色发展新格局、厚植长江大保护的"种子"三个方面提出了优化路径。研究结论对有效落实长江大保护政策、构建高水平保护和高质量发展的流域城市建设模式,特别是对推动湖北长江大保护典范城市建设具有参考价值。

关键词: 流域城市　长江大保护　宜昌

一　引言

　　水是生命之源、生产之要、生态之基。① 流域孕育城市,水对城市的建

＊　基金项目:湖北省社科基金一般项目(HBSK2022YB349)。
＊＊　黄琦,博士,助理研究员,主要研究方向为流域经济,土地利用信息化;潘方杰,博士,讲师,主要研究方向为土地资源开发利用和GIS应用。
①　林玉茹、陈进、许继军:《长江流域水生态文明城市试点建设浅析》,《长江科学院院报》2020年第6期。

设发展影响至深，长江流域绝大部分城市是沿干流、支流分布。① 流域作为水的汇集区域，以流域为核心的生态文明建设成为高质量发展的必然选择和重要路径。② 长江生态安全关系到中华民族伟大复兴和永续发展。"共抓大保护、不搞大开发"是长江经济带行动纲领，然而湖北要发展，城市要建设，如何在推进湖北城市高质量发展和流域生态高水平治理中取得平衡是湖北必须破解的难题。不可否认，一段时间以来，湖北以及长江沿线各城市并没有在"保护"和"发展"中找到平衡，经济发展各个领域在保护和发展之间徘徊不定，长江经济带中下游地区的政策实施效果不明显，③ 过度的"保护"几乎将经济发展推入困境。长江经济带是中国经济发展的重要支柱，是中国最大最集中的工业走廊、农业产区，长江又是世界最大的内河交通大动脉、全球最大的清洁可再生能源走廊和水电基地，"共抓长江大保护"是全人类治理保护大江大河、实现发展范式转型升级的一次全新实践。④ 长江的开发与保护行动模式成为经济社会高质量发展的重要样板。⑤ "不搞大开发"并不意味着禁止一切开发行为，"共抓大保护"也并不是将生态保护作为所有工作的唯一目标和准则。营造开发与保护二者间和谐互动的关系是和谐平衡发展的核心思路与实践途径，也是"共抓大保护、不搞大开发"这一方针的具体体现与合理延伸。⑥ 发展是社会的基础，是解决我国一切问题的关键，长江流域要发展毋庸置疑，但绝不能搞破坏性开发，长江流域城市建设以及经济发展最终要实现"越保护、越发展"的良性格局，

① 邓先瑞：《试论自然环境与城市建设——以长江流域为例》，《华中师范大学学报》（自然科学版）2006 年第 3 期。

② 刘治彦：《流域生态文明建设的新探索》，《青海社会科学》2022 年第 1 期。

③ 樊帆、李栋：《长江大保护战略对长江经济带产业结构转型升级的影响——基于双重差分法的实证分析》，《长江大学学报》（社会科学版）2022 年第 2 期。

④ 卢纯：《"共抓长江大保护"若干重大关键问题的思考》，《河海大学学报》（自然科学版）2019 年第 4 期。

⑤ 赵鑫涯、钱忠、陈玉琴、毛佳茗、张浩、毕军、马宗伟：《长江大保护下健康长江指数研究——以泰州市为例》，《环境科学学报》2021 年第 4 期。

⑥ 左其亭、王鑫：《长江经济带保护与开发的和谐平衡发展途径探讨》，《人民长江》2017 年第 13 期。

这就是长江流域城市建设应遵循的规矩。

长江经济带作为全球最具影响力的内河经济带之一，具有独特的区域政策体系、一体化发展共识、协同创新发展模式、城市群支撑空间格局、生态大保护安全格局五个新特征。① 长江上游地区主要面临在保护中发展的问题，中游地区面临在发展中保护的问题，下游地区则需要开拓保护与发展共赢的新高度。② 长江三角洲城市群属于成熟期—环境超载型，成渝和长江中游城市群属于高速发展期—环境超载型，黔中和滇中城市群属于培育期—环境不超载型。③ 实现长江流域的高水平保护和高质量发展具有重要意义。④ 如何实现高水平保护和高质量发展成为长江流域城市建设的必答题，兼顾环境容量和经济发展的模式是最佳路径。1989 年，自大卫·皮尔斯首次提出以环境保护为核心的绿色发展理念以来，绿色发展相关的研究一直是国内外学者关注的重点。⑤ 绿色发展的理论前提是经济系统、自然系统和社会系统的共生性，而传统发展观的功利主义必将导致经济增长逼近甚至是超越生态边界（Ecological Boundar Conditions），导致增长的终结以一种崩溃的方式发生以及人类福利不可控制地下降。⑥ 但当前学者们在研究绿色发展时，大多侧重于经济、生态环境和资源的角度。⑦ 随着研究的不断深入，人类福祉、

① 刘耀彬、易容、李汝资：《长江经济带区域协调发展的新特征与新路径》，《学习与实践》2022 年第 5 期。
② 李翀、李玮、周睿萌、夏青：《长江大保护战略下科技支撑长江生态环境治理的几点思考》，《环境工程技术学报》2022 年第 2 期。
③ 王金南、蒋洪强、刘年磊、扈苤、汪淳、钟奕纯、蔡宏钰、吴文俊：《基于环境承载力的长江经济带城市群发展战略研究》，《中国工程科学》2022 年第 1 期。
④ 黄德生、陈煌、张莉等：《长江大保护环境与经济可持续发展问题及对策研究》，《环境科学研究》2020 年第 5 期。
⑤ 韩晶、陈曦：《长江经济带沿线城市绿色发展水平时空演变特征》，《华东经济管理》2021 年第 1 期。
⑥ 胡鞍钢、周绍杰：《绿色发展：功能界定、机制分析与发展战略》，《中国人口·资源与环境》2014 年第 1 期。
⑦ 丁任重：《经济增长：资源、环境和极限问题的理论争论与人类面临的选择》，《经济学家》2005 年第 4 期。

社会福利也被纳入绿色发展的研究框架之下。① 随着研究深入，研究认为科技水平、城市化水平、对外开放、环境规制、资源禀赋、产业结构、城市规模等因素都会对地区的绿色发展水平产生较大影响。② 与此同时，长江流域城市建设中港口对城市空间组织的影响、滨水区再开发、港口对城市的地域空间效应和港城空间融合、港航要素与企业空间集聚、港城关系类型及其发展模式识别、港城交互作用的空间法则、港口腹地范围识别等港城空间关系也成为研究焦点。③ 学者认为长江流域经济发展的基础是基础设施、支撑是产业合理有序布局、保障是生态环境协同治理、重点是技术创新驱动发展。④ 不可否认，城市的发展必须遵循一定的规律，⑤ 超越某一个阶段直接跨越到下个阶段不是每个城市可以做到的。长江流域资源禀赋充沛，该地区可以利用资源（矿产资源、优质景观、便利交通等）驱动经济发展，但资源驱动发展是以一定的资源消耗为基础的，必然对环境产生负面的影响。为此，该区域在实现了资本的原始积累后，均面临逐步转向非资源（资本、技术等）驱动模式的压力。

党的二十大报告提出，加快构建新发展格局，着力推动高质量发展。长江经济带是构建新发展格局的关键一步，在高水平保护中实现高质量发展势在必行。近几年，长江流域在环境领域逐步从被动"治"转向主动"防"，但仍未在保护和发展中找到普适的经验和做法，仍在艰难前行。流域城市建设所面临的约束条件远多于一般城市，长江流域城市建设如何在高质量发展

① 金乐琴：《高质量绿色发展的新理念与实现路径》，《河北经贸大学学报》2018 年第 6 期；王海芹、高世楫：《我国绿色发展萌芽、起步与政策演进：若干阶段性特征观察》，《改革》2016 年第 3 期。
② 张江雪、蔡宁、杨陈：《环境规制对中国工业绿色增长指数的影响》，《中国人口·资源与环境》2015 年第 1 期；韩晶、孙雅雯等：《产业升级推动了中国城市绿色增长吗?》，《北京师范大学学报》（社会科学版）2019 年第 3 期。
③ 王列辉、郑渊博、叶斐：《航运企业重组与集装箱航运网络整合效应研究——以中国远洋海运集团有限公司为例》，《地理科学》2019 年第 4 期。
④ 刘国龙、胡春林：《新发展格局下长江经济带发展战略研究》，《理论观察》2022 年第 8 期。
⑤ 储成仿：《新中国经济赶超战略形成的原因及其经验教训》，《当代世界与社会主义》2003 年第 6 期。

和高水平保护中走出一条新路考验着长江流域沿线的各级政府。湖北是长江干流流经最长的省份，肩负着"一江清水东流"的特殊国家使命。湖北省第十二次党代会将"坚决守住流域安全底线"摆在建设全国构建新发展格局先行区首要位置，是湖北扛起国家使命责任的重要体现。2022 年，湖北省明确宜昌肩负建设长江大保护典范城市的重大使命，宜昌地处"峡尽天开"的长江中上游接合部，是长江大保护"立规之地"，如何在生态安全约束下稳妥推进长江大保护典范城市建设是一个亟待解决的现实问题。本研究以问题为导向，通过理论与实证相结合方式，对长江流域城市建设的规约内涵和优化路径进行了研究，研究结论对长江流域建设，特别是对宜昌长江大保护典范城市建设具有一定的决策参考价值。

二　流域城市建设的理论分析

人类逐水草而居，人类文明兴衰史，无不与以水为核心的流域文明相关。国外在流域城市建设理念上进行了探索，如欧洲的 River Basin Management（流域管理），该理念旨在通过对流域内的自然和人文资源进行综合管理，实现城市和农村的可持续发展。又如美国的 Water Resources Management（水资源管理），该理念强调通过整合流域内的水资源，实现城市和农村的可持续发展。这些理念和方法都体现了国外流域城市建设的高度。

中国农耕文明强调天人合一，特别是在生产力水平较低的时代，城和水的关系相对和谐。古人有很多经典的论述，比如《管子》里谈到"凡立国都，非于大山之下，必于广川之上。高毋近旱而水用足，下毋近水而沟防省"。"圣人之处国者，必于不倾之地，而择地形之肥饶者。乡山，左右经水若泽"。水是生命之源、生产之要，既是基础性的自然资源，也是战略性的经济资源。习近平总书记从实现中华民族永续发展的战略高度，提出"节水优先、空间均衡、系统治理、两手发力"的治水思路，确立起国家的"江河战略"。坚持"以水定城、以水定地、以水定人、以水定产"，把水资源作为最大的刚性约束，合理规划人口、城市和产业发展。

（一）水循环逻辑分析

长江流域城市在发展中形成了两个系统，一个是流域系统（自然水系统），另一个是陆域水系统（人文系统）。其中流域水系统自然水的循环过程就是"降水—地面—河道—地下"以及"域外来水—江河湖库—域外排水"。城市水系统的水循环过程为"取水—供水—用水—排水（污水处理）—回用"。其中城市水系统建立在自然水系统之上，两系统可以链接为"流域—取水—供水—用水—排水（污水处理）—流域"。

流域系统和陆域系统相互嵌合形成长江流域城市系统，长江流域城市形态在流域系统和陆域系统两大系统相互作用下形成当下的状态。在早期，人类对长江流域的干扰较少，长江流域的水域和陆域发生着均衡的要素流交换，此时长江水域与邻近的陆域构成一个"理想国"模式（见图 1a）。在中期，随着时间的推移，由于大量人口向长江流域集聚，流域城市规模不断扩大，流域城市对长江水域的各类资源摄取增加，突出表现为取水增长和排水（污）增长，长江水域生态系统濒临临界值（见图 1b）。在后期，由于无节制地汲取水域资源和自然生态空间，人类空间开始侵入水域生态空间，大量水域岸线陆域化，流域自然生态系统和社会经济系统之间的平衡完全被打破，水域自然生态系统开始恶化，人类的城市社会经济系统的生存环境开始急剧下降（见图 1c）。流域系统和城市水系统共同构成了流域城市的基础层。

（二）水约束分析

水是城市的制约因素，城市的规模与布局往往受到水资源的限制与约束。水资源的总量、分布、质量等决定了城市可承载的人口和产业规模，也影响了城市用地类型和空间形态。同时，水也可能带来洪涝、污染、缺水等风险和挑战，威胁城市安全和可持续发展。水约束主要包括水量约束、水质约束、水生态约束、水灾害约束四个方面。以下以湖北为例进行水约束分析。

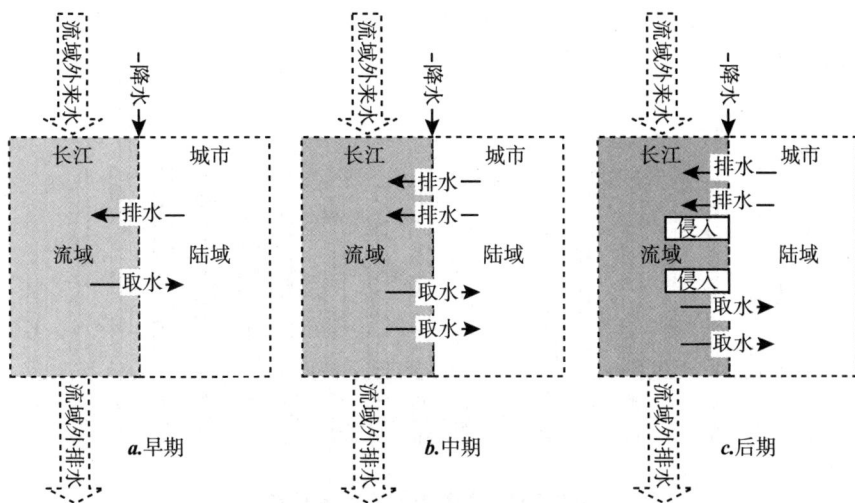

图1 长江流域城市水循环路径

水量约束。水量目标得以满足，维持水资源的可再生性，实现水资源对社会经济发展的可持续支撑。湖北享有"千湖之省"的美誉，但是水量约束是一个不争的事实。2023年3月28日，水利部长江水利委员会分析研判2023年汛期（4~10月），长江流域气候年景总体偏差，旱重于涝。国家气象中心研究显示，21世纪以来，6~10月发生高危险性高温干旱复合事件且影响范围覆盖长江全流域的有2006年、2013年、2019年和2022年，高危险性高温干旱年份间隔越来越短。2022年长江流域发生了1961年有完整记录以来最严重的气象水文干旱（见图2）。2022年10月，长江流域来水偏少六成多，长江干流汉口站水位为13.45米，较历年均值（21.50米）低8.05米。严重旱情之下，长江流域多地出现农田干裂、水位创历史新低等情况，部分河湖干涸见底。随着三峡、南水北调工程投入运行，湖北部分河湖在长江低水位时分流量减少，特别是枯水期生态用水已难以保障，加剧了长江、汉江中下游水资源压力。现有引、蓄、提、灌等水资源配置工程已不能满足城乡常年生态用水需求。湖北系统性"缺水"已成常态。

与此同时，一方面湖北面临的困境是水量的不足，另一方面则是水的大

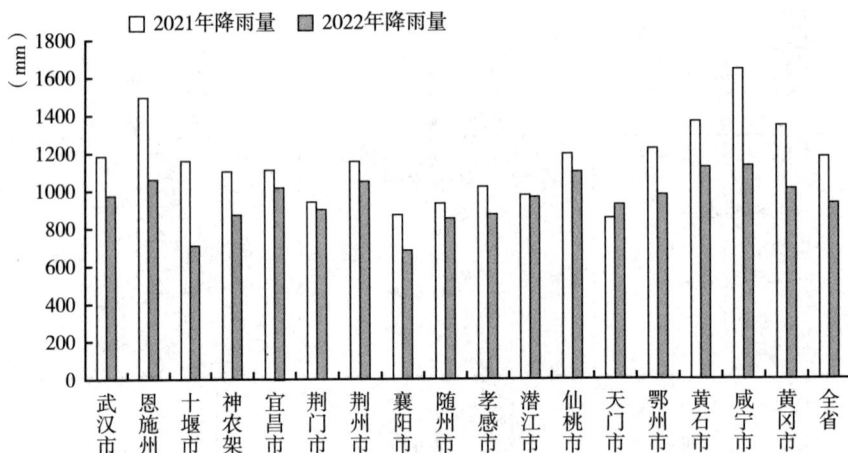

图 2　湖北 2021~2022 年年降水量区域分布

量消耗。大量的产业生产活动需要使用大量的水，包括生产、制造、加工等环节，如果水资源的消耗量过大，将会导致水资源的短缺和水环境的恶化。以湖北省为例，湖北省农业用水量呈现增长态势，2021 年达到 177.7 亿立方米的最高水平，开展节水农业建设对于湖北来说任重道远；湖北工业用水量在 2012 年达到 121.6 亿立方米最高值后，开始出现下降态势，这说明湖北工业化转型初显成效；湖北生活用水水量从 2004 年至今逐年增长，2020年出现小幅下降后，在 2021 年又开始出现增长，居民生活用水节水形势任重道远；生态用水长期处于低位，但从 2020 年开始，出现了大幅的增长（见图 3）。

水质约束。水质目标得以满足，充分利用水环境容量，满足水功能区水质目标要求，不损害水体的服务功能。当前湖北肩负着"一江清水东流、一库清水北送"的双重责任，水质则是保障这项任务完成与否的关键。但根据湖北省污染源执法监测年报（2022 年度）数据，2022 年，湖北监测超标的长江入河排污口共 78 个，占全省实际监测入河排污口比例的 22.0%。其中，荆门超标率 60%，黄石超标率 40%，荆州超标率 28.8%（见表 1）。主要超标项目为总磷，其超标倍数最高达 16.74 倍。

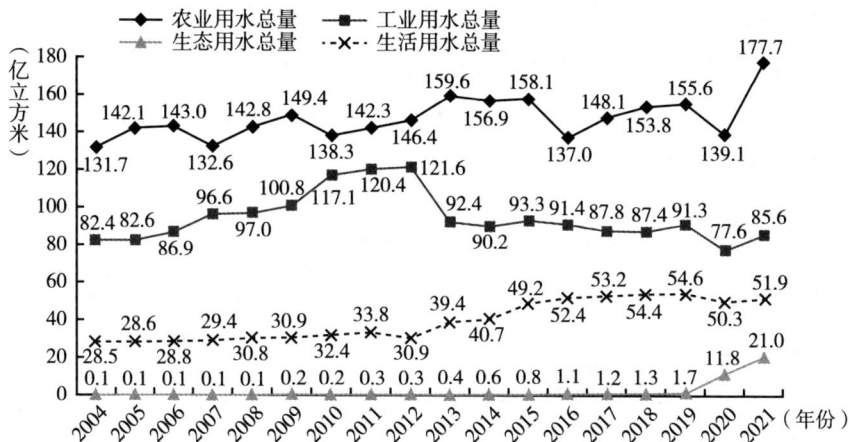

图 3　湖北省 2004~2021 年各类用水总量变化

表 1　2022 年湖北省各市（州）长江入河排污口监测情况

单位：个，%

地　市	实际监测入河排污口	达标数量	超标数量	超标率
荆　门	10	4	6	60.00
黄　石	20	12	8	40.00
荆　州	111	79	32	28.80
襄　阳	41	31	10	24.40
武　汉	64	53	11	17.20
天　门	12	10	2	16.70
鄂　州	19	17	2	10.50
孝　感	32	29	3	9.40
黄　冈	46	42	4	8.70

　　工业的本质就是一个化学或物理反应。长期以来，长江流域的产业结构以重工业和化工为主，传统的工业化以化石燃料（煤炭、矿石等）的消耗为支撑，这些产业对水资源的消耗和污染会对水环境造成影响。以湖北为例，2011 年湖北排放的废水中化学需氧量排放量为 110.50 万吨，后续逐步下降，在 2019 年降至 26.8 万吨后，2021 年迅速升至 156.80 万吨，达到历史新高。此外，湖北是磷矿大省，也是磷利用大户，磷污染问题也是长期困

扰湖北的难题，与化学需氧量排放量指标类似，自 2011 年开始到 2019 年，湖北总磷排放量从 2.5 万吨开始逐年下降，但在 2020 年开始，该指标又快速上升，2021 年达到 2.48 万吨，几乎又追平 2011 年水平，"三磷"仍是湖北的难题（见图 4）。

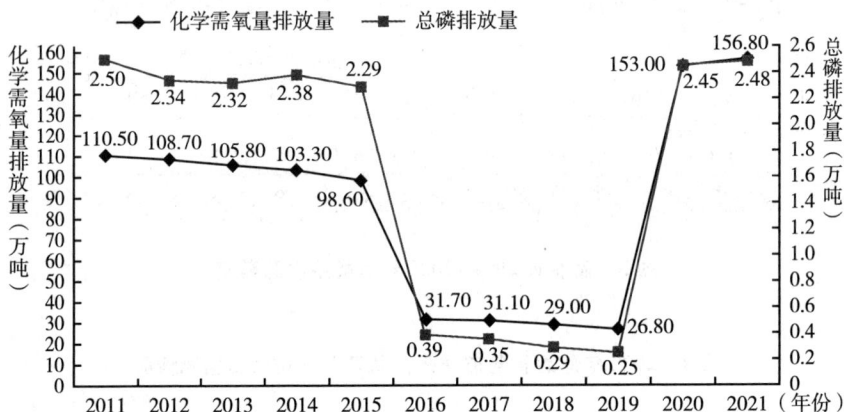

图 4 湖北省废水中主要污染物排放量变化

水生态约束。水生态目标得以满足，生态流量得到保障，水生态系统良性循环。随着经济社会的快速发展和人类活动的加剧，湖北省河湖水系割裂、水体流动性差，水域空间被挤占，河湖生态流量（水位）保障不足，部分湖泊水生态功能退化、轻度富营养化、水质改善难度高。与此同时，产业生产活动中会产生大量的废水和废弃物，这些废水和废弃物中含有大量的有害物质，如果不能得到妥善处理，将会对水环境造成严重的污染。工业生产是水污染的主要来源之一，需要采取一系列措施来控制工业污染，例如加强工业废水处理、推广清洁生产技术等。长江流域是我国主要的经济增长带，分布着大量的工矿企业，沿江各省市都加大了水污染治理投入，水污染治理投资最多的是上海、云南、四川。在 2007~2008 年，长江经济带治理废水项目完成投资处于最高峰，其间湖北 2008 年治理废水项目完成投资达到 82635 万元。随着持续的资金投入，治理废水项目逐步发挥效益，治理废水项目投入开始逐年减少（见图 5）。

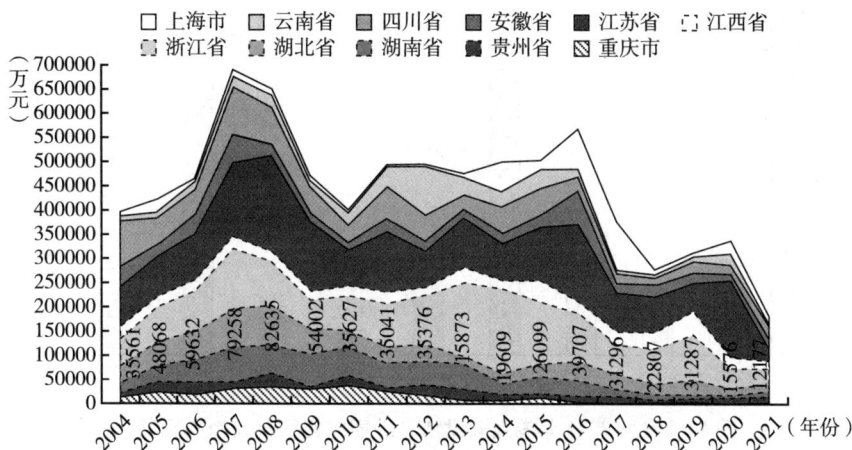

图5　2004~2021年长江流域11省市治理废水项目完成投资金额变化

注：图中数据为湖北省数据。

水灾害约束。优化经济社会合理布局，提升防灾救灾能力，降低灾害带来的影响和损失，旱涝灾害防御目标得以满足。长江、汉江防洪保护圈内部分堤段存在薄弱环节，尚有 7000 余公里中小河流未开展系统治理。部分水库除险加固不彻底，现有水库 6921 座，其中病险水库占比 10.6%，有超过 10% 的水库带病运行。蓄滞洪区及洲滩民垸建设滞后难以安全有效运用，仅荆江、杜家台蓄滞洪区基本具备分洪或分流运用条件。重点涝区、山洪灾害治理任务"点多线长面广"，仍存在诸多短板。2013~2021 年湖北省洪涝、地质灾害和台风受灾面积呈现较大波动，2016 年湖北省洪涝、地质灾害和台风受灾面积达到 1870 千公顷，2020 年达到 1503 千公顷（见图6）。

（三）水融合

水是城市的协调因素，城市的治理与创新往往需要通过水资源的整合与优化。水资源涉及多个部门、多个层级、多个利益主体，需要在流域尺度上进行统筹规划和管理，实现水资源供需平衡、水环境保护改善、水生态修复恢复、水景观提升美化等多目标协同。同时，水也需要与城市其他要素如土

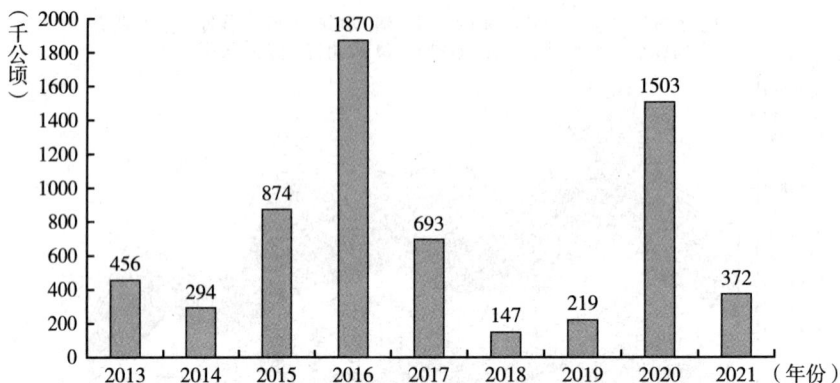

图6 2013～2021年湖北省洪涝、地质灾害和台风受灾面积

地、能源、交通等进行耦合协作，实现高效节约利用和循环再生利用。

以人为本。人是决定流域城市建设成败的关键变量。城市的发展最终为了人民，更好地满足人的需求是城市建设的本原追求。人的需求突出体现在对美好环境以及愉悦心境的渴望和对更好的物质条件以及社会财富的追求，对生态环境的保护可以满足人民对美好环境的需要，发展为人民生活条件提升提供了经济保证，保护促进发展，发展反馈经济，二者缺一不可，互相促进。

闭合循环。长江流域城市建设和长江水域生态环境应形成流动要素闭合循环，城市的建设从长江水域获取的自然要素，需要经过城市消纳系统处理后，再次汇入长江水域生态系统，并可随着城市建设需要再次进入城市社会经济系统，两大系统可以形成闭合的内循环系统，要素在系统间循环使用。

低碳绿色。长江流域城市通过产业转型升级，大力发展新型低碳经济，推动经济发展模式从资源要素驱动转向创新驱动，进一步减少对长江水域生态系统资源的摄取，减少城市建设对水生态的干扰，最终达到"低碳绿色"城市建设模式。

韧性安全。水对流域城市是一把双刃剑，流域城市建设过程中，既要充分发挥水的资源价值效应，也必须对极端情况下的干旱和洪涝有充分的防备和预案，降低水灾害对城市的威胁和损失，且确保一旦受灾迅速恢复到常态。

公平正义。水资源分布空间不均衡，各地区存在水竞争，这在干旱时期表现得最为明显。同时在城乡之间、不同收入群体间也存在水资源使用偏向或不公问题，需要建立相应的保障措施。跨区域调水工程可以解决地区间的水资源分布不公问题，但如何协调水资源调出地区和水资源调入地区关系也是一个待破难题。

"人—水—城"共生。在长江大保护持续推进的背景下，推进流域城市建设需秉持共生原则，即城市的建设发展不能影响流域水体生态系统的可持续发展，而流域生态系统的保护应具备保障流域内城市的可持续发展，达到双向的共生平衡。

三 长江流域城市建设规约表达

湖北地处"长江之腰"，宜昌地处"峡尽天开"之地，是长江大保护"立规之地"，宜昌市应在推进城市建设过程中处理好保护与发展的关系，深度推进流域生态综合治理、产业转型升级、创新驱动发展、开展共同缔造等方面的具体工作，最终将湖北宜昌市打造成长江大保护典范城市，并试图在长江大保护中形成一批可复制、可推广的湖北经验和湖北方案。长江大保护是一个庞大的学术论题，也是长江流域城市建设必须面对的现实问题，长江保护和发展的逻辑关系如何辨析，长江大保护效果如何评价，如何深度总结归纳一批可借鉴、可推广、可复制的流域城市建设模式等值得深入研究。

2018年4月24日，习近平总书记在湖北宜昌长江岸边的兴发集团新材料产业园考察时提到，长江经济带建设要共抓大保护、不搞大开发，不是说不要大的发展，而是首先立个规矩，把长江生态修复放在首位，保护好中华民族的母亲河，不能搞破坏性开发。2019年9月习近平总书记主持召开黄河流域生态保护和高质量发展座谈会，提出"要坚持以水定城、以水定地、以水定人、以水定产"，为新时期水资源保护利用提出了新要求。① 实践证明，长江经济带流域城市建设必须遵循一定的"规矩"，"把长江生态修复放在首位，保护好中华民族的母亲河，不能搞破坏性开发"以及"以水定城"是长江流域城市建设的根本遵循。

"共抓大保护，不搞大开发"作为长江流域经济社会发展的总纲领，在具体的推进过程中，要首先回答两个问题，一是保护什么？我们保护的是长江水域生态系统及其毗邻的陆域生态系统，而不仅仅是长江水域本体，即保护长江水域和毗邻陆域。二是开发什么？我们开发的是长江沿线的陆域城市，创建有益于人类生存发展的空间；也在保护中开发长江本体水域水资源和水景观等资源，提供人类生存的资源要素。流域城市是一个复杂的巨系统，流域城市建设要处理好水、城、人之间关系，实现水、城、人循环互动（见图7）。

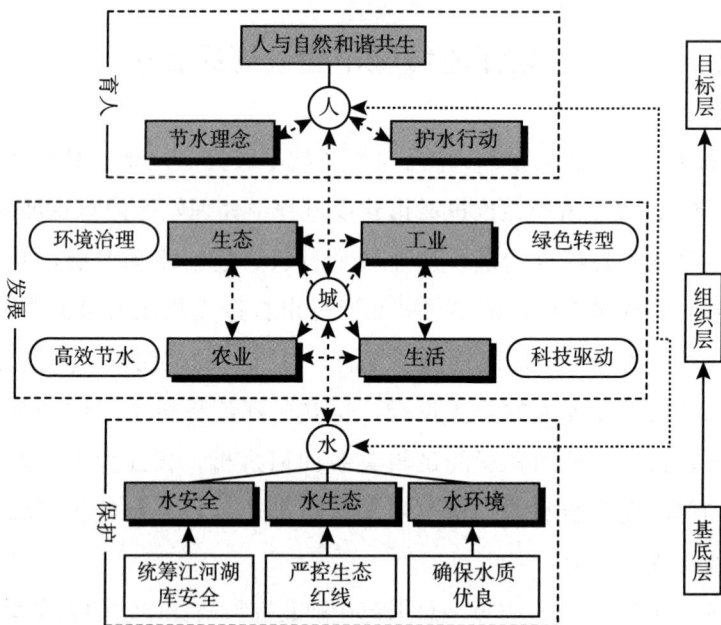

图7 长江流域城市建设规约表达

----

① 王浩、许新发、成静清等：《水资源保护利用"四水四定"：基本认知与关键技术体系》，《水资源保护》2023年第1期。

（一）基底层：围绕"水"制定保护战略

长江流域要关注水安全、水生态、水环境三件大事，确保江河湖库的绝对安全，严格守牢涉水生态红线，确保水质优良，从而为城市发展提供充裕和优良的水源。"化工围江"是笼罩在长江经济带上空的阴霾，是长江流域生态恶化的"病根"，长江流域必须坚定不移走生态优先、绿色发展之路，先破后立，壮士断腕破解"化工围江"难题。长江流域城市建设应遵循综合施治原则，推动山水林田湖草一体化治理，注意流域上中下游的协同治理，将长江生态的修复放在首要位置，坚决切断污染长江的污染源，确保一江清水永续向东流。

（二）组织层：围绕"城"推进绿色发展

城市是人类生产、生活、生态互嵌互融的综合体。产业发展遵循从低级向高级逐步演进的过程，这是产业发展的基本规律。随着经济发展，传统产业发展模式过度依赖资源消耗，与生态环境的可持续发展不兼容，且对生态环境的危害较大。由于化工行业对水资源的依赖，大量化工企业分布在水源附近，对水资源的安全构成了威胁。推动城市传统产业，特别是化工产业转型升级和经济发展模式转型，是流域城市建设的必由之路。在生产端，具体包括工业生产和农业生产两个方面。长江流域城市实施动能转换，以磷化工技术创新为点全面突围，开辟长江经济带创新发展新赛道。城市要推动工业生产的绿色化转型，推动流域城市传统产业向数字化智能化转型升级，坚决关停长江沿线高耗能高污染企业。长江流域应顺势而立，推动传统化工向精细化工升级，助力产业裂变，大力发展高新技术、智能制造、数字服务产业，走出长江经济带产业绿色发展新路子。同时，立足长江流域人文自然景观优势，大力推动绿色经济发展，牢固树立绿色发展理念，并在绿色发展上构建现代化的产业体系。加快推进农业面源污染治理，推进节水农业发展，在确保粮食稳定增长的基础上，推动高效节水农业发展。在生活端，加快城市污水治理，合理设置居民用水价格。在生态端，加强流域综合治理产业化发展，形成多元互动的生态治理格局。

（三）目标层：构建人与自然和谐共生体

按照党的二十大报告要求，牢固树立和践行绿水青山就是金山银山的理念，站在人与自然和谐共生的高度谋划发展。通过多种形式，提升居民节水意识和理念，促进居民积极开展护水行动，为长江大保护营造良好的社会氛围，形成全民共抓共建共享的社会治理格局。坚持"当下治"和"长久立"相结合，立规定向，推动全体居民生态文明意识提升，构建生态经济新模式，推动人与自然和谐共生，孕育打造美丽长江新典范。

四　长江流域城市建设路径优化

湖北宜昌地处"峡尽天开"的长江中上游接合部，是长江大保护"立规之地"，生态本底发展良好，绿色转型势头强劲，具备建设长江大保护典范城市的坚实基础和独特优势。湖北长江流域城市建设应着力破解"化工围江"，推动产业换道升级，加快发展动能转换，育生态文明新风尚。

（一）保护：构建荆楚安澜的宜昌水网体系，筑牢流域城市发展之基

流域治理是一项长期性工作，必须加强法制化建设确保治理工作的持续性。首先，宜昌始终着眼整个长江生态系统的修复保护，立足《长江保护法》，高质量编制长江流域城市国土空间规划，确保以强有力的规划指引城市建设。其次，将可持续发展原则纳入城市决策，制定可持续发展规划。建立科学的可持续发展指标，加强绩效管理和监测。再次，强化重点地区建设管控，推动流域生态环境综合治理和旅游产业发展，创新空间布局、产业空间的有机衔接，放大流域综合治理的效应。最后，强化长江流域城市建设全过程执法保障，制定长江大保护典范城市建设条例、生态文明教育条例，开展生态环境和资源领域保护公益诉讼。

宜昌作为长江流域的节点城市，必须将水安全作为城市建设的核心要

素，以三峡大坝为中心，建立坝前区域农业面源污染、农村生活污水的监控监管机制；加强坝前区域泥石流、山体滑坡等自然灾害早期预防干预技术储备，建立相应的灾害应急处置措施。推动绿色航运建设，加快传统船舶的电气化改造，尽快破解三峡船闸过闸拥堵问题，减少过往船舶的待闸时间。

（二）发展：构建优势明显的绿色发展新格局，打造生态宜居绿色水城

持续推进传统产业转型升级以及构建优势明显的绿色发展新格局。产业是城市的原动力。产业发展也是一个资源消耗的过程，对长江生态环境产生一定的影响。长江大保护是否可以持续推进以及最终能否取得成功，最为关键的就是我们走怎样的产业发展之路。宜昌市传统的产业以化学工业为基础，如磷化工等，宜昌在落实长江大保护方面的任务更加艰巨。首先，学习美国圣路易斯"锈带城市"转型经验，在推进宜昌沿江化工企业搬迁改造过程中，改变过去"一拆了之"的做法，通过修旧如旧焕发新机的方式，改造废弃厂房，大力发展新型创意产业、旅游产业。其次，改变过去过度倚重化工产业的格局，大力培育新的经济增长点，推动传统制造业与服务业融合。最后，依托磷矿资源加快精细化工产业裂变升级，积极探索化工产业链向高端纺织面料、工程塑料、医药中间体延伸拓展。

发挥自身历史文化自然资源优势依托"两坝一峡"建设世界旅游目的地。首先，宜昌应以公园理念运营城市，探索构建由公园、类公园空间、连通走廊等元素相互连接而成的"类星座"绿地系统。其次，宜昌历史文化资源丰富，应充分利用丰富的人文生态资源，依托"两坝一峡"全球顶级山水旅游资源和屈原、王昭君等长江人文资源，建设世界级旅游景区和世界级旅游度假区。再次，加强城市遗产保护，开放水公共空间，创造艺术文化空间。引入国际化经营理念和管理方式，构建集星级饭店、度假酒店、特色民宿等于一体的多层次住宿接待体系。依托屈原故里端午文化节、长江钢琴音乐节等节庆活动，持续推进旅游品牌营销。最后，创新生态价值转化，在重点自然风景区域，建设众多创新创业空间，助力新经济产业发展。

随着城市范围的扩张，受制于宜昌特殊的地形地貌以及国土空间现状，在可预期的将来，宜昌人地矛盾将会越发的紧张。为此，长江流域未来城市建设必须转为向创新要空间，通过创新赋能城市建设。首先，创新人才是关键，建议尽快推动宜昌地区高等教育资源补短板行动，立足国内，瞄准世界，推进国内知名世界一流的教育机构在宜昌开设分校，努力打造国家一流的教育强市。聚焦打造最适合读书的城市，打造适合年轻人留下的城市，打造最适合应届毕业生的城市。借助科研站所研究实力以及企业创新活力，打造创业氛围与创业文化最优的城市。其次，强化屈原文化核心地位，推动文化资源"创新转化"，培育"文化+"新业态新模式。最后，强化企业创新主体地位，支持产业链领航企业联合高校、科研院所和行业企业加强前瞻性科技研究。

（三）育人：厚植长江大保护的"种子"，缔造"人水城"循环共生新长江

人是长江大保护的决定性因素，长江流域城市建设应坚持"当下治"和"长久立"相结合，发动群众、依靠群众，在人民群众中厚植长江大保护的"种子"，推动长江大保护"入心入行"。

持续开展中国水周、全国城市节约用水宣传周、全国低碳日、全民植树节、世界地球日等主题宣传活动，积极引导和动员全社会参与绿色发展。广泛开展节约型机关、绿色家庭、绿色学校、绿色社区、绿色出行、绿色商场、绿色建筑等创建行动，将绿色生活理念普及推广到衣食住行游用等方方面面。在全省范围内加强"长江哨兵"等志愿服务品牌宣传，积极推进生态公民建设工程，推动长江大保护理念走入寻常百姓家。

持续推动共同缔造，调动社会多方资源共同出力，群众唱主角，群众的事让群众说了算，如公众参与治水决策、专家参与治水咨询、居民参与治水听证、非政府组织参与水生态保护和水环境治理，公众监督企业和政府的治水行为等。推广武汉民间河湖长经验，向社会公开招聘民间河湖长，发挥其"政策宣讲员、问题导航员、矛盾调解员"作用，协同地方政府河湖长共同守护江河湖库生态健康，在流域治理能力和治理体系现代化方面形成引领和示范。

附 录 长江中游城市群大事记
（2022年7月至2023年6月）

张 宁

2022年7月1日 江西省南昌市发布《南昌市"十四五"交通运输专项规划》，提出把南昌建设成为具有全国重要影响力的综合交通枢纽城市、引领南昌大都市圈一体化发展的核心城市、绿色便捷的现代化公交都市、高质量交通运输服务典范城市。

2022年7月9日 "文化力量·民间精彩"鄂湘赣三省群众广场舞精品展演在湖北省仙桃市举行，作为第三届荆楚乡村文化旅游节的"压轴大戏"，13支来自鄂湘赣的优秀广场舞团队同台联袂演出，为现场观众和线上网友献上一份精彩的群众文化大餐。

2022年8月7日 江西省九江市、湖北省黄冈市两地市场监管部门举行"跨江通办"合作签约仪式。双方将携手推进涵盖登记注册、行政许可、信用监管、专利发展保护等四大类业务，跨省跨江通办、互认。九江与黄冈隔江相望，市场相通，产业相融，长期以来保持着密切的往来和联系。按照《2022年黄冈九江跨江合作一体化发展工作要点》《九江市、黄石市、鄂州市、黄冈市人民政府关于深化跨江合作推进区域融合发展的框架协议》等文件要求，九江与黄冈两地市场监管部门主动沟通对接，在扩大跨省跨江通办业务范围和合作领域达成新共识。

2022年8月9日 中经智库发布智库报告《长江中游城市群一体化辐射带动作用待增强》。报告显示，2022年2月，国务院批复《长江中游城市群发展"十四五"实施方案》，相关省份陆续发布了分工落实方案，长江中游城市群一体化发展驶入"快车道"。报告指出，对标长三角、京津冀等城市群，位于湖北、湖南、江西三省的长江中游城市群一体化发展明显滞后，市场体系建设还处于"碎片化"阶段，中心城市对周边辐射带动不足，产品和要素跨域流动堵点较多，产业同构较为突出。报告认为，长江中游城市群应以一体化为基本指向，对标京津冀、长三角、粤港澳大湾区等区域，高层次、深程度推进区域合作，实现高质量协同发展。

2022 年 8 月 13~14 日　洞庭湖生态经济区（四市一区）政协主席联席会议第四次会议在湖南省益阳市召开，以"山乡新巨变，共享新洞庭"为主题，重点围绕加快现代农业发展、共建洞庭粮仓进行充分协商交流。全国政协农业和农村委员会副主任杜宇新、湖北省政协主席孙伟、湖南省政协主席李微微、湖北省政协副主席杨玉华、湖南省政协副主席胡伟林出席会议。

2022 年 8 月 15 日　湖南省郴州市桂东县医保局与江西省吉安市遂川县医保局为进一步加强湘赣边区域在医疗保障领域的深度合作，秉持以人民为中心的服务宗旨，依托全国统一的医疗保障信息平台，积极发挥湘赣边区既有医保资源优势，签订了《遂川县桂东县医疗保障发展合作备忘录》《遂川县桂东县医疗保障经办服务合作协议》，桂遂两县加深加快医疗保障领域的密切合作。

2022 年 8 月 17~18 日　2022 年湘赣边区域基层社会治理协同创新联席会议暨观摩活动在湖南省浏阳市举行。这是国家发改委印发《湘赣边区域合作示范区建设总体方案》后，湘赣边区域合作示范区 6 个县（市、区）就区域基层社会治理协同创新，召开的第一次主题联席会，旨在打造共商共建共治共享的湘赣边区域治理共同体，共同维护社会和谐稳定。

2022 年 9 月 13 日　2022 年湖北省检验检测机构开放日活动启动仪式暨"宜荆荆恩"公检机构一体化发展联盟签约在宜昌举行。该联盟将立足湖北省宜昌、荆州、荆门、恩施四地公共检验检测机构实际，建立健全"宜荆荆恩"区域公共检验检测机构协调发展机制，打造公共检验检测机构一体化、高质量发展范式，推动四地公检机构检测技术服务水平整体提升。

2022 年 9 月 22 日　湖北省"襄十随神"不动产登记一体化协同办理示

范区建设试点在湖北省襄阳市通过湖北省自然资源厅验收。会议邀请来自武汉大学、华中科技大学、华中农业大学、湖北省自然资源厅确权登记中心、武汉市登记中心等5个单位专家对试点进行评估验收。湖北省武汉市、宜昌市、襄阳市、十堰市、随州市、神农架林区相关代表参会学习并在会上交流发言。

2022年9月28~29日　江西政协报社和湖南省政协融媒体中心组成的采访团走进江西省萍乡市上栗县，开展了"湘赣边区域合作示范区建设政协媒体萍乡·上栗行"联合采访活动，深入挖掘湘赣边合作示范区建设中的典型案例，记录展现湘赣源远流长的历史文化底蕴和蓬勃发展的经济社会风貌。

2022年10月15日　新建湖北省襄阳至荆门高速铁路站前工程1标段破土动工，这标志着襄荆高铁主线进入实质性动工阶段。襄荆高铁正线全长116.8公里，总投资197.44亿元，设计时速350公里，计划2026年竣工，是呼南高铁（呼和浩特至南宁）的重要组成部分。襄荆高铁将与正在建设中的荆荆高铁、沿江高铁在荆门西站会合。建成后，湖北鄂西北、鄂西南、鄂中地区的交通体系将得到全面优化，襄阳至荆门、荆州、宜昌等地将实现便捷出行，助力湖北加速融入全国高铁网。

2022年10月17日　从中国铁路武汉局集团有限公司（简称"武铁"）获悉，随着武九客专及昌九城际推出"计次票""定期票"两种灵活便捷、经济实惠的新型票制产品，湖北省武汉铁路再次扩大"高铁月票"朋友圈，目前已推广到汉十高铁、京广高铁京武段等3条主要线路，覆盖武铁管内37个客运车站。本次新发行的武汉至南昌区间"计次票""定期票"新型票制产品，途经武九客专和昌九城际，沿途共经过19个车站。

2022年11月21日　长赣高铁开工建设动员大会在湘赣两省同步举行，长赣高铁湖南段建设正式启动。长赣高铁是国家中长期铁路网规划中"八纵八横"高速铁路网之一的渝长厦通道的重要组成部分，是国家"十四五"铁路发展规划的重要客运专线，对优化路网结构，加快中部地区高质量发展和东中西部互动互补，实现区域经济协调发展和湘赣边区域共同富裕、沿线人民高品质出行具有重要意义。

2022 年 12 月 7 日 《武汉都市圈发展规划》获国家发改委正式批复，成为继南京、福州、成都、长株潭、西安、重庆都市圈后，第 7 个获批的国家级都市圈发展规划。根据批复，规划实施将积极推动武汉辐射带动周边城镇共同发展，加快推进基础设施互联互通、产业专业化分工协作、公共服务共建共享、安全风险联防联控，建立健全同城化发展体制机制，建设现代化都市圈，为长江中游城市群一体化发展提供坚强支撑，更好助推中部地区高质量发展，更好服务长江经济带发展。

2022 年 12 月 9 日 江西省南昌市召开大南昌都市圈轨道交通攻坚行动新闻发布会。会上南昌市发展和改革委员会主任提名人雷桥亮介绍：为策应国家"交通强国"战略和江西省大南昌都市圈区域发展战略，强力落实省委省政府对南昌提出的加快打造"具有全国重要影响力的综合交通枢纽"的目标要求，南昌市正在着力实施大南昌都市圈轨道交通攻坚行动。目前，全市已形成以高速铁路为主骨架、以城市轨道交通为高效衔接、以普速铁路为重要补充、以市域（郊）铁路为远期规划的大南昌都市圈轨道交通格局。

2023 年 12 月 13 日 湖北省宜荆荆恩四地组织部门及人社、科技、教育、产业等有关部门齐聚宜昌，召开人才发展联盟第一次全体会议，发布了《宜荆荆都市圈人才发展联盟组建方案》，将做实做强"人才发展联盟"作为优化资源配置，推动区域协调发展、高质量发展的抓手和路径。

2022 年 12 月 23 日 2022 年长江中游三省协同推动高质量发展座谈会在湖北省武汉市以视频方式举行，湖北、湖南、江西三省签署 14 项合作协议。三省签署《发挥西部陆海新通道及中老铁路作用，融入共建"一带一路"新格局的协议》《长江中游三省畅通商品流通合作协议》；三省工信、交通、水利、生环、住建、司法、能源、市场监管（知识产权）部门签署合作协议，涉及产业链供应链合作、打通省际瓶颈路（含航道）合作、"一江两湖"系统治理合作、能源重点项目建设及供应互济、大气污染防治联防联控合作、住房公积金区域合作、知识产权保护协作等领域。南昌、武汉、长沙三市签署《长江中游三省省会城市重点合作事项》，赣江新区、湘江新区、长江新区管委会签署《推动长江中游三省新区联合创新行动合作框架协议》，通城县、修水县、平江县三县签署《通平修共建长江中游城市群生态屏障合作协议》，南昌县、仙桃市、醴陵市签署《湘鄂赣经济强县产业合作框架协议》。

2022年12月28日　2022武汉（汉口北）商品交易会、全球数字贸易大会在湖北省武汉市隆重开幕。花卉、海鲜、调味品、粮油等一批特色新型消费品供应链落户武汉国际贸易城，汉口北鲜花小镇、味道小镇、名车小镇等专业商贸小镇同期开业，构建消费提质升级新平台。汉口北国际商品交易中心是全国建筑规模最大、交易额第二的现代商贸物流中心。产业集聚、辐射能力强，形成了功能强大的消费品现代供应链管理中心，是湖北武汉融入"双循环"新发展格局、加快构建全国统一大市场的枢纽市场、创新试验区和重要产业载体。

2022年12月30日　《武鄂黄黄规划建设纲要大纲》正式印发，为湖北省"武鄂黄黄"同城一体化发展指向定调。2022年1月31日，在武汉、鄂州交界处，武汉新城30个重大工程集中开工。这标志着武鄂黄黄城市中心——武汉新城建设全面启动，武汉都市圈高质量发展主引擎就此启动。

2023年1月28日　从湖南省发改委获悉，长株潭都市圈多个轨道交通建设项目已获国家相关部委审核同意实施。根据布局，长株潭都市圈近期计划推进建设10个轨道交通项目，预计新建里程376公里，总投资约963亿元。长株潭都市圈将加快构建形成干线铁路、城际铁路、市域（郊）铁路、城市轨道交通"四网融合"的多层次轨道交通大外环格局。

2023年2月14日　经国务院批复同意，国家发改委印发《新时代洞庭湖生态经济区规划》（简称《规划》）。国家发改委负责同志表示《规划》明确了洞庭湖生态经济区功能定位包括四个方面：一是江湖协同治理引领区；二是湖区绿色转型先行区；三是内陆港口型物流枢纽；四是山水文化旅游目的地。《规划》明确，湖南、湖北两省人民政府要强化主体责任，制定落实方案，细化分解目标任务，健全两省协商机制，优化"四市一区"联席会议机制，建立目标责任考核制度，规划实施情况纳入省直有关部门、地方领导班子和领导干部评价体系。各有关部门按照职责分工，在政策实施、项目建设、体制机制创新等方面给予指导和支持。国家发改委将加强协调指导，开展规划实施的跟踪分析和动态监测，组织做好中期评估和总结评估工作，发挥促进中部地区崛起工作部际联席会议等机制作用，及时协调解决规划实施中遇到的困难和问题。

2023年2月21日 长江中游城市群省会城市第九届会商会以视频会议的形式召开。会上，武汉、长沙、合肥、南昌四省会城市签署了《长江中游城市群省会城市合作行动计划（2023~2025年）》《长江中游城市群省会城市"一码通域"合作框架协议》《长江中游城市群省会城市法律服务异地协作框架协议》等文件，"四市"还与黄石、岳阳、安庆、九江、黄冈、株洲、铜陵、抚州、咸宁、湘潭、六安、宜春等12个观察员城市共同签署《长江中游城市群2023年重点合作事项》，共涉及40项具体合作事项，包含28项跨省合作事项，以及12项都市圈合作事项，进一步推动长江中游城市群一体化发展进程。

2023年2月27日 为推进湖北省"宜荆荆恩"都市圈发展，深化"放管服"改革，湖北省自然资源厅组织宜昌、荆州、荆门、恩施四地签订不动产登记一体化合作协议，正式建设"宜荆荆恩"都市圈不动产登记一体化管理平台。这是继2022年9月湖北省"襄十随神"不动产登记一体化协同办理示范区建设后，湖北省不动产"跨域通办"改革的新举措。

2023年3月7日 2023年全国两会上，"长江中游经济区"一词高频出现。湖北、湖南、江西三省代表团协同提出《关于建设长江中游经济区的建议》，建议将长江中游经济区作为长江经济带发展战略的重要组成部分，努力打造全国构建新发展格局的重要战略支点和全国重要增长极。

2023年3月21日 在湖南省醴陵市清水湾畔景区，召开2023年湘赣边区域文旅广体合作交流座谈会，来自湘赣边区域12个县（市、区）文旅局负责人，共同签订《2023年湘赣边区域文旅广体合作宣言》。此次签订"醴陵宣言"的湘赣边区域12个县（市、区）包括：江西省井冈山市、永新县、莲花县、上栗县、万载县、铜鼓县、修水县、遂川县、湘东区以及湖南省浏阳市、平江市和醴陵市。

2023年3月25日　由湖北省襄阳市文化和旅游局主办，襄阳市群众艺术馆、湖北省枣阳市文化和旅游局承办的"襄十随神"文化馆联盟座谈会在湖北省枣阳市汉城酒店顺利召开。湖北省襄阳、十堰、随州、神农架、河南省南阳市五地文化（广电）和旅游局、文化（群艺）馆齐聚一堂，深入开展研讨交流，促进资源互通，寻求融合发展。湖北襄阳、十堰、随州、神农架及河南南阳等五地签署《"襄十随神·南"群众文化联盟发展合作框架协议》，五地将建立联席会议制度，搭建专业交流平台，开展常态化群众文化互动活动。

2023年4月1日　湖北省鄂州市花湖机场开通首条国际货运航线——"鄂州花湖—比利时列日"航线。4月5日，该机场又开设第二条定期国际货运航线——"鄂州—金奈"航线。至此，鄂州花湖机场迈开国际化步伐，打开了新的"空中出海口"，助力湖北加速融入国内国际双循环。

2023年4月7日　第二届·武汉都市圈建设专家座谈会暨武汉都市圈城市融合度评估指数发布会在湖北省武汉市举行。2022年武汉都市圈城市融合指数综合排名公布，报告从规划同编、交通互联互通、产业协同、开放合作、生态环境共保联治等八个方面，对武汉周边鄂州、黄石、孝感、黄冈、仙桃、咸宁、潜江、天门8个城市与中心城市融合的情况进行了评估排名，总体排名依次为：孝感、鄂州、黄石、黄冈、仙桃、咸宁、潜江、天门。

2023年4月22日　湖北港口集团、江西省港口集团以及湘水集团湖南省港务集团在武汉签署战略合作协议，三省将共同打造长江中游城市群"组合港"，为长江中游经济区建设当好"探路先锋"。按照协议，三省将在开辟出海新通道、拓展供应链业务、建立信息共享机制、共建绿色港口等七大领域开展合作。

2023年4月23日　第二届中国（武汉）文化旅游博览会的中央大舞台上，襄阳、十堰、随州、神农架四地组成的文旅推介团队联袂亮相。现场的联袂推介展示了襄、十、随、神四地的基本情况、"襄十随神"旅游精品线路和"襄十随神"城市群一体化发展成果。

2023 年 4 月 24~25 日 洞庭湖生态经济区政协主席联席会议在湖南省岳阳市召开。湖南省政协主席毛万春、湖北省政协主席孙伟出席。来自湖北荆州市和湖南岳阳市、常德市、益阳市、长沙市望城区的联席会议成员单位相聚巴陵古城，以"牢记殷殷嘱托 守护好一江碧水"为主题，重点围绕助推新时代洞庭湖生态经济区高质量发展进行了充分协商交流。

2023 年 4 月 25 日 湖北省政府新闻办举行《关于加快建设全国构建新发展格局先行区的实施意见》第五场新闻发布会。发布会介绍，湖北以《省流域综合治理和统筹发展规划纲要》为蓝本，编制完成《武鄂黄黄规划建设纲要大纲》《襄阳都市圈发展规划》《宜荆荆都市圈发展规划》《武汉新城规划》。湖北将加快推进都市圈一体化，建立高层级决策协调机制、常态化工作推进机制和创新性协同发展机制等三大机制，推动三大都市圈高质量发展。武汉都市圈将打造"1 小时通勤圈"；襄阳经济总量力争 2025 年达到 8000 亿元；宜荆荆都市圈力争实现所有乡镇 30 分钟上高速。

2023 年 4 月 27 日 湖北省"宜荆荆恩"四地政协主席联席会议第二次会议在湖北省恩施市举行，会议聚焦"生态屏障建设——水生态系统保护与治理"议题协商建言，并达成《恩施共识》。

2023 年 4 月 28 日 江西省首座奢侈品购物中心——南昌武商 MALL，将于南昌八一广场启幕。这是 2023 年全国开业的重奢首店，"武商标准"跨省输出，英雄双城，风尚同步。武商里、武商超级生活馆一并被"打包输出"，把国际化的时尚潮流和生活方式源源不断地从武汉引入南昌。

2023 年 5 月 15 日 长江国际传播中心在湖北省武汉市揭牌成立。该中心致力于向全球展示以武汉为中心的长江中游城市群的魅力与活力。中国日报社副总编辑刘伟玲，武汉市委常委、宣传部部长吴朝安出席活动。长江国际传播中心由中国日报社与武汉广播电视台携手打造，是中国日报社首个与地方深度共建的"国传"城市平台，旨在积极探索央地深度合作新模式，充分发挥双方在资源、渠道、人才、国际影响力等方面的优势，着力打造立足武汉、辐射长江流域的中部地区"国传"基地，让世界更多了解武汉，让武汉更好走向世界。

2023 年 5 月 16 日 江西省萍乡市、吉安市和湖南省株洲市共同签订了湘赣边区域法治（司法行政）合作协议，明确以开展"振兴湘赣边，法治在身边"主题活动为载体，携手实施"普法宣传先行""法律服务伴行""人民调解随行""政府立法同行"四大行动计划，加快实现湘赣边法治建设工作更高层次的融合发展。

2023 年 5 月 25 日 2023"宜荆荆都市圈文旅产业发展联盟"会议暨"宜荆荆恩神精品旅游线路"发布会在湖北省宜昌市召开。会上宜昌、荆州、荆门、恩施、神农架签订百万游客圈内互送合作协议，并共同发布 10 条"宜荆荆恩神"区域精品旅游线路。

2023 年 6 月 6 日 湖南省"长株潭"政协主席第一次联席会议召开。湖南省长沙市政协主席陈刚、株洲市政协主席聂方红、湘潭市政协主席杨真平、长沙市政协秘书长骆正平、株洲市政协秘书长许志汉齐聚长沙政协，围绕"长株潭都市圈发展"共叙情谊、共商发展，促进合作共赢。会议总结了前期联动会商情况，审议通过了《长株潭政协联动协作机制》。三市政协将聚焦加快实现"三高四新"美好蓝图，助推长株潭都市圈现代化建设和高质量发展。

2023 年 6 月 7 日 推进长江中游三省协同发展联合办公室主任调度会以视频会议形式召开。江西省发改委党组书记、主任王前虎主持会议，湖南省发改委党组书记、主任黄东红，湖北省发改委党组书记、主任黎东辉分别在湖南、湖北出席会议。根据推进长江中游三省协同发展工作机制，2023 年三省主要领导座谈会将在江西召开。江西省发改委介绍了会议的有关筹备情况。推进长江中游三省协同发展联合办公室介绍了三省协同发展工作推进情况及 2023 年工作要点。

2023 年 6 月 7 日 为贯彻落实湖北《宜荆荆都市圈发展规划》，宜昌、荆州、荆门、恩施驻京联络处负责人在京召开宜荆荆都市圈驻京工作座谈会，并签订了《宜荆荆都市圈驻京工作战略合作协议》。

2023 年 6 月 6~8 日 "襄十随神随我寻根"全国媒体随州行暨文旅局

长沙龙举行。活动邀请了湖北省文旅厅、省网信办负责人，湖北省襄阳市、十堰市、神农架林区文旅局长、网信办负责人，河南省信阳市、南阳市文旅局长参加。新华网、人民网、央视网、中国网、澎湃新闻、《湖北日报》、湖北广播电视台、荆楚网等新闻媒体记者100余人共聚随州，通过生动的笔触和灵动的镜头，全方位展示随州旅游新产品、新业态，多角度、多渠道地宣传随州文化和旅游品牌。

2023年6月9日 从湖北省咸宁市交通运输局获悉，自然资源部办公厅正式批复湖北省通城县至江西省修水县高速公路（湖北段）用地预审，项目前期推进过程中最难的关口已跨越，项目开工指日可待。通城至修水高速公路（湖北段）项目起于湖北省崇阳县石城镇，终于鄂赣界南楼岭，与江西段对接，湖北境内全长约39.5公里，其中崇阳境内里程10.7公里，通城境内里程28.8公里，按双向4车道、设计时速100公里标准建设。通城至修水高速公路（湖北段）是《长江中游城市群发展规划》《湖北省综合交通运输发展"十四五"规划》中的重点项目。

2023年6月15日 湖北省黄石市政府采购中心与江西省九江市公共资源交易中心签订《公共资源交易远程异地评标合作协议》，为黄石、九江两地建立了跨省合作桥梁，推进了黄石、九江两市跨省远程异地评标常态化，助力进一步优化营商环境。据了解，此次签订的合作协议，就两地政府采购远程异地评标的项目范围、场所要求、专家抽取、评标评审、资料移交、监督方式等多个环节进行明确，制定了可以操作的标准，形成跨省远程异地评标评审业务工作规范。

2023年6月18日 由江西省发改委、江西省文旅厅、九江市人民政府联合主办，九江市发改委、九江市文旅局、九江市修水县人民政府共同承办，湖南省平江县人民政府、湖北省通城县人民政府协办的长江中游经济区"通平修"绿色发展先行区首届文化旅游消费季在江西省九江市修水县开幕，九江市市委副书记、市长蒋文定出席开幕式并讲话，蒋文定指出"通平修"地处三省九县的中心，是九江、咸宁和岳阳区域发展的排头兵、区域协作的"铁三角"、区域交流的重要窗口。举办此次活动，旨在架起一座

"连心桥"，搭建一个"融合圈"，下好一盘"先手棋"。

2023年6月19日　百万游客圈，浓情过端午，湖北省"宜荆荆恩神"端午融媒直播带货活动，在宜昌文旅线上馆抖音直播间上线。本次端午融媒直播带货活动由湖北省宜昌市文化和旅游局主办，联动湖北省荆州、荆门、恩施、神农架，通过"宜荆荆恩神"交通广播音频平台、网络视频平台进行了融媒体直播，五地联动推介了景区、酒店、自驾线路等文旅相关产品，吸引圈内游客来宜昌感受屈原故里的浓情端午，也鼓励宜昌居民到荆州、荆门、恩施、神农架去体验别样端午。

2023年6月20日　一年一度的长株潭一体化领导小组会议召开，审议通过《长株潭一体化发展三年行动计划（2023～2025年）》。行动计划提出，到2025年，长株潭地区生产总值突破2.5万亿元。加快形成产业梯次配套、交通便捷高效、公共服务便利共享、生态环境更优更美的长株潭一体化新格局。行动计划提出，将以"省统筹、市配合"的方式，建立制定一本一体化产业发展指导目录、编制一张产业数字地图、组建一个园区联盟、建立统一的招商服务平台等"八个一"。

2023年6月21日　在湖北省荆州市住房公积金中心和湖北省石首市委、市政府的共同见证下，四县市公积金机构签订了《洞庭湖生态经济区四县市住房公积金合作公约》，该公约的签订标志着"缴存互认、贷款互助、核查互通、催收互帮、信用互享"的区域交流合作新路径迈出了重要步伐，将有效解决四地缴存职工购房无法异地使用公积金等问题。四县市公积金机构将紧扣"区域协作"和"高质量发展"两个关键，抓住用好新时代洞庭湖生态经济区规划实施战略机遇，进一步凝聚区域协作发展共识，深化区域协作发展合作，促进区域协作发展突破，共享区域协作发展成果。

2023年6月22日　来自湖北武汉的20标箱、540吨重的硫酸铵运抵湖南省怀化市国际陆港，在怀化海关监管下，将沿着中老铁路一路南下，奔向老挝琅勃拉邦。首趟湘鄂赣中老国际货运班列从湖南省怀化市发车，标志着湖南、湖北、江西三省合力推动东盟班列发行的开端。在三省合力推动下，怀化国际陆港将成为湖北、江西等地货物运输东盟国家的重要选择。

2023 年 6 月 25 日　江西省武宁县、湖南省临湘市、湖北省咸安区三地市场监督管理局于湖南省临湘市签订了《知识产权跨区域保护合作协议》《"跨省通办"政务服务战略合作协议》。

2023 年 6 月 28 日　湖南长株潭城际轨道交通西环线一期工程开通并载客运营，从长沙往返湘潭的单程通勤时间缩短至 20 分钟。作为湖南省首条跨市轨道交通线路，该项目的顺利运营标志着长株潭"半小时交通圈"形成。

2023 年 6 月 28 日　湖北省恩施、宜昌、荆州、荆门四地不动产登记一体化协同平台正式上线，标志着在恩施、宜昌、荆州、荆门四地任意一个不动产登记机构窗口均可办理四个地区的不动产登记业务。通过"统一标准、统一流程、统一受理、统一共享、统一监管"等解决地域审批差异化、远程协同受理、系统平台对接、授权互信互认、事项动态调整等问题，实现"异地受理、跨域通办"，将使四地 41 个县市区约 1680 万人受益。

Abstract

The report to the 20th National Congress of the Communist Party of China proposed " to embrace the great rejuvenation of the Chinese nation on all fronts through a Chinese path to modernization ", and " achieving high-quality development " is one of the essential requirement of Chinese path to modernization. The urban agglomeration in the middle reaches of the Yangtze River, as an important support for the development of the Yangtze River Economic Belt and the rise of the central region, an indispensable growth pole for high-quality development in the country, and an urban agglomeration with international influence, it undertakes vital tasks such as building an important advanced manufacturing base, achieving a competitive status both in scientific and technological innovation and reform and opening-up in inland areas, creating a green development pilot zone, and cultivating a livable place for high-quality life. In the great process of moving towards basic realization of socialist modernization and building a modem socialist country in all respects, the urban agglomeration in the middle reaches of the Yangtze River should unwaveringly follow the path of Chinese modernization and comprehensively promote high-quality development.

At presents, the urban agglomeration in the middle reaches of the Yangtze River should deeply understands and grasps the essential requirements of Chinese path to modernization, and accelerates the process of high-quality development in key fields such as innovation, coordination, green, opening and sharing. In terms of innovation and economic development, the comprehensive economic strength of the urban agglomeration in the middle reaches of the Yangtze River improved continuously. The advanced manufacturing industry of quality has developed with a prosperous trend, and the scientific and technological innovation ability has been significantly enhanced. In terms of coordination and new-type urbanization, the urbanization rate of urban agglomerations in the middle reaches of the Yangtze River has been continuously increasing. The construction of Wuhan metropolitan area, Changzhutan Metropolitan area and Nanchang metropolitan area is accelerating, and the supporting role of provincial capitals and provincial sub-central cities is remarkable. Counties gained marked outcomes in development all around. In terms of environment-friendly and low-carbon development, the urban agglomeration in the middle reaches of the Yangtze River enforced the protection and governance of Yangtze River with holding Xi Jinping's Thought on Ecological Civilization, and explore an effective way to green and low-carbon development according to eco-friendly background. In terms of opening and market construction, the urban agglomeration in the middle reaches of the Yangtze River has benefited from its domestic hub functions, potential advantages of domestic demand, steady growth in open economy, and active participation in the new national "dual-circulation" development pattern. In terms of sharing and common prosperity, the urban agglomeration in the middle reaches of the Yangtze River is rich in cultural resources. The income level and public services in both urban and rural areas have been improving year by year. Based on the development foundation, this book puts forward suggestions on promoting high-quality development in urban agglomerations in the middle reaches of the Yangtze River through Chinese path to modernization. Firstly, under the guidance of the Yangtze River protection, it will serve as a model in ecological-priority green development. Secondly, with innovation and industry as the driving force, it will build a industrial system featuring collaborative innovation. Thirdly, based on the three major cities and metropolitan areas, it will promote regionally coordinated development. Fourthly, following the construction of domestic big market, it will create a spatial hub of "dual-circulation" development pattern. Lastly, through making good use of cultural resources, it will make public services convenient for all.

Based on the core of Chinese path to modernization, this report shows thematic researches on following topics, the harmonious modernization of human-nature coexistence, scientific and technological innovation , development in low-carbon agricultural ecology, and high-quality population development of the urban agglomeration in the middle reaches of the Yangtze River. In terms of coexistence between humanity and nature, the coupling and coordination between urbanization and ecological environment system in the middle reaches of the Yangtze River are under continuous enhancement, reflecting that the constant improvement of harmonious coexistence between man and nature. It is suggested to break the factor barriers to achieve co-construction, co-governance and co-benefit of ecological environment. In terms of expanding advantages of sciences and innovation, considering the affluent resources in related fields, agglomeration of innovation factors and complete industrial systems, the urban agglomeration in the middle reaches of the Yangtze River plays a key role in the overall construction for innovative China. It is suggested to establish cross-region innovative cooperation mechanism, to accelerate the construction of innovation platforms, to promote resources and talent sharing, and to build a good structure of policy linking. In terms of low-carbon agricultural ecology, the middle reaches of the Yangtze River has great potential, but it also faces a series of challenges such as agricultural pollution. It is suggested to continue to polish the mechanism of rational development and improve the protection of agricultural resources, in order to achieve coordinated success in carbon reduction, pollution reduction, green expansion and growth. It is also necessary to improve the mechanism of transforming ecological value to economic one, and grope for a replicable and propagable path to low-carbon agricultural ecology. In terms of high-quality population development, important progress has been made in population quality and urban-rural structure in the middle reaches of the Yangtze River, but there are still problems such as moderate population aging, low overall level of population quality, and unsatisfactory level and quality of population urbanization. It is suggested to vigorously improve the overall quality of population, and actively cope with population aging with joint efforts. Making migration between administrative areas more convenient and advancing inter-regional communication of talent are also helpful.

There are 10 research reports in the chapter of Region, which introduces researches on specific issues from three aspects: provinces, metropolitan areas and cities. At the provincial level, special studies were conducted on key issues such as the bottom line of river basin safety, carbon productivity in industry, industrial clusters, industrial parks, rural ecological revitalization, and the development of the exhibition industry in provinces of Hubei, Hunan and Jiangxi. At the metropolitan-area level, articles mention the evaluation of "two-type society" in Wuhan metropolitan area and the driving force of science and technology innovation in Xiangyang metropolitan area. At the city level, reports focus on practical problems such as Wuhan National Science and Technology Innovation Center and Yichang Yangtze River Great protection model city practice.

Keywords: Chinese Path to Modernization; Urban Agglomeration in the Middle Reaches of the Yangtze River; Hight-quality Development

Contents

I   General Report

Abstract：Entering a new stage of building a socialist modern country in an all-round way, Chinese path to modernization puts forward new requirements for urban agglomeration in the middle reaches of the Yangtze River, which requires the urban agglomeration to take the core task of high-quality development, play its role as the core carrier of new-type urbanization, improve the coordination and sharing level of the urban agglomeration, coordinate the economic development of urban agglomeration and the heritage of Yangtze River culture, accelerate the green and low-carbon development of urban agglomeration, drive both the domestic and the global economy. This article summarizes the high-quality development foundation of Changjiang Middle Reaches Megalopolis from five aspects：innovation, coordination, green, openness, and sharing. Then, the following suggestions are proposed：Firstly, guided by the protection of the Yangtze River, we will jointly build an ecological priority green development highland. Secondly, take industry and innovation as the driving force to jointly build a collaborative innovation industry system. Thirdly, focus on the three major regions and jointly promote the coordinated development of urban agglomerations.

279

Fourthly, with a unified market as the key, jointly create an important spatial hub for "dual circulation". Fifthly, taking the construction of a cultural highland as a breakthrough point, promote the sharing of public services, inclusivity and convenience.

Keywords: Chinese Path to Modernization; Changjiang Middle Reaches Megalopolis; High-quality Development

Ⅱ Special Reports

B.2 Study on the Modernization of the Harmonious Coexistence between Man and Nature in Changjiang Middle Reaches Megalopolis
—*From the Perspective of Urbanization Quality*

Qin Zunwen, Nie Xiaqing / 036

Abstract: As the main carrier and platform for the high-quality development of China's urbanization, balancing the negative impact of resources and environment caused by the rapid urbanization process and the rough development of urban agglomeration has become one of the important propositions of the current research on regional coordinated development, which is of great significance in promoting the development of China's new urbanization and realizing China's modernization in which man and nature coexist harmoniously. The article takes Changjiang Middle Reaches Megalopolis as the research area, and through the analysis of urbanization quality and ecological environment index measurement, as well as the coupling relationship between urbanization and ecological environment and the degree of coordinated development of the two major systems to explore the regional differences, the law of spatial and temporal development, the study found that: (1) The urbanization quality of Changjiang Middle Reaches Megalopolis is on a steady upward trend, with an average annual growth rate of 2.79% in the period of 2011－2020; on the In terms of different dimensions of urbanization development, population urbanization, economic urbanization, social urbanization and spatial urbanization development all show steady growth during the study period, while urban-rural integration shows a downward trend in individual years, and fluctuates and slightly increases as a whole. (2) The ecological environment index of Changjiang Middle Reaches Megalopolis shows a fluctuating upward trend from 2011 to 2020; analyzed from the perspective of ecological environment subsystems, the ecological environment pressure, ecological environment status, and ecological environment response system all increase with fluctuating trends during the study period, and the overall development trend is good. (3) The coupling between urbanization and ecological environment system in Changjiang Middle Reaches Megalopolis has been increasing, and the whole is in a high coupling state, with the coupling characteristics manifested as synergistic coupling; and the coordination relationship has changed from the slightly dysfunctional recession category to the primary coordinated development category.

Keywords: The Ecological Environment; Chinese Path to Modernization; Urbanization Quality; Changjiang Middle Reaches Megalopolis

B.3 Research on Creating a Highland of Scientific and Technological Innovation with Core Competitiveness in Changjiang Middle Reaches Megalopolis

Zhang Jing, Li Changning and Yin Lijun / 062

Abstract: The Implementation Plan of the 14th Five-Year Plan for the Development of Changjiang Middle Reaches Megalopolis is clear: to build a highland of scientific and technological innovation with core competitiveness. Changjiang Middle Reaches Megalopolis has rich science and education resources, agglomerated innovation factors and complete industrial system, which plays an important strategic role in the overall situation of construction of Innovation-oriented Country as well as Scientific and Technological Powerhouse. As the three major urban agglomerations of the Yangtze River Economic Belt, the Yangtze River Delta takes the lead in the construction of innovation community in China. Innovation cooperation in the Chengdu-Chongqing region has been accelerated comprehensively. Collaborative innovation of the urban agglomeration in the middle reaches of the Yangtze River needs to be strengthened urgently. We should learn the experience from the Yangtze River Delta and Chengdu-Chongqing region, establish and perfect the trans-regional cooperation mechanism of collaborative innovation, accelerate the co-construction of innovation platforms, sharing of innovation resources, cooperation of advantageous industries, sharing of advanced talents and linkage of innovation policies, so as to promote t Changjiang Middle Reaches Megalopolis to become an important growth pole for high-quality development driven by scientific and technological innovation.

Keywords: Middle Reaches of Yangtze River; Collaborative Innovation; Highland of Scientific and Technological Innovation

B.4 Potential and Prospects for Developing Ecological and Low-Carbon Agriculture in the Middle Reaches of Yangtze River Under the Context of Building Up China's Strength in Agriculture

Ding Fei / 079

Abstract: Building up China's strength in agricultures an inevitable choice to accelerate Chinese path to modernization, and the developing ecological and low-carbon agriculture (ELCA) is an important manifestation of Chinese characteristics to achieve the goal. This paper outlines the important time nodes and contexts of the formation and development of the concept of ELCA, clarifies the basic characteristics of ELCA based on the agricultural practices of major agricultural powers, evaluates the necessity of developing ELCA in China from the perspectives of resource conservation, food security and global climate governance, and evaluates the possibility of developing ELCA from the aspects of cultural inheritance, scientific and technological innovation, and system construction. The middle reaches of the Yangtze River are not only an important granary but also an important ecological barrier in China, with vast agricultural resources and great potential to develop ELCA. However, at the same time, the middle reaches of the Yangtze River are still facing a series of problems and challenges such as agricultural non-point source pollution. As a result, developing ELCA has a strong practical urgency. Recently, a series of policies have been introduced on the issue of developing ELCA in the middle reaches of the Yangtze River, and a number of typical cases such as "rice-crayfishculture" have been formed, a market-oriented incentive mechanism has been initially established characterized by "high price equals high quality", laying a good foundation for the development of ELCA. In the next step, the middle reaches of the Yangtze River should continue to explore better practices to rationally utilize and prote its agricultural resources, make concerted efforts to cut carbon emissions, reduce pollution, expand green development and pursue economic growth, continuously improve the mechanism to discover and realize the economic value of agricultural ecological resources in a sustainable way, explore more replicatable and promotable practices for developing ELCA in line with the conditions of the middle reaches of the Yangtze River, so as to make due contributions to build China's strength in agriculture.

Keywords: Building Up China's Strength in Agriculture; Changjiang Middle Reaches Megalopolis; Ecological and Low-carbon Agriculture; Green Development in Agriculture

B.5 Study on the Realistic Basis and Realization Path of High-Quality Population Development in the Middle Reaches of Changjiang River *Li Chunxiang, Liu Wangxia* / 093

Abstract: Human resource is the first resource, and high-quality development of population is an important support for the realization of Chinese modernization. Significant progress has been made in the high-quality development of population quality and urban-rural population structure in the middle reaches of Changjiang River. However, compared with high-quality development areas of population at home and abroad, the high-quality development of population in the middle reaches of Changjiang River still has some problems, such as the population entering a moderate aging stage, the overall level of population quality is not high, and the level and quality of population urbanization need to be improved. In order to accelerate the process of modernization construction, the middle reaches of Changjiang River should vigorously improve the overall quality of the population, actively respond to population aging through multi-party linkage, continuously improve the level and quality of urbanization development, unblock inter-regional talent flow channels, and strengthen inter-regional talent sharing and cooperation.

Keywords: Middle Reaches of Changjiang River; Population; High-quality Development

III　Regional Reports

B . 6　Foundational Elements, Principal Challenges, and Strategic Proposals for Promoting Rural Ecological Revitalization in Jiangxi Province　　　　*Zhang Yihong , Wan Hongyan* / 108

Abstract: The revitalization of rural ecology embodies Xi Jinping's ecological civilization ideology with vibrancy, constituting a pivotal element within the framework of the rural revitalization strategy. Jiangxi Province, acknowledged as a pioneering bastion of ecological civilization, a robust agricultural nucleus, and a trailblazer in establishing the national foundation for green organic agricultural products, not only possesses the essential groundwork and prerequisites for fostering rural ecological rejuvenation but also embraces a profound commitment and responsibility in guiding the nation's progression. Nonetheless, challenges persist in practical implementation, encompassing an incomplete rural ecological revitalization system, constraints on green agricultural production, deficiencies in rural living environments, inadequate mechanisms for unlocking the value of rural ecological products, and opportunities for enhancing rural ecological governance efficiency. In response, this paper proffers targeted policy recommendations across six dimensions: fortifying high-level institutional design, safeguarding rural ecological resources, spotlighting exemplars of green agricultural production, ameliorating rural habitation conditions, expediting the realization of ecological product value, and augmenting ecological governance efficiency. These recommendations aspire to cultivate innovative paradigms for rural revitalization in the new era.

Keywords: Rural Ecological Revitalization; Ecological Civilization Construction; Jiangxi

B.7 Realistic Dilemma and Breakthrough Path of Promoting High-quality Development of Exhibition Industry in Jiangxi Province

Research Group of Jiangxi Academy of Social Science / 123

Abstract: The central and provincial economic work conferences have proposed that the restoration and expansion of consumption should be given priority and focus on expanding domestic demand. The convention and exhibition industry is an important bridge connecting production and consumption, supply and demand, international and domestic, and an important platform for promoting industrial development, attracting investment and economic and trade exchanges. Through the investigation of the business department, the convention and exhibition industry association and the exhibition enterprise face-to-face discussion, this paper finds that the convention and exhibition industry in Jiangxi Province is currently faced with outstanding problems such as poor development environment, insufficient support of elements, imperfect infrastructure, poor integration of industrial chain and low level of digitalization. It is necessary to focus on optimizing the exhibition business environment, upgrading the supporting factors, strengthening the exhibition infrastructure construction, upgrading the industrial chain, and deepening the digital application, so as to further provide strong support for Jiangxi Province to implement the strategy of expanding domestic demand, promote the two-way opening up of the inland and enhance the regional development position, and promote the high-quality economic development of Jiangxi Province.

Keywords: Exhibition Industry; High Quality Development; Jiangxi

B.8 Research Report on the High-quality Development of Hunan Industrial Clusters

Research Group of Hunan Academy of Social Science (Development Research Center of the Provincial People's Government) / 135

Abstract: At a time when Chinese modernization is in full swing, the industrial clusters of Hunan province grasp the opportunity of policy and ride on the momentum. The development of industrial makes significant progress, the quality of product becomes better and better, and the reform of county economy and total factor production has achieved remarkable results. However, when the global pattern has undergone drastic changes, the great power game, major power conflict, and great power competition have entered a critical period, and industrial development is facing a series of new challenges. Therefore, it is necessary to concern the construction layout of Hunan industrial clusters. There are five perspectives to improve the quality of industrial clusters: cluster co-governance, cluster sharing, industrial cultivation, spatial layout, and technology empowerment.

Keywords: Industrial Clusters; High Quality Development; Hunan

B. 9   Research on the Development Status and Countermeasures
of Hunan Industrial Park

Research Group of Hunan Academy of Social Science (Development
Research Center of the Provincial People's Government) / 148

Abstract: Industrial parks are the main battlefield of local economic development. Since Hunan deployed and promoted the establishment of the "five good" (good planning and positioning, good innovation platform, good industrial projects, good institutional mechanism, and good development environment) park in 2021, it has been focusing on promoting the development of the park from quantitative growth to quality improvement, the park form from industrial space to urban space, and park competition from single industry construction to industrial ecological construction. Despite excellent achievements and fruitful results in recent years, great efforts have been made in development quality, development differences, service quality, transformation and upgrading, and top-level design. Therefore, it is necessary to start from optimizing the top-level design, the construction of digital parks, strengthening factor guarantees, improving the average efficiency per mu, and strengthening investment attraction, promote the integration of production, life and ecology in the park, and promote the synergy of the park's business format, planning form, and industrial ecology. To contribute to the implementation of the beautiful blueprint of "three aspects of leading highs and four burdens of Hunan Province", the construction of a modern industrial system, the high-quality development of the park, and the realization of Chinese-style modernization.

Keywords: Industrial Parks; Industrial System; Hunan

B. 10   Overall Planning for "Five Water Co governance" and
Safeguarding the Safety Bottom Line of Hubei Basin

Chen Liyuan / 159

Abstract: Hubei Province, with its crisscross rivers, numerous lakes and reservoirs, and well-developed water systems, is the core water source of the Middle Route Project of the South to North Water Transfer. It is necessary to firmly hold the bottom line of Hubei basin security, protect water resources, and provide a solid water security guarantee for Chinese path to modernization. Based on the analysis of the achievements and existing problems of comprehensive management of the Hubei Basin, it is recommended to start with comprehensive management of the water environment, water ecological health, prevention and security of floods and droughts, water resource security, and water management capabilities, and adhere to the "five water co governance" principle, taking multiple measures simultaneously, to better protect the safety of rivers, lakes, and reservoirs in Hubei.

Keywords: Comprehensive Governance; Watershed Safety Bottom Line; Hubei

B.11　Research on Industrial Carbon Productivity and Green Low-carbon Transformation in Hubei Province

Wu Hanhan / 173

Abstract: Industry is the leading industry of the national economy, and also the main body of the real economy. Hubei province is the old industrial base, in the new development stage, speed up the construction of the new development pattern of the national pilot area, can not be separated from the industrial green low-carbon transformation. Based on CEDAs data, this paper firstly analysis the status quo and characteristics of industrial carbon emissions, then construct the total factor carbon productivity index (MIC), according to the analysis of carbon emissions and MIC of 38 industries from 2010 to 2019, it is concluded that: the lowest MIC is in 2016, and it is in an ineffective state, But with the implementation of the great protection strategy of the Yangtze River, the rising trend of the index is obvious; MIC of 34 out of 38 industry segments was greater than 1, and the increase of TFP of coal mining and washing industry was the most significant ; three of the four industries with MIC less than 1 experienced negative annual growth rates, and they faced the double dilemma of falling carbon productivity and increasing difficulties in carbon productivity. we should take the improvement of carbon productivity in different industries as an important criterion, and promote the green and low-carbon transition of industry from the aspects of scale, technology and structure.

Keywords: Hubei Province; industry; Carbon Productivity; Green Low-carbon Transformation

B. 12　Research on the Evaluation of the Construction of

Two Oriented Society in Wuhan Urban Circle

Liu Tao, Peng Jin / 196

Abstract: The construction of "two oriented society" is a characteristic card of Wuhan Metropolitan Area. A scientific evaluation of the current situation of "two oriented society" construction in Wuhan Metropolitan Area is of great reference significance for accelerating the development of green urbanization in Wuhan Metropolitan Area under the Dual circulation. On the basis of constructing a "two oriented" social evaluation index system, this article uses principal component analysis to measure, evaluate and analyze the effectiveness of the "two oriented" social construction in the Wuhan urban agglomeration from 2017 to 2021. The study shows that Wuhan still has a significant "one dominant" situation in the Wuhan urban agglomeration, while other cities have a relatively low degree of coordination with Wuhan in the development of the "two oriented" social construction. In the future, the central city should play a leading role Strengthen internal cooperation within the urban circle, attach importance to leading scientific and technological innovation, and enhance the efficiency of the coordinated development of the two oriented society in the Wuhan urban circle.

Keywords: Wuhan Urban Circle; Two Oriented Society; Urban Integration

B.13 Research on the Promotion of Technological Innovation

Driving Force in Xiangyang Metropolitan Area

—*From the Perspective of Technological Innovation-based Enterprises'*

Cultivation   *Ren Zhengyu, Wang Xiang and Jian Zheng / 212*

Abstract: The Development Plan of Xiangyang Metropolitan Area proposes to enhance the ability of scientific and technological innovation source and vigorously promote the driving force of scientific and technological innovation. Technological innovation-based enterprises, which have played significant roles in promoting economic transformation, industrial upgrading and high-quality development of Xiangyang metropolitan area, are important innovation subjects for Xiangyang city to build a regional science and technology innovation center. This project is based on the perspective of the cultivation of technological innovation-based enterprises. Starting from the development status of technological innovation-based enterprises in Xiangyang metropolitan area, this project analyzes the evolution law of these enterprises and the problems existing in the cultivation of them, and explores the countermeasures and measures to strengthen the construction of echelon cultivation system of technological innovation-based enterprises. This project aims to promote the driving force of scientific and technological innovation in Xiangyang metropolitan area.

Keywords: Technological Innovation-based Enterprises; Technological Innovation; Xiangyang Metropolitan Area

B . 14   Thoughts on Promoting the Development of Private Economy

to Support the Construction of National Science and

Technology Innovation Center in Wuhan   *Cao Lingjiao* / 233

Abstract: In the context of Chinese path to modernization, China's economy has shifted from a stage of rapid growth to a stage of high-quality development. Vigorously developing the new private economy and promoting the technological self-reliance and self-improvement of private enterprises have important practical and long-term strategic significance for building a technology innovation center with national influence and courageously undertaking the historical mission of the country as a "manufacturing and quality powerhouse". Wuhan should focus on achieving high-level technological self-reliance and self-improvement, and focus on enhancing the digital level of private enterprises to seize new fields and tracks. By promoting independent innovation and development of the private economy, creating independent brands, creating independent standards, enhancing independent control capabilities, and creating an independent development ecosystem, assist in the construction of Wuhan National Science and Technology Innovation Center, promote high-quality development of Wuhan.

Keywords: Technology Innovation Center; Private Economy; High Quality Development; Wuhan

B . 15   Research on the Constrution Practice and Countermeasures of

Yichang Yangtze River Protection Model City in the New Era

Huang Qi, Pan Fangjie / 245

Abstract: Water has a profound impact on the construction and development of cities, and how to deal with the relationship between water ecological protection and economic development of urban water basins in the new era is still a thorny problem faced by governments at all levels along the river basin. Based on the important exposition of "establishing rules" for the protection of the Yangtze River, taking "water" as the main line, and analyzing the water cycle, water constraint and water integration in the construction of cities in the river basin, this paper explores and constructs the framework of " protection-development-education" urban construction regulations in the Yangtze River Basin, and puts forward an optimization path from three aspects: building the Yichang water network system of "JingchuAnlan", building a new pattern of green development with obvious advantages, and planting the "seeds" of the protection of the Yangtze River in view of the actual construction of the model city of the Yangtze River protection in Yichang, Hubei Province. The research conclusions have reference value for effectively implementing the Yangtze River protection policy, building a high-level protection and high-quality development of the river basin city construction model, especially for promoting the construction of Hubei Yangtze River protection model city.

Keywords: Basin Cities; Yichang Yangtze River Protection; Path; Yichang

社会科学文献出版社

皮 书

智库成果出版与传播平台

❖ 皮书定义 ❖

皮书是对中国与世界发展状况和热点问题进行年度监测，以专业的角度、专家的视野和实证研究方法，针对某一领域或区域现状与发展态势展开分析和预测，具备前沿性、原创性、实证性、连续性、时效性等特点的公开出版物，由一系列权威研究报告组成。

❖ 皮书作者 ❖

皮书系列报告作者以国内外一流研究机构、知名高校等重点智库的研究人员为主，多为相关领域一流专家学者，他们的观点代表了当下学界对中国与世界的现实和未来最高水平的解读与分析。

❖ 皮书荣誉 ❖

皮书作为中国社会科学院基础理论研究与应用对策研究融合发展的代表性成果，不仅是哲学社会科学工作者服务中国特色社会主义现代化建设的重要成果，更是助力中国特色新型智库建设、构建中国特色哲学社会科学"三大体系"的重要平台。皮书系列先后被列入"十二五""十三五""十四五"时期国家重点出版物出版专项规划项目；自2013年起，重点皮书被列入中国社会科学院国家哲学社会科学创新工程项目。

皮书网

（网址：www.pishu.cn）

发布皮书研创资讯，传播皮书精彩内容
引领皮书出版潮流，打造皮书服务平台

栏目设置

◆ **关于皮书**

何谓皮书、皮书分类、皮书大事记、
皮书荣誉、皮书出版第一人、皮书编辑部

◆ **最新资讯**

通知公告、新闻动态、媒体聚焦、
网站专题、视频直播、下载专区

◆ **皮书研创**

皮书规范、皮书出版、
皮书研究、研创团队

◆ **皮书评奖评价**

指标体系、皮书评价、皮书评奖

所获荣誉

◆ 2008 年、2011 年、2014 年，皮书网均
在全国新闻出版业网站荣誉评选中获得
"最具商业价值网站"称号；

◆ 2012 年，获得"出版业网站百强"称号。

网库合一

2014 年，皮书网与皮书数据库端口合
一，实现资源共享，搭建智库成果融合创
新平台。

皮书网

"皮书说"
微信公众号

权威报告·连续出版·独家资源

皮书数据库
ANNUAL REPORT(YEARBOOK)
DATABASE

分析解读当下中国发展变迁的高端智库平台

所获荣誉

- 2022年，入选技术赋能"新闻+"推荐案例
- 2020年，入选全国新闻出版深度融合发展创新案例
- 2019年，入选国家新闻出版署数字出版精品遴选推荐计划
- 2016年，入选"十三五"国家重点电子出版物出版规划骨干工程
- 2013年，荣获"中国出版政府奖·网络出版物奖"提名奖

皮书数据库   "社科数托邦"
微信公众号

成为用户

登录网址www.pishu.com.cn访问皮书数据库网站或下载皮书数据库APP，通过手机号码验证或邮箱验证即可成为皮书数据库用户。

用户福利

- 已注册用户购书后可免费获赠100元皮书数据库充值卡。刮开充值卡涂层获取充值密码，登录并进入"会员中心"—"在线充值"—"充值卡充值"，充值成功即可购买和查看数据库内容。
- 用户福利最终解释权归社会科学文献出版社所有。

数据库服务热线：010-59367265
数据库服务QQ：2475522410
数据库服务邮箱：database@ssap.cn
图书销售热线：010-59367070/7028
图书服务QQ：1265056568
图书服务邮箱：duzhe@ssap.cn

社会科学文献出版社 皮书系列
SOCIAL SCIENCES ACADEMIC PRESS (CHINA)
卡号：616186153912
密码：

S 基本子库
UB DATABASE

中国社会发展数据库（下设 12 个专题子库）

紧扣人口、政治、外交、法律、教育、医疗卫生、资源环境等 12 个社会发展领域的前沿和热点，全面整合专业著作、智库报告、学术资讯、调研数据等类型资源，帮助用户追踪中国社会发展动态、研究社会发展战略与政策、了解社会热点问题、分析社会发展趋势。

中国经济发展数据库（下设 12 专题子库）

内容涵盖宏观经济、产业经济、工业经济、农业经济、财政金融、房地产经济、城市经济、商业贸易等 12 个重点经济领域，为把握经济运行态势、洞察经济发展规律、研判经济发展趋势、进行经济调控决策提供参考和依据。

中国行业发展数据库（下设 17 个专题子库）

以中国国民经济行业分类为依据，覆盖金融业、旅游业、交通运输业、能源矿产业、制造业等 100 多个行业，跟踪分析国民经济相关行业市场运行状况和政策导向，汇集行业发展前沿资讯，为投资、从业及各种经济决策提供理论支撑和实践指导。

中国区域发展数据库（下设 4 个专题子库）

对中国特定区域内的经济、社会、文化等领域现状与发展情况进行深度分析和预测，涉及省级行政区、城市群、城市、农村等不同维度，研究层级至县及县以下行政区，为学者研究地方经济社会宏观态势、经验模式、发展案例提供支撑，为地方政府决策提供参考。

中国文化传媒数据库（下设 18 个专题子库）

内容覆盖文化产业、新闻传播、电影娱乐、文学艺术、群众文化、图书情报等 18 个重点研究领域，聚焦文化传媒领域发展前沿、热点话题、行业实践，服务用户的教学科研、文化投资、企业规划等需要。

世界经济与国际关系数据库（下设 6 个专题子库）

整合世界经济、国际政治、世界文化与科技、全球性问题、国际组织与国际法、区域研究 6 大领域研究成果，对世界经济形势、国际形势进行连续性深度分析，对年度热点问题进行专题解读，为研判全球发展趋势提供事实和数据支持。

法律声明

"皮书系列"（含蓝皮书、绿皮书、黄皮书）之品牌由社会科学文献出版社最早使用并持续至今，现已被中国图书行业所熟知。"皮书系列"的相关商标已在国家商标管理部门商标局注册，包括但不限于LOGO（ ）、皮书、Pishu、经济蓝皮书、社会蓝皮书等。"皮书系列"图书的注册商标专用权及封面设计、版式设计的著作权均为社会科学文献出版社所有。未经社会科学文献出版社书面授权许可，任何使用与"皮书系列"图书注册商标、封面设计、版式设计相同或者近似的文字、图形或其组合的行为均系侵权行为。

经作者授权，本书的专有出版权及信息网络传播权等为社会科学文献出版社享有。未经社会科学文献出版社书面授权许可，任何就本书内容的复制、发行或以数字形式进行网络传播的行为均系侵权行为。

社会科学文献出版社将通过法律途径追究上述侵权行为的法律责任，维护自身合法权益。

欢迎社会各界人士对侵犯社会科学文献出版社上述权利的侵权行为进行举报。电话：010-59367121，电子邮箱：fawubu@ssap.cn。

社会科学文献出版社